개정판

교정학 개론

李東任·千定煥 공저

도서출판
진영사

교정학개론

李東任
千定煥 공저

2014년 02월 27일 초판 인쇄
2014년 03월 02일 초판 발행
2019년 02월 07일 개정판 인쇄
2019년 02월 10일 개정판 발행
발행인 박 진 영
발행처 도서출판 진영사
인천광역시 부평구 갈산동 185번지 풍진빌딩 303호
전화 : 032)505-4207
팩스 : 032)505-4206
E-mail : 0183734207@hanmail.net
등록 : 122-91-77317

ISBN 978-89-6541-412-4 93350
값 20,000원

서 문

이 책은 교정학에 관한 기본 전문학술서로 주로 법령에 관하여 서술된 책이다. 사실 교정학은 쉬운 과목으로 오해가 쉬우며, 사회과학의 한분야로 오해하나 사실은 그게 아니다.

교정학은 응용과학으로서 매우 난이도가 높은 학제적 학문으로 난이도가 높으며 오늘날의 교정학은 교정복지로 이행이 되어가는 등 갈수록 학문적인 난해성은 점차적으로 증가되어가고 있다.

여기서는 교정학이 가지는 학문적 성격과 동시에 대학교재로서의 성격도 고려하여 주로 법령을 중심으로 작성되었으며, 제9편에서는 교정학의 학문적 성격을 철학과 관하여 토론식으로 서술되었다.

사실 교정학의 대부분은 법령에서 중심이 거의 다 있으므로 법령중심의 교정학 내용은 이동임 연구교수가 책임지고 서술하였으며, 제9편인 교정학의 쟁점의 철학적인 면은 천정환 교수가 작성하였다.

이 책의 공동저자들은 처음부터 나누어서 공동저술하기로 하였으며, 따라서 이 책의 제1편부터 8편까지는 이동임 연구교수가 작성하였고, 제9편인 현대교정학의 쟁점은 천정환 교수가 작성하였으며, 각자는 자신들이 저술한 부분에 대해서만 수정의 권한과 동시에 저술에 대한 책임도 있음을 분명히 밝혀 둔다.

아무쪼록 이 책에서 법령 부분을 저술한 이동임 연구교수의 노고를 치하드리며, 어려운 출간여건에서도 흔쾌히 수락해준 진영사의 사장님에게도 감사드린다.

공동저자 李東任, 千定煥 올림

목 차

제1편 총 칙

제2편 수용자 처우

제3편 수형자 처우

제4편 미결수용자 및 사형확정자 처우

제5편 안전과 질서

제6편 수용의 종료

제7편 교정자문위원회

제8편 벌 칙

제9편 현대 교정학의 쟁점들

Chap. 1

총 칙

제 1 편

총 칙

제1장 교정학의 의의

I. 의 의

이 법은 수형자의 교정교화와 건전한 사회복귀를 도모하고, 수용자의 처우와 권리 및 교정시설의 운영에 관하여 필요한 사항에 대해 규정함을 목적으로 한다(형의 집행 및 수용자 처우에 관한 법률 제1조: 이하 형집행법이라 한다). 그러므로 수형자에 대해 자유억제를 통한 죄값을 치르도록 하는 것도 중요하지만 교정교화를 통한 건전한 사회복귀를 도모하여 더 이상 재범의 유혹에서 벗어날 수 있도록 하는 것이 더 중요하다. 즉 교정시설이 수형자에 대하여 회전문을 역할을 담당해서는 안 된다.

수용자는 상대적으로 교정시설 내에서는 약자로 교도관의 횡포로 인해 인권침해를 당할 가능성을 배제할 수 없다. 따라서 인권침해를 최소화하기 위해서는 수용자의 권리와 의무를 보호할 수 있는 법률이 규정되어 있어야 하고, 이를 바탕으로 교정공무원은 업무를 집행하여야 한다.

Ⅱ. 교정통계

1. 수용자 성별 인원 현황

수용자 성별 인원에 대하여 살펴보면 먼저 남성수용자는 기결이 33,905명(65.93%), 미결이 17,520명(34.06%)이고, 다음으로 여성수용자는 기결이 2,262(59.95%), 미결은 1,511(40.04%)로 나타났다.

〈표 1〉 수용자 성별 인원 현황 단위 : 명

구 분	계	기 결	미 결
계	55,198	36,167	19,031
남 성	51,425	33,905	17,520
여 성	3,773	2,262	1,511

출처 : 2018 교정통계연보

2. 연도별 수용현황

연도별 수용현황을 살펴보면 2013년부터 지속적인 증가추이로 나아가다가 2017년 소폭 감소한 것으로 나타났다. 하지만 2017년 기준 정원 대비 15.42% 정도 과밀수용이 되어 있는 상태이다. 이를 해결하기 위한 방안으로 캐나다처럼 주간 가석방,[1] 전면 가석방,[2] 법정 석방[3] 제도를 우리나라도 도입을 검토하는 것이다.[4] 도입에 따른 문제점으로 수형자가 수감생활

1) 전면적가석방 또는 법정석방의 준비를 위해 주간에는 석방되어 일상으로의 복귀를 준비하고 야간에는 연방교도소, 사회 내 거주시설 또는 주(州) 교정시설로 복귀하는 것을 말한다.
2) 우리나라가 실시하고 있는 가석방과 비슷한 맥락에서 실시되는 가석방의 형태를 말한다.
3) 형기의 2/3를 경과한 경우 법률적 법정 석방 대상자로 자동선정이 되는 형태이다.
4) 상세내용은 윤태현, "캐나다의 교정 및 조건부 석방법 분석을 통한 우리나라의 가석방 제도 개선방안 연구", 교정담론 제11권 제2호, 아시아교정포럼, 2017, 141면 이하 참조.

을 얼마 하지 않은 상태에서 길거리를 활보한다면 피해자 입장에서는 또 다른 충격으로 다가올 수 있다. 따라서 이러한 제도를 도입하더라도 피해회복에 대한 신중한 접근이 반드시 뒷받침되어야 할 것이다. 또 다른 해결책으로 가택구금조건부 가석방을 실시하는 것이다. 이때 가택구금은 전자발찌를 이용하는 것이다. 물론 이렇게 할 경우 전자발찌를 착용해야만 하는 번거로움과 많은 비용이 지출되는 한계가 있다.

〈표 2〉 연도별 수용 현황 단위 : 명

구 분	수용정원	연도말 수용정원	일일 평균 수용인원
2013년	45,690	48,824	47,924
2014년	46,430	51,760	50,128
2015년	46,600	54,667	53,892
2016년	46,600	57,675	56,495
2017년	47,820	55,198	57,298

출처 : 2018 교정통계연보

3. 수형자 연령별 인원

2017년 기준 수용자 연령별 인원 현황에 대해 살펴보면 ① 40세 이상이 9,712명(26.85%)으로 가장 많고, 다음으로 ② 40세 이상이 9,330명(25.80%), ③ 30세 이상이 7,543명(20.85%), ④ 60세 이상이 4,243명(11.73%), ⑤ 25세 이상이 2,562명(7.08%), ⑥ 25세 미만이 2,484명(6.86%), ⑦ 20세 미만이 244명(0.67%), ⑧ 18세 미만이 45명(0.12%), ⑨ 16세 미만이 4명(0.01%) 순으로 나타났다.

〈표 3〉 수용자 연령별 인원 현황 단위 : 명

구 분	2013년	2014년	2015년	2016년	2017년
계	32,137	33,444	35,098	36,479	36,167
16세 미만	6	3	0	2	4
18세 미만	55	50	47	46	45
20세 미만	280	270	262	290	244
25세 미만	2,327	2,514	2,609	2,642	2,484
25세 이상	2,366	2,247	2,244	2,450	2,562
30세 이상	7,677	7,584	7,678	7,678	7,543
40세 이상	9,714	9,986	10,310	10,275	9,712
50세 이상	7,362	7,989	8,624	9,255	9,330
60세 이상	2,350	2,801	3,324	3,841	4,243

출처 : 교정통계연보

4. 수형자 죄명별 현황

2017년 기준 수형자 죄명별 현황을 살펴보면 ① 사기 및 횡령이 7,630명(21.09%)으로 가장 많고, 다음으로 ② 성폭력이 5,480명(15.15%), ③ 절도가 3,858명(10.66%), ④ 살인이 3,484명(9.63%), ⑤ 폭력행위등 처벌법이 2,624명(7.25%), ⑥ 강도가 2,333명(6.45%), ⑦ 마약류 2,133명(5.89%), ⑧ 과실범 1,722명(4.76%) 순으로 나타났다.

〈표 4〉 수용자 죄명별 현황 단위 : 명

구 분	2013년	2014년	2015년	2016년	2017년
계	32,137	33,444	35,098	36,479	36,167
절 도	4,650	4,599	4,420	4,061	3,858
폭력행위등 처벌법	2,582	2,748	2,863	2,815	2,624
사기 및 횡령	5,024	5,911	6,834	7,699	7,630
성폭력	5,845	6,284	6,272	5,953	5,480
마약류	1,380	1,344	1,553	1,890	2,133
과 실 범	1,315	1,463	1,423	1,691	1,722
강 도	3,276	3,014	2,821	2,552	2,333
살 인	3,675	3,750	3,728	3,584	3,484

출처 : 2018 교정통계연보

5. 수형자 형기별 현황

2017년 기준 수형자 형기별 현황을 살펴보면 먼저 징역의 경우 ① 1년 이상 3년 미만이 13,208명(36.5%)으로 가장 많고, 다음으로 ② 3년 이상 5년 미만이 6,727명(18.6%), ③ 1년 미만이 6,050명(16.7%), ④ 5년 이상 10년 미만이 5,029명(13.9%), ⑤ 10년 이상 20년 미만이 3,071명(8.5%), ⑥ 20년 이상이 594명(1.6%) 순으로 나타났다.

다음으로 금고의 경우 ① 1년 미만이 32명(0.1%), ② 1년 이상 3년 미만이 28명(0.1%), ③ 3년 이상은 13명(0.0%) 순으로 나타났다.

마지막으로 ④ 무기는 1,358명(3.7%), ②사형은 57명(0.2%)으로 나타났다. 사형의 집행은 김대중 정권 이후 한 번도 이루어지지 않아 사실상 사형폐지국가가 된 셈이다. 하지만 법률적으로 완전한 사형폐지국가가 아니기 때문에 언제든지 사형집행 가능성을 열어놓고 있다. 사형집행에 대한 찬·반 여론은 아직도 팽팽한 줄다리기를 하고 있다.

〈표 5〉 수형자 형기별 인원 단위 : 명

구 분		2013	2014	2015	2016	2017
징역	소계	30,738 (95.6%)	32,006 (95.7%)	33,637 (95.8%)	34,991 (95.9%)	34,679 (95.9%)
	1년 미만	5,078 (15.8%)	5,312 (15.9%)	5,724 (16.3%)	6,362 (17.4%)	6,050 (16.7%)
	1년 이상	10,344 (32.2%)	10,898 (32.6%)	12,001 (34.2%)	13,010 (35.7%)	13,208 (36.5%)
	3년 이상	6,613 (20.6%)	6,866 (20.5%)	6,870 (19.6%)	6,747 (18.5%)	6,727 (18.6%)
	5년 이상	4,912 (15.3%)	5,088 (15.2%)	5,216 (14.9%)	5,195 (14.2%)	5,029 (13.9%)
	10년 이상	3,299 (10.2%)	3,335 (10.0%)	3,283 (9.3%)	3,127 (8.6%)	3,071 (8.5%)
	20년 이상	492 (1.5%)	507 (1.5%)	543 (1.5%)	550 (1.5%)	594 (1.6%)
금고	소계	53 (0.2%)	60 (0.2%)	67 (0.2%)	86 (0.2%)	73 (0.2%)
	1년 미만	33 (0.1%)	37 (0.1%)	42 (0.1%)	47 (0.1%)	32 (0.1%)
	1년 이상	16 (0.1%)	19 (0.1%)	17 (0.0%)	28 (0.1%)	28 (0.1%)
	3년 이상	4 (0.0%)	4 (0.0%)	8 (0.0%)	11 (0.0%)	13 (0.0%)
무기		1,288 (4.0%)	1,320 (3.9%)	1,337 (3.8%)	1,345 (3.7%)	1,358 (3.7%)
사형		58 (0.2%)	58 (0.2%)	57 (0.2%)	57 (0.2%)	57 (0.2%)

출처 : 2018 교정통계연보

제2장 용어의 정의 및 적용범위

Ⅰ. 용어의 정의

1. 형집행법에서 규정하고 있는 용어의 정의(법 제2조)

1) '수형자'란 징역형·금고형 또는 구류형의 선고를 받아 그 형이 확정된 사람과 벌금 또는 과료를 완납하지 아니하여 노역장 유치명령을 받은 사람을 말한다.

2) '미결수용자'란 형사피의자 또는 형사피고인으로서 체포되거나 구속영장의 집행을 받은 사람을 말한다.

3) '사형확정자'란 사형의 선고를 받아 그 형이 확정된 사람을 말한다.

4) '수용자'란 수형자·미결수용자·사형확정자, 그 밖에 법률과 적법한 절차에 따라 교도소·구치소 및 그 지소(이하 '교정시설' 이라 한다)에 수용된 사람을 말한다.

2. 시행규칙에서 규정하고 있는 용어의 정의(시행규칙 제2조)

1) '자비구매물품'이란 수용자가 교도소·구치소 및 그 지소(이하 '교정시설'이라 한다)의 장의 허가를 받아 자신의 비용으로 구매할 수 있는 물품을 말한다.

2) '교정시설의 보관범위'란 수용자 1명이 교정시설에 영치하여 보관할 수 있는 물품의 수량으로서 법무부장관이 정하는 범위를 말한다.

3) '수용자의 소지범위'란 수용자 1명이 교정시설 안에서 소지한 채 사용할 수 있는 물품의 수량으로서 법무부장관이 정하는 범위를 말한다.

4) '교부금품'이란 수용자 외의 사람이 교정시설의 장(이하 '소장'이라 한

다)의 허가를 받아 수용자에게 교부할 수 있는 금품을 말한다.

5) '처우등급'이란 수형자의 처우 및 관리와 관련하여 수형자를 수용할 시설, 수형자에 대한 계호의 정도, 처우의 수준 및 처우의 내용을 구별하는 기준을 말한다.

6) '외부통근자'란 건전한 사회복귀와 기술습득을 촉진하기 위하여 외부기업체 또는 교정시설 안에 설치된 외부기업체의 작업장에 통근하며 작업하는 수형자를 말한다.

7) '교정장비'란 교정시설 안(교도관이 교정시설 밖에서 수용자를 계호하고 있는 경우 그 장소를 포함한다)에서 사람의 생명과 신체의 보호, 도주의 방지 및 교정시설의 안전과 질서유지를 위하여 교도관 또는 경비교도가 사용하는 장비와 기구 및 그 부속품을 말한다.

3. 범죄횟수(시행규칙 제3조)

1) 수용자의 범죄횟수는 징역 또는 금고 이상의 형을 선고받은 횟수로 한다. 다만, 집행유예의 선고를 받은 사람이 유예기간 중 고의로 죄를 지어 금고 이상의 실형이 확정되지 아니하고 그 기간이 지난 경우에는 범죄횟수에 포함하지 아니한다.

2) 형의 집행을 종료하거나 그 집행이 면제된 날부터 ① 3년을 초과하는 징역형 또는 금고형은 10년, ② 3년 이하의 징역형 또는 금고형은 5년이 지난 경우에는 범죄횟수에 포함하지 아니한다. 다만, 그 기간 중 자격정지 이상의 형을 선고받아 확정된 경우는 제외한다.

3) 수용기록부 등 수용자의 범죄횟수를 기록하는 문서에는 필요한 경우 수용횟수(징역 또는 금고 이상의 형을 선고받고 그 집행을 위하여 교정시설에 수용된 횟수를 말한다)를 함께 기록하여 해당 수용자의 처우에 참고할 수 있도록 한다.

Ⅱ. 적용범위

이 법은 교정시설의 구내와 교도관이 수용자를 계호(戒護)하고 있는 그 밖의 장소로서 교도관의 통제가 요구되는 공간에 대하여 적용한다(법 제3조). 따라서 교정시설, 치료감호시설, 폐지된 보호감호시설 등에 이 법이 적용된다고 할 수 있다.

Ⅲ. 인권의 존중

이 법을 집행하는 때에 수용자의 인권은 최대한으로 존중되어야 한다. 기본권은 헌법이 법률에 의해 제한되지만 인권은 헌법이나 법률로 제한할 수 없고, 인종, 성, 종교, 재산의 정도에 관계없이 보장되어야 할 천부인권을 말한다. 따라서 수용자도 예외일 수 없다(법 제4조).

Ⅳ. 차별금지

수용자는 합리적인 이유 없이 성별, 종교, 장애, 나이, 사회적 신분, 출신지역, 출신국가, 출신민족, 용모 등 신체조건, 병력(病歷), 혼인 여부, 정치적 의견 및 성적(性的) 지향 등을 이유로 차별받지 아니 한다(법 제5조).

Ⅴ. 교정시설의 규모

신설하는 교정시설은 수용인원이 500명 이내의 규모가 되도록 하여야 한다. 다만, 교정시설의 기능·위치나 그 밖의 사정을 고려하여 그 규모를 증대할 수 있다(법 제6조 제1항).

Ⅵ. 교정시설의 설비

교정시설의 거실·작업장·접견실이나 그 밖의 수용생활을 위한 설비는 그 목적과 기능에 맞도록 설치되어야 한다. 특히, 거실은 수용자가 건강하게 생활할 수 있도록 적정한 수준의 공간과 채광·통풍·난방을 위한 시설이 갖추어져야 한다(법 제6조 제2항).

Ⅶ. 교정시설의 순회점검

1. 정기 순회점검

법무부장관은 교정시설의 운영, 교도관 및 경비교도의 복무, 수용자의 처우 및 인권실태 등을 파악하기 위하여 매년 1회 이상 교정시설을 순회점검하거나 소속 공무원으로 하여금 순회점검하게 하여야 한다(법 제8조). 판사와 검사는 직무상 필요하면 교정시설을 시찰할 수 있다(법 제9조 제1항).

2. 소장의 허가를 요하는 교정시설 참관

판사와 검사 외의 사람은 교정시설을 참관하려면 학술연구 등 정당한 이유를 명시하여 교정시설의 장(이하 '소장'이라 한다)의 허가를 받아야 한다(동조 제2항). 따라서 허가를 받지 못한 상태에서 교정시설의 참관은 사실상 불가능하고, 설령 허가를 받아 교정시설을 참관한다고 하더라도 제한된 범위 내에서 가능하다. 즉, 독거실의 내부는 참관이 허용되지 않는 시설 중에 하나이다.

제 3 장 교정시설 설치 · 운영의 민간위탁

Ⅰ. 민간 교정시설의 설치 및 운영

법무부장관은 교정시설의 설치 및 운영에 관한 업무의 일부를 법인 또는 개인에게 위탁할 수 있다(법 제7조 제1항). 위탁을 받을 수 있는 법인 또는 개인의 자격요건, 교정시설의 시설기준, 수용대상자의 선정기준, 수용자 처우의 기준, 위탁절차, 국가의 감독, 그 밖에 필요한 사항은 따로 법률로 정한다(동조 제2항). 그 법률은 민영교도소 설치 · 운영에 관한 법률(이하 민영교도소법이라 한다)에 따라 진행된다.

1. 위탁계약의 체결

1) 법무부장관은 교정업무를 위탁하려면 수탁자와 대통령령으로 정하는 방법으로 계약(이하 '위탁계약' 라 한다)을 체결하여야 한다(민영교도소법 제4조 제1항).

2) 법무부장관은 필요하다고 인정하면 민영교도소등의 직원이 담당할 업무와 민영교도소등에 파견된 소속 공무원이 담당할 업무를 구분하여 위탁계약을 체결할 수 있다(동조 제2항).

3) 법무부장관은 위탁계약을 체결하기 전에 계약 내용을 기획재정부장관과 미리 협의하여야 한다(동조 제3항).

4) 위탁계약의 기간은 수탁자가 교도소등의 설치비용을 부담하는 경우에는 10년 이상 20년 이하, 그 밖의 경우는 1년 이상 5년 이하로 하되, 그 기간은 갱신할 수 있다(동조 제4항).

2. 위탁계약의 내용

1) 위탁업무를 수행할 때 수탁자가 제공하여야 하는 시설과 교정업무의 기준에 관한 사항

2) 수탁자에게 지급하는 위탁의 대가와 그 금액의 조정(調整) 및 지급 방법에 관한 사항

3) 계약기간에 관한 사항과 계약기간의 수정·갱신 및 계약의 해지에 관한 사항

4) 교도작업에서의 작업장려금·위로금 및 조위금 지급에 관한 사항

5) 위탁업무를 재위탁할 수 있는 범위에 관한 사항

6) 위탁수용 대상자의 범위에 관한 사항[5)]

7) 그 밖에 법무부장관이 필요하다고 인정하는 사항 등이다(민영교도소법 제5조 제1항).

3. 위탁계약의 성립

법무부장관과 선정된 수탁자가 약정하고 해당 계약서에 각각 서명날인함으로써 성립한다(시행령 제4조 제1항). 법무부장관은 위탁계약을 체결할 때 계약사항의 누락을 방지하고, 계약내용의 일관성을 유지하며, 계약체결의 효율성과 공정성을 높이기 위하여 교정업무의 민간위탁에 관한 표준계약서를 정할 수 있다(동조 제2항).

5) 위탁수용 대상자의 범위를 정할 때에는 수탁자의 관리능력, 교도소등의 안전과 질서, 위탁수용이 수용자의 사회 복귀에 유용한지 등을 고려하여야 한다(민간교도소법 제5조 제2항).

4. 위탁업무의 정지

1) 법무부장관은 수탁자가 이 법 또는 이 법에 따른 명령이나 처분을 위반하면 6개월 이내의 기간을 정하여 위탁업무의 전부 또는 일부의 정지를 명할 수 있다(민영교도소법 제6조 제1항).

2) 법무부장관은 정지명령을 한 경우에는 소속 공무원에게 정지된 위탁업무를 처리하도록 하여야 한다(동조 제2항).

3) 법무부장관은 정지명령을 할 때 제2항을 적용하기 어려운 사정이 있으면 그 사정이 해결되어 없어질 때까지 정지명령의 집행을 유예할 수 있다(동조 제3항).

5. 위탁계약의 해지

1) 법무부장관은 수탁자가 다음 각 호[6]의 어느 하나에 해당하면 위탁계약을 해지할 수 있다(민영교도소법 제7조 제1항).

2) 법무부장관과 수탁자는 위탁계약으로 정하는 바에 따라 계약을 해지할 수 있다(동조 제2항).

3) 위탁계약이 해지된 경우 국가가 부득이한 사정으로 위탁업무를 즉시 처리할 수 없을 때에는 수탁자나 그의 승계인은 국가가 업무를 처리할 수 있을 때까지 종전의 위탁계약에 따라 업무 처리를 계속하여야 한다(민영교도소법 제8조). 법무부장관이 위탁계약을 해지하려면 청문을 하여야 한다(민영교도소법 제9조).

6) ① 1호: 제22조제2항(민영교도소 검사에 따른 보정)에 따른 보정명령(補正命令)을 받고 상당한 기간이 지난 후에도 이행하지 아니한 경우, ② 2호: 이 법 또는 이 법에 따른 명령이나 처분을 크게 위반한 경우로서 제6조제1항에 따른 위탁업무의 정지명령으로는 감독의 목적을 달성할 수 없는 경우, ③ 3호: 사업 경영의 현저한 부실 또는 재무구조의 악화, 그 밖의 사유로 이 법에 따른 위탁업무를 계속하는 것이 적합하지 아니하다고 인정되는 경우 등이다.

6. 민영교도소의 시설기준

교정법인이 설치·운영하는 교도소등은 위탁수용 대상자의 특성을 고려하여 위탁계약에서 달리 정한 경우를 제외하고는 다음 각 호의 시설을 갖추어야 한다(시행령 제14조 제1항).

1) 거실 및 수용사동
2) 작업장 및 직업훈련시설
3) 접견실 및 그 부대시설
4) 교육·집회시설
5) 위생·의료시설
6) 운동장
7) 취사장 및 그 부대시설
8) 목욕탕, 이발관 등 수용자 후생복지시설
9) 그 밖에 위탁계약으로 정하는 시설

Ⅱ. 교정법인

1. 교정법인의 정관 변경

1) 교정업무를 위탁받은 법인은 위탁계약을 이행하기 전에 법인의 목적사업에 민영교도소등의 설치·운영이 포함되도록 정관(定款)을 변경하여야 한다(민영교도소법 제10조 제1항).

2) 정관 변경과 교정법인의 정관 변경은 법무부장관의 인가를 받아야 한다. 다만, 대통령령으로 정하는 경미한 사항[7]의 변경은 법무부장관에게 신고하여야 한다(동조 제2항).

---

7) 경미한 사항은 ① 명칭, ② 사무소의 소재지, ③ 공고와 그 방법에 관한 사항 등이다(시행령 제5조).

2. 임 원

1) 임원의 선임

① 교정법인은 이사 중에서 위탁업무를 전담하는 자를 선임(選任)하여야 한다(민영교도소법 제11조 제1항).

② 교정법인의 대표자 및 감사와 제1항에 따라 위탁업무를 전담하는 이사(이하 '임원'이라 한다)는 법무부장관의 승인을 받아 취임한다(동법 제2항).

③ 교정법인 이사의 과반수는 대한민국 국민이어야 하며, 이사의 5분의 1 이상은 교정업무에 종사한 경력이 5년 이상이어야 한다(동조 제3항).

2) 임원이 될 수 없는 자

다음 각 호의 어느 하나에 해당하는 자는 교정법인의 임원이 될 수 없으며, 임원이 된 후 이에 해당하게 되면 임원의 직을 상실한다(민영교도소법 제11조 제4항).

① 「국가공무원법」 제33조 각 호[8]의 어느 하나에 해당하는 자

② 임원취임 승인이 취소된 후 2년이 지나지 아니한 자

③ 해임명령으로 해임된 후 2년이 지나지 아니한 자

---

8) 1. 피성년후견인 또는 피한정후견인
2. 파산선고를 받고 복권되지 아니한 자
3. 금고 이상의 실형을 선고받고 그 집행이 종료되거나 집행을 받지 아니하기로 확정된 후 5년이 지나지 아니한 자
4. 금고 이상의 형을 선고받고 그 집행유예 기간이 끝난 날부터 2년이 지나지 아니한 자
5. 금고 이상의 형의 선고유예를 받은 경우에 그 선고유예 기간 중에 있는 자
6. 법원의 판결 또는 다른 법률에 따라 자격이 상실되거나 정지된 자
6의2. 공무원으로 재직기간 중 직무와 관련하여 「형법」 제355조 및 제356조에 규정된 죄를 범한 자로서 300만원 이상의 벌금형을 선고받고 그 형이 확정된 후 2년이 지나지 아니한 자
7. 징계로 파면처분을 받은 때부터 5년이 지나지 아니한 자
8. 징계로 해임처분을 받은 때부터 3년이 지나지 아니한 자

3) 임원취임의 승인 취소

임원이 다음 각 호의 어느 하나에 해당하는 행위를 하면 법무부장관은 취임 승인을 취소할 수 있다(민영교도소법 제12조).

① 제13조[9]를 위반하여 겸직하는 경우

② 제25조 제2항[10]을 위반하여 수용을 거절하는 경우

③ 제42조(벌칙)에 따라 징역형 또는 벌금형의 선고를 받아 그 형이 확정된 경우

④ 임원 간의 분쟁, 회계부정, 법무부장관에게 허위로 보고하거나 허위자료를 제출하는 행위 또는 정당한 사유 없이 위탁업무 수행을 거부하는 행위 등의 현저한 부당행위 등으로 해당 교정법인의 설립목적을 달성할 수 없게 한 경우

4) 임원의 겸직금지

① 교정법인의 대표자는 그 교정법인이 운영하는 민영교도소등의 장을 겸할 수 없다(민영교도소법 제13조 제1항).

② 이사는 감사나 해당 교정법인이 운영하는 민영교도소등의 직원(민영교도소등의 장은 제외한다)을 겸할 수 없다(동조 제2항).

③ 감사는 교정법인의 대표자 · 이사 또는 직원(그 교정법인이 운영하는 민영교도소등의 직원을 포함한다)을 겸할 수 없다(동조 제3항).

---

9) ①교정법인의 대표자는 그 교정법인이 운영하는 민영교도소등의 장을 겸할 수 없다. ②이사는 감사나 해당 교정법인이 운영하는 민영교도소등의 직원(민영교도소등의 장은 제외한다)을 겸할 수 없다. ③감사는 교정법인의 대표자 · 이사 또는 직원(그 교정법인이 운영하는 민영교도소등의 직원을 포함한다)을 겸할 수 없다.

10) 교정법인은 민영교도소등에 수용되는 자에게 특별한 사유가 있다는 이유로 수용을 거절할 수 없다. 다만, 수용 · 작업 · 교화, 그 밖의 처우를 위하여 특별히 필요하다고 인정되는 경우에는 법무부장관에게 수용자의 이송(移送)을 신청할 수 있다.

5) 임원의 임기

① 교정법인의 임원의 임기는 해당 법인의 정관에서 정하는 바에 따르고, 정관에서 특별히 정하지 않은 경우에는 3년으로 하며, 연임할 수 있다(시행령 제6조 제1항).

② 교정법인은 해당 법인의 이사(위탁업무를 전담하는 이사만 해당한다. 이하 이 조에서 같다) 또는 감사 중에 결원이 생겼을 때에는 그 사유가 발생한 날부터 2개월 이내에 보충하여야 한다(동조 제2항).

③ 법무부장관은 교정법인이 이사의 결원을 보충하지 않아 해당 교정법인의 목적을 달성할 수 없거나 손해가 생길 우려가 있다고 인정되면 이해관계인의 청구나 직권에 의하여 임시이사를 선임(選任)할 수 있다(동조 제3항).

6) 임원의 직무

① 교정법인의 대표자(이하 "대표자"라 한다)는 교정법인을 대표하며, 법인의 업무를 총괄한다(시행령 제7조 제1항).

② 대표자가 공석이 되거나 부득이한 사유로 직무를 수행할 수 없을 때에는 정관에서 미리 정한 사람이 그 직무를 대행하되, 정관에서 특별히 정하지 않은 경우에는 이사 중에서 호선(互選)한 사람이 그 직무를 대행한다(동조 제2항).

③ 이사는 이사회에 출석하여 교정법인의 업무에 관한 사항을 심의·의결하며, 이사회나 대표자로부터 위임받은 사항을 처리한다(동조 제3항).

④ 감사는 다음 각 호[11]의 직무를 수행한다.

11) 1호: 교정법인의 재산 상황과 회계를 감사하는 일, 2호: 이사회의 운영과 그 업무에 관한 사항을 감사하는 일, 3호: 제1호 또는 제2호의 감사 결과 부정 또는 부당한 점을 발견한 경우 이사회와 법무부장관에게 보고하는 일, 4호: 제3호의 보고를 하기 위하여 이사회의 소집을 요구하는 일, 5호: 교정법인의 재산 상황 또는 이사회의 운영과 그 업무에 관한 사항에 대하여 대표자 또는 이사에게 의견을 진술하는 일 등이다.

3. 재 산

1) 교정법인은 대통령령으로 정하는 기준에 따라 민영교도소등의 운영에 필요한 기본재산을 갖추어야 하며, 교정법인은 기본재산에 대하여 다음 각 호의 행위를 하려면 법무부장관의 허가를 받아야 한다. 다만, 대통령령으로 정하는 경미한 사항[12]은 법무부장관에게 신고하여야 한다(민간교도소 법 제14조 1항~2항).

① 매도 · 증여 또는 교환

② 용도 변경

③ 담보 제공

④ 의무의 부담이나 권리의 포기

2) 교정법인의 재산 중 교도소등 수용시설로 직접 사용되고 있는 것으로서 대통령령으로 정하는 것은 국가 또는 다른 교정법인 외의 자에게 매도 · 증여 또는 교환하거나 담보로 제공할 수 없다(동법 제3항).[13]

4. 회계의 구분

1) 교정법인의 회계는 그가 운영하는 민영교도소등의 설치 · 운영에 관한 회계와 법인의 일반업무에 관한 회계로 구분한다(민영교도소법 제15조 제1항).

---

12) ① 가액 5천만원 미만인 기본재산의 매도, 증여, 교환, 용도 변경 또는 담보의 제공, ② 가액 5천만원 미만의 의무의 부담 또는 권리의 포기 등이다(시행령 제10조).

13) 교정법인이 국가 또는 다른 교정법인 외의 자에게 매도 · 증여 또는 교환하거나 담보로 제공할 수 없는 재산은 교도소등 수용시설로 직접 사용되는 재산으로 ① 교도소등의 부지(운동장을 포함한다), ② 수용사동(收容舍棟), ③ 작업장(재료창고와 직업훈련시설을 포함한다), ④접견실 및 그 부대시설, ⑤ 취사장 및 그 부대시설, ⑥ 체육관, 목욕탕, 이발관 등 수용자의 후생복지시설, ⑦ 교육 · 집회시설, ⑧ 청사(구내 업무용 사무실을 포함한다), ⑨ 그 밖에 수용자의 수용관리, 교정교화 등 교정업무에 직접 사용되는 시설 · 설비, 보안장비 및 교재 · 교구 등이다(시행령 제11조).

2) 민영교도소등의 설치 · 운영에 관한 회계는 교도작업회계와 일반회계로 구분하며, 각 회계의 세입 · 세출에 관한 사항은 대통령령으로 정한다(동법 제2항).[14)]

3) 법인의 일반업무에 관한 회계는 일반업무회계와 수익사업회계로 구분할 수 있다(동법 제3항).

4) 민영교도소등의 설치 · 운영에 관한 회계의 예산은 민영교도소등의 장이 편성하여 교정법인의 이사회가 심의 · 의결하고 민영교도소등의 장이 집행한다(동법 제4항).

5. 예산 · 결산

1) 교정법인의 회계연도는 정부의 회계연도에 따른다(민영교도소법 제16조 제1항).

2) 교정법인은 대통령령으로 정하는 바에 따라 법무부장관에게 매 회계연도가 시작되기 전에 다음 회계연도에 실시할 사업계획과 예산을 제출하고, 매 회계연도가 끝난 후에 사업 실적과 결산을 보고하여야 한다(동조 제2항). 민영교도소등의 설치 · 운영에 관한 회계의 사업계획과 예산을 매 회계연도가 시작되기 8개월 이전에 제출하고, 사업실적과 결산을 매 회계연도가 끝난 후 2개월 이내에 제출하여야 한다(시행령 제13조 제1항). 교

14) 첫째, 일반회계의 세입은 ① 위탁계약에 의하여 지급받은 교도소등 운영 경비, ② 다른 회계로부터 전입되는 전입금, ③ 일반회계의 운용 과정에서 생기는 이자수입, ④ 교도소등 시설 · 설비 등의 불용품(不用品) 매각수입, ⑤ 일반회계의 세출에 충당하기 위한 차입금, ⑥ 그 밖에 교정법인의 수입으로서 다른 회계에 속하지 아니하는 수입 등으로 한다(시행령 제12조 제1항). 둘째, 일반회계의 세출은 ① 교도소등 운영에 드는 인건비 및 물건비, ② 수용관리, 교정교화 등 교정업무에 직접 필요한 시설 · 설비비, ③ 차입금의 상환원리금, ④ 그 밖에 수용관리, 교정교화 등 교정업무에 필요한 경비 등이다(동조 제2항). 셋째, 민영교도소등의 설치 · 운영에 관한 회계 중 교도작업회계의 세입은 ① 교도작업회계의 세출에 충당하기 위한 차입금, ② 일반회계로부터 전입되는 전입금, ③ 그 밖에 교도작업에 따른 각종 수입 등이다(동조 제3항). 넷째, 교도작업회계의 세출은 교도작업을 위하여 필요한 모든 경비로 한다(동조 제4항).

정법인은 연도 중에 해당 예산을 추가하거나 경정(更正)할 때에는 추가하거나 경정한 날부터 15일 이내에 해당 예산을 법무부장관에게 제출하여야 한다(동조 제2항).

3) 법무부장관은 교정법인이 결산서를 제출하는 경우 교정법인으로부터 독립된 공인회계사나 회계법인의 감사증명서를 첨부하게 할 수 있다(동조 제3항).[15]

4) 교정법인의 회계규칙이나 그 밖에 예산 또는 회계에 관하여 필요한 사항은 법무부장관이 정한다(동조 제4항).

6. 합병 및 해산의 인가

교정법인이 다음 각 호의 어느 하나에 해당하는 행위를 하려면 법무부장관의 인가를 받아야 하며(민영교도소법 제17조 제1항), 인가에 조건을 붙일 수 있다(동법 제2항).[16]

1) 다른 법인과의 합병[17]

---

15) 공인회계사 등의 감사증명서를 제출하여야 할 교정법인의 범위는 ① 해당 회계연도의 수용정원이 300명 이상인 교도소등을 설치·운영하는 교정법인, ② 해당 회계연도의 수용 정원이 300명 미만인 교도소등을 설치·운영하는 교정법인으로서 회계부정, 결산서의 허위작성과 그 밖에 현저히 부당한 회계처리 등으로 회계질서를 문란하게 하여 법무부장관이 특별히 감사증명서를 제출하게 할 필요가 있다고 인정하는 교정법인 등이다(시행령 제13조 제3항).

16) 법무부장관이 교정법인의 합병 또는 분할의 인가를 하는 경우 ① 수탁자의 지위승계로 인한 위탁계약의 내용 수정에 관한 사항, ② 그 밖에 위탁업무를 원활히 수행하기 위하여 필요한 사항다음 각 호의 조건을 붙일 수 있다(시행규칙 제12조 제1항). 법무부장관이 교정법인의 해산인가를 하는 경우 ① 민영교도소등의 운영경비로 지급된 예산의 처리에 관한 사항, ② 민영교도소등의 설치비용으로 지급된 예산의 환수에 관한 사항, ③ 무기 및 탄약 등 보안장비의 처리에 관한 사항다음 각 호의 조건을 붙일 수 있다(동조 제2항).

17) 합병인가 신청 시에 ① 합병 이유서, ② 합병결의에 관한 총회 또는 이사회 회의록 사본, ③ 합병 계약서, ④ 합병 후 존속하는 교정법인 또는 합병으로 설립되는 교정법인의 정관, ⑤ 합병 전 각 교정법인의 재산목록 및 대차대조표, ⑥ 재산의 소유권을 증명하는 서류, ⑦ 합병 후 존속하는 교정법인 또는 합병으로 설립되는 교정법인에 대한 제4조 제1항 각 호(1호: 임원의 선임(選任)을 결의한 총회 또는 이사회 회의록 사본, 2호: 임원의 이력서, 3호: 임원의 취임승낙서, 4호: 임원의 「가족관계의 등록 등에 관한 법률」 기본증명서의 서류를 생략할 수 있다)의 서류(합병 후 존속하는 교정법인의 임원으로서 계속 재임되는 임원에

2) 회사인 경우 분할 또는 분할합병[18]

3) 해산[19]

7. 잔여재산의 귀속

1) 해산한 교정법인의 잔여재산 귀속은 합병하거나 파산한 경우가 아니면 정관으로 정하는 바에 따른다(민영교도소법 제18조 제1항).

2) 처분되지 아니한 교정법인의 재산은 국고에 귀속하고, 귀속된 재산을 다른 민영교도소등의 사업에 사용할 수 있으며, 국고에 귀속된 재산은 법무부장관이 관리한다(동법 제2항~4항).

Ⅲ. 민영교도소의 조직

민영교도소는 교도소 등에 준하는 조직을 갖추어야 하고, 교정법인은 민영교도소등을 운영할 때 시설 안의 수용자를 수용·관리하고 교정서비스를 제공하기에 적합한 직원을 확보하여야 한다(민영교도소법 제1항~2항).

대해서는 제4조 제1항 각 호 서류를 생략할 수 있다) 등을 첨부하여야 한다(시행규칙 제9조 제1항).

18) 분할인가 신청 시에 ① 분할 이유서, ② 분할결의에 관한 총회 또는 이사회 회의록 사본, ③ 분할 계획서, ④ 분할 후 존속하는 교정법인 또는 분할로 설립되는 교정법인의 정관, ⑤ 재산의 소유권을 증명하는 서류, ⑥ 분할로 설립되는 교정법인에 대한 제4조 제1항 각 호(1호: 임원의 선임(選任)을 결의한 총회 또는 이사회 회의록 사본, 2호: 임원의 이력서, 3호: 임원의 취임승낙서, 4호: 임원의 「가족관계의 등록 등에 관한 법률」 기본증명서의 서류를 생략할 수 있다)의 서류(분할로 설립되는 교정법인의 임원으로서 계속 재임되는 임원에 대해서는 제4조 제1항 각 호의 서류를 생략할 수 있다) 등을 첨부하여야 한다.

19) 해산 인가 시에 ① 해산결의에 관한 총회 또는 이사회 회의록 사본, ② 해산 당시의 재산목록, ③ 재산 감정평가 내역, ④ 잔여재산의 처분에 관한 사항을 적은 서류 등을 첨부하여야 한다.

Ⅳ. 민영교도소의 검사

교정법인은 민영교도소등의 시설이 법에 따른 명령 및 위탁계약의 내용에 적합한지에 관하여 법무부장관의 검사를 받아야 한다(민영교도소법 제22조 제1항).

법무부장관은 검사를 한 결과 해당 시설이 이 법에 따른 수용시설로서 적당하지 아니하다고 인정되면 교정법인에 대하여 보정(補正)을 명할 수 있다(동법 제2항).

시설의 검사 방법 · 절차 등에 관하여 필요한 사항은 법무부장관이 정한다(동법 제3항).

Ⅴ. 운영경비

법무부장관은 사전에 기획재정부장관과 협의하여 민영교도소등을 운영하는 교정법인에 대하여 매년 그 교도소등의 운영에 필요한 경비를 지급한다(민영교도소법 제23조 제1항).

연간 지급 경비의 기준은 다음 각 호의 사항 등을 고려하여 예산의 범위에서 법무부장관이 정한다(동조 제2항).

1. 투자한 고정자산의 가액(價額)
2. 민영교도소등의 운영 경비
3. 국가에서 직접 운영할 경우 드는 경비

Ⅵ. 수용자 처우

교정법인은 위탁업무를 수행할 때 같은 유형의 수용자를 수용 · 관리하는 국가운영의 교도소등과 동등한 수준 이상의 교정서비스를 제공하여야 한다(민영교도소법 제25조 제1항). 교정법인은 민영교도소등에 수용되는 자에게 특별한 사유가 있다는 이유로 수용을 거절할 수 없다. 다만, 수용·작업·교화, 그 밖의 처우를 위하여 특별히 필요하다고 인정되는 경우에는 법무부장관에게 수용자의 이송(移送)을 신청할 수 있다(동조 제2항). 교정법인의 임직원과 민영교도소등의 장 및 직원은 수용자에게 특정 종교나 사상을 강요하여서는 아니 된다(동조 제3항).

Ⅶ. 작업수입

민영교도소등에 수용된 수용자가 작업하여 생긴 수입은 국고수입으로 한다(민영교도소법 제26조).

Ⅷ. 보호장비의 사용

보호장비를 사용하기 위해서는 법무부장관이 민영교도소등의 지도·감독을 위하여 파견한 소속 공무원(이하 이 조에서 '감독관'이라 한다)의 승인을 받아야 한다. 다만, 긴급한 상황으로 승인을 받을 만한 시간적 여유가 없을 때에는 그 처분 등을 한 후 즉시 감독관에게 알려서 승인을 받아야 한다(민영교도소법 제27조 제1항). 가석방 적격심사를 신청하려면 감독관의 의견서를 첨부하여야 한다(동법 제2항). 석방을 하려면 관계 서류를 조사한 후 감독관의 확인을 받아 석방하여야 한다(동조 제3항).

Ⅸ. 민영교도소 직원

1. 임용자격

1) 18세 이상인 사람

2) 법무부령으로 정하는 신체조건에 해당하는 사람 등이다(시행령 제17조 제1항).[20]

2. 결격사유

다음 각 호의 어느 하나에 해당하는 자는 민영교도소등의 직원으로 임용될 수 없으며, 임용 후 다음 각 호의 어느 하나에 해당하는 자가 되면 당연히 퇴직한다(민영교도소법 제28조).

1) 대한민국 국민이 아닌 자

2) 「국가공무원법」 제33조 각 호의 어느 하나에 해당하는 자

3) 제12조에 따라 임원취임 승인이 취소된 후 2년이 지나지 아니한 자

4) 제36조에 따른 해임명령으로 해임된 후 2년이 지나지 아니한 자

3. 임 면

1) 교정법인의 대표자는 민영교도소등의 직원을 임면(任免)한다. 다만, 민영교도소등의 장 및 대통령령으로 정하는 직원을 임면할 때에는 미리 법무부장관의 승인을 받아야 한다(민영교도소법 제29조 제1항).

2) 교정법인의 대표자는 민영교도소등의 장 외의 직원을 임면할 권한을

20) 임용의 신체조건은 ① 신장: 남자 165센티미터 이상, 여자 154센티미터 이상, ② 체중: 남자 55킬로그램 이상, 여자 48킬로그램 이상, ③ 시력: 두 눈의 교정시력이 각각 0.8 이상(색맹이 아니어야 한다).

민영교도소등의 장에게 위임할 수 있다(동조 제2항).[21]

3) 민영교도소등의 직원의 임용 자격, 임용 방법, 교육 및 징계에 관하여는 대통령령으로 정한다(동조 제3항).

4. 제복착용과 무기구입

1) 민영교도소등의 직원은 근무 중 법무부장관이 정하는 제복을 입어야 한다(민영교도소법 제30조 제1항).[22]

2) 민영교도소등의 운영에 필요한 무기는 해당 교정법인의 부담으로 법무부장관이 구입하여 배정한다(동조 제2항).

3) 민영교도소등의 무기 구입·배정에 필요한 사항은 법무부장관이 정한다(동조 제3항).[23]

---

21) 교정법인은 민영교도소등의 직원을 임용하였을 때에는 10일 이내에 그 임용사항을 법무부장관에게 보고하여야 한다. 민영교도소등의 직원이 퇴직하였을 때에도 또한 같다(시행령 제17조 제2항).

22) ① 민영교도소등의 직원이 착용할 제복의 종류 및 제식(制式)과 그 착용 방법은 교도관 복제(服制)에 관한 규정을 준용하여 해당 민영교도소등의 장이 정하되, 법무부장관의 승인을 받아야 한다(시행규칙 제20조 제1항). ② 민영교도소등의 장은 제1항에 따른 복제를 정하는 경우 계급 및 소속 기관의 표시 등을 교정직공무원의 것과 구별되도록 하여야 한다(동조 제2항). ③ 민영교도소등의 장은 교화·분류심사·교육훈련 등 직무상 필요한 경우와 근무지역의 여건상 필요하다고 인정되는 경우에는 소속 직원에게 근무 중 사복을 착용하게 할 수 있다(동조 제3항).

23) ① 민영교도소등의 장이 법 제31조제2항에 따라 무기 및 탄약을 배정받으려는 경우에는 무기 및 탄약의 종류·수량 등을 명시하여 매년 2월 말까지 법무부장관에게 신청하여야 한다(시행규칙 제22조 제1항). ② 법무부장관은 제1항에 따른 신청을 검토하여 민영교도소등의 운영에 필요하다고 인정되는 범위에서 무기 및 탄약을 구입하여 배정한다(동조 제2항). ③ 무기 및 탄약을 배정받은 민영교도소등의 장은 위탁계약에서 달리 정한 경우를 제외하고는 국가가 운영하는 교도소 등에서의 보안장비의 관리 및 사용에 관하여 법무부장관이 정한 지침에 따라 이를 관리하여야 한다(동조 제3항).

5. 직원교육

1) 교정법인은 민영교도소등의 직원으로 임용된 사람에 대하여 민영교도소등에 배치하기 전에 자체 교육기관이나 교정공무원 교육기관에서 직무수행에 필요한 교육을 받게 하여야 한다. 다만, 자체 교육기관이나 교정공무원 교육기관의 교육계획상 부득이 하다고 인정되는 경우에는 임용 후 1년 이내에 교육을 받게 할 수 있다(시행령 제18조 제1항).

2) 교정공무원(교정시설의 경비교도를 포함한다)이나 민영교도소등의 직원으로 근무하다가 퇴직한 사람이 퇴직한 날부터 2년 이내에 민영교도소등의 직원으로 임용된 경우에는 제1항에 따른 교육을 면제할 수 있다(동조 제2항).

3) 교육기간, 교육과목, 수업시간과 그 밖에 교육 실시에 필요한 사항은 법무부장관이 정한다(동조 제3항).[24)]

6. 직권면직

1) 교정법인은 민영교도소등의 직원이 신체적 · 정신적 이상으로 직무를 감당하지 못하거나 인원의 감축으로 정원(定員)이 초과되었을 때 또는 위탁업무의 정지명령을 받았거나 위탁계약이 해지되었을 때에는 직권으로 면직시킬 수 있다(시행령 제20조 제1항).

2) 교정법인이 민영교도소등의 직원을 직권으로 면직시켰을 때에는 5일 이내에 그 사실을 법무부장관에게 보고하여야 한다(동조 제2항).

---

24) ① 법무부장관은 법 제33조제2항에 따라 파견한 소속공무원에게 민영교도소등의 직원에 대하여 매주 1시간의 범위에서 직무수행에 필요한 교육을 실시하게 할 수 있다(시행규칙 제19조 제1항). ② 민영교도소등의 장은 소속 직원에 대하여 직무수행에 필요한 교육을 매주 1시간 이상 실시하여야 한다(동조 제2항). ③ 법무부장관은 직원연수 · 업무협조 등을 위하여 민영교도소등의 장이 요청하는 경우에는 민영교도소등의 직원을 국가가 운영하는 교도소등에 일정기간 근무하게 할 수 있다(동조 제3항).

X. 민영교도소 지원 및 보고

1. 지 원

법무부장관은 필요하다고 인정하면 직권으로 또는 해당 교정법인이나 민영교도소등의 장의 신청을 받아 민영교도소등에 소속 공무원을 파견하여 업무를 지원하게 할 수 있다(민영교도소법 제32조).

2. 감 독

1) 법무부장관은 민영교도소등의 업무 및 그와 관련된 교정법인의 업무를 지도·감독하며, 필요한 경우 지시나 명령을 할 수 있다. 다만, 수용자에 대한 교육과 교화프로그램에 관하여는 그 교정법인의 의견을 최대한 존중하여야 한다(민영교도소법 제33조 제1항).

2) 법무부장관은 제1항에 따른 지도·감독상 필요하다고 인정하면 민영교도소등에 소속 공무원을 파견하여 그 민영교도소등의 업무를 지도·감독하게 하여야 한다(동조 제2항).

3) 교정법인 및 민영교도소등의 장은 항상 소속 직원의 근무 상황을 감독하고 필요한 교육을 하여야 한다(동조 제3항).

3. 보 고

민영교도소등의 장은 대통령령으로 정하는 바에 따라 매월 또는 분기마다 다음 각 호의 사항을 법무부장관에게 보고하여야 한다(민영교도소법 제34조 제1항).

① 수용 현황

② 교정 사고의 발생 현황 및 징벌 현황

③ 무기 등 보안장비의 보유 · 사용 현황

④ 보건의료서비스와 주식(主食) · 부식(副食)의 제공 현황

⑤ 교육 · 직업훈련 등의 실시 현황

⑥ 외부 통학, 외부 출장 직업훈련, 귀휴(歸休), 사회 견학, 외부 통근 작업 및 외부 병원 이송 등 수용자의 외부 출입 현황

⑦ 교도작업의 운영 현황

⑧ 직원의 인사 · 징계에 관한 사항

⑨ 그 밖에 법무부장관이 필요하다고 인정하는 사항

4. 검 사

1) 검사항목

법무부장관은 필요하다고 인정하면 수시로 교정법인이나 민영교도소등에 대하여 그 업무 · 회계 및 재산에 관한 사항을 보고하게 하거나, 소속 공무원에게 장부 · 서류 · 시설, 그 밖의 물건을 검사하게 할 수 있다. 이 경우 위법 또는 부당한 사실이 발견되면 이에 따른 필요한 조치를 명할 수 있다(민영교도소법 제34조 제2항).

2) 시설의 검사절차

① 교정법인이 시설검사를 받으려는 경우 검사를 받으려는 날의 30일 전까지 시설검사 신청서에 공사일정에 관한 서류를 첨부하여 법무부장관에게 제출하여야 한다(시행규칙 제13조 제1항).

② 법무부장관은 시설검사를 하기 위하여 필요하다고 인정되는 경우에는 소속 공무원에게 이를 검사하게 하거나, 외부의 건축 · 토목전문가 등에

게 검사를 대행하게 할 수 있다(동조 제2항).

③ 검사를 하려는 경우에는 그 권한을 표시하는 증표를 지니고, 이를 관계인에게 보여주어야 한다(동조 제3항).

④ 법무부장관이 검사를 하려는 경우에는 미리 검사의 목적·대상 및 기간을 정하여 해당 교정법인 또는 민영교도소등의 장에게 통지하여야 한다(동조 제4항).

3) 검사 시 유의사항

민영교도소등의 시설을 검사를 하는 경우 유의할 사항은 다음 각 호와 같다(시행규칙 제14조).

① 위탁수용 대상자를 위한 교화(敎化)프로그램과의 적합성

② 수용정원을 고려한 수용공간의 확보 여부

③ 건축·토목과 관련되는 흠의 여부

④ 시설·장비의 안전과 보안기능

⑤ 소방·환기시설 등 구비 여부

⑥ 수용생활에 적합한 조명·난방시설 구비 여부

⑦ 그 밖에 「형의 집행 및 수용자의 처우에 관한 법률」 등 관계 법령 및 위탁계약에서 정하는 시설기준 등이다.

5. 위탁업무 감사 및 징계

1) 업무 감사

법무부장관은 위탁업무의 처리 결과에 대하여 매년 1회 이상 감사를 하여야 한다(민영교도소법 제34조 제1항). 법무부장관은 제1항에 따른 감사 결과 위탁업무의 처리가 위법 또는 부당하다고 인정되면 해당 교정법인이

나 민영교도소등에 대하여 적절한 시정조치를 명할 수 있으며, 관계 임직원에 대한 인사 조치를 요구할 수 있다(동조 제2항).

2) 징계처분

① 법무부장관은 민영교도소등의 직원이 위탁업무에 관하여 이 법 또는 이 법에 따른 명령이나 처분을 위반하면 그 직원의 임면권자에게 해임이나 정직 · 감봉 등 징계처분을 하도록 명할 수 있다(민영교도소법 제34조 제1항).[25)]

② 교정법인 또는 민영교도소등의 장은 징계처분명령을 받으면 즉시 징계처분을 하고 법무부장관에게 보고하여야 한다(동조 제2항).

6. 장부비치

◉ 민영교도소등의 장은 소속 직원에 관한 다음 각 호의 장부와 서류를 갖춰 두어야 한다(시행규칙 제23조 제1항).

1) 민영교도소등의 직원 명부
2) 근무일지
3) 직원 배치표
4) 무기 · 탄약 등 보안장비의 관리 및 운용 관련 서류
5) 봉급지급 관련 서류
6) 신분증명서 발급 대장
7) 징계 관련 서류
8) 교육훈련 계획 및 실시 관련 서류

25) 위반사유로 ① 법 제36조제1항에 따라 징계처분의 명을 받은 경우, ② 법 및 이 영의 규정 또는 이에 따른 명령을 위반한 경우, ③ 직무상의 의무를 위반하거나 직무를 태만히 한 경우, ④품위를 손상하는 행위를 한 경우 등이다(시행령 제21조 제1항).

9) 급여품 및 대여품 대장

10) 그 밖에 법무부장관이 기관의 운영에 필요하다고 인정하는 장부 또는 서류 등이다.

◉ 민영교도소등의 장은 수용자관리에 관한 다음 각 호의 장부와 서류를 갖춰 두어야 한다(동조 제2항).

1) 수용자 신분 장부

2) 영치금품 대장

3) 급여품 및 대여품 대장

4) 접견 · 서신 대장

5) 교육 · 교화 관련 서류

6) 투약 · 진료 등 의료 관련 서류

7) 교도작업 관련 서류

8) 분류처우 관련 서류

9) 그 밖에 법무부장관이 수용자 관리에 필요하다고 인정하는 장부 또는 서류 등이다.

XI. 민영 교정시설

현재 민영 교정시설로 유일하게 소망교도소가 있으며, 이는 민간이 정부의 보조를 받아 설립 및 운영되고 있으며,[26] 잔여형기가 1년 이상 7년 이하의 성인 남성 400여명을 수용하고 있다.[27] 여기에는 약물사범, 공안사범, 조직폭력사범은 제외하고 있어 사실상 교정성적이 우수한 수형자를 대상으로 수감하고 있다.

---

26) 정부의 보조금은 정부 가 운영하는 교정시설의 약 90%를 지원받아 운영하고 있다. 시설관계자에 의하면 2018년 1월 기준 정부의 보조금만으로도 운영상 적자는 아니라고 하고 있다.

27) 2018년 12월 31일 기준 수용된 인원이다.

〈그림 1〉 민영교도소인 소망교소도

앞으로 민영교정시설로 여성수용자를 위한 교정시설을 만들어야 할 것이다. 여성수용자는 남성수용자에 비해 상대적으로 규율위반이나 교정시설의 안전을 해치는 행위를 비교적 하지 않으므로 민영으로 운영한다고 하더라도 큰 문제점은 나타나지 않을 것이다. 따라서 비교적 넓은 장소에 400~500명 정도 수용할 수 있는 시설을 만들어 직업훈련시설, 교도작업시설, 체육시설, 문화시설, 농작물 재배 등을 할 수 있도록 하는 것이다.[28)]

독일은 민·관 혼합형 민영교도소(Public Private Partnership)로 정부는 민간이 보유한 자본과 노하우를 통하여 경비절감과 동시에 관료조직이 갖추기 어려운 다양성과 유용성을 보완함으로써 수용자에 질 좋은 서비스를 제공하기 위해 도입하게 되었다.[29)] 따라서 민영교도소의 올바른 운영을 위해서는 무엇보다 민·관이 합동해서 운영하는 것이 바람직한 방향이라 판단된다. 우리나라의 민영교정시설의 재사회화의 목적에 충실히 운영되기 위해서는 국가의 감독 하에 운영되어야 할 것이다.[30)]

28) 이동임·김태계, " 민영여자교도소 설립의 필요성에 관한 연구", 교정복지연구 제46호, 한국교정복지학회, 2017, 41면.

29) 조은미, "독일의 PPP(Public Private Partnership) 민영교도소에 관한 연구" 교정담론 제6권 제1호, 아시아교정포럼, 2012, 137면.

XII. 기 타

1. 공무원 의제

1) 민영교도소등의 직원은 법령에 따라 공무(公務)에 종사하는 것으로 본다(민영교도소법 제37조 제1항).

2) 교정법인의 임직원 중 교정업무를 수행하는 자와 민영교도소등의 직원은 「형법」 이나 그 밖의 법률에 따른 벌칙을 적용할 때에는 공무원으로 본다(동조 제2항).

3) 민영교도소등의 장 및 직원은 「형사소송법」 이나 「사법경찰관리의 직무를 수행할 자와 그 직무범위에 관한 법률」 을 적용할 때에는 교도소장 · 구치소장 또는 교도관리로 본다(동조 제3항).

2. 손해배상

1) 교정법인의 임직원과 민영교도소등의 직원이 위탁업무를 수행할 때 고의 또는 과실로 법령을 위반하여 국가에 손해를 입힌 경우 그 교정법인은 손해를 배상하여야 한다(민영교도소법 제38조 제1항).

2) 교정법인은 제1항에 따른 손해배상을 위하여 대통령령으로 정하는 기준에 따라 현금 · 유가증권 또는 물건을 공탁하거나 이행보증보험에 가입하여야 한다(동조 제2항).

3) 교정법인은 손해배상을 위하여 1억 원 이상의 현금 또는 유가증권을 공탁하거나 이행보증보험에 가입하여야 한다(시행령 제23조).

---

30) 최준, "민영교정시설의 활용조건과 방안에 관한 연구", 교정복지연구 제26호, 한국교정복지학회, 2012, 48면.

Chap. 2

수용자의 처우

제1장 수 용

제2장 물품지급

제3장 금품관리

제4장 위생과 의료

제5장 접견·서신 수수 및 전화통화

제6장 종교와 문화

제7장 특별한 보호

제 2 편

수용자의 처우

제1장 수 용

Ⅰ. 신입자의 인수

1. 인수서 작성 및 서명날인

1) 소장은 법원·검찰청·경찰관서 등으로부터 처음으로 교정시설에 수용되는 사람(이하 '신입자' 라 한다)에 대하여는 집행지휘서, 재판서, 그 밖에 수용에 필요한 서류를 조사한 후 수용한다(법 제16조 제1항).

2) 소장은 신입자를 인수한 경우에는 호송인(護送人)에게 인수서를 써 주어야 한다. 이 경우 신입자에게 부상·질병, 그 밖에 건강에 이상이 있을 때에는 호송인으로부터 그 사실에 대한 확인서를 받아야 한다(시행령 제13조 제1항).

3) 신입자를 인수한 교도관은 인수서에 신입자의 성명, 나이 및 인수일시를 적고 서명 또는 날인하여야 한다(동조 제2항).

4) 소장은 확인서를 받는 경우에는 호송인에게 신입자의 성명, 나이, 인계일시 및 부상 등의 사실을 적고 서명 또는 날인하도록 하여야 한다(동조 제3항).

2. 신입자 신체검사 및 건강진단

소장은 신입자를 인수한 경우에는 교도관에게 신입자의 신체 · 의류 및 휴대품을 지체 없이 검사하게 하여야 한다(시행령 제11조). 신입자의 건강진단은 수용된 날부터 3일 이내에 하여야 한다. 다만, 휴무일이 연속되는 등 부득이한 사정이 있는 경우에는 예외로 한다(시행령 제15조). 소장은 신입자에게 질병이나 그 밖의 부득이한 사정이 있는 경우가 아니면 지체 없이 목욕을 하게 하여야 한다(시행령 제16조).

3. 신입자의 신체 특징 기록

1) 소장은 신입자의 키 · 용모 · 문신 · 흉터 등 신체 특징과 가족 등 보호자의 연락처를 수용기록부에 기록하여야 하며, 교도관이 업무상 필요한 경우가 아니면 이를 열람하지 못하도록 하여야 한다(시행령 제17조 제1항).

2) 소장은 신입자 및 다른 교정시설로부터 이송(移送)되어 온 사람에 대하여 수용자번호를 지정하고 수용 중 번호표를 상의의 왼쪽 가슴에 붙이게 하여야 한다. 다만, 수용자의 교화 또는 건전한 사회복귀를 위하여 특히 필요하다고 인정하면 번호표를 붙이지 아니할 수 있다(동조 제2항).

4. 수용기록부 작성

소장은 신입자 또는 이입자를 수용한 날부터 3일 이내에 수용기록부, 수용자명부 및 형기종료부를 작성 · 정비하고 필요한 사항을 기록하여야 한다(시행령 제19조). 소장은 신입자의 신원에 관한 사항을 조사하여 수용기록부에 기록하여야 한다(시행령 제20조).

5. 신입자 거실 수용

구금에 따른 충격을 완화시키기 위하여 신입자는 신입자 거실에 수용해야 한다(시행령 제18조). 판례에 의하면 교도소장이 부득이한 사유가 없는데도 신입수용자를 신입자 거실에 수용하지 않은 행위에 대하여 신입수용자를 신입자거실에 수용하지 않은 행위는 현행법을 위반한 것이고, 이러한 위법행위로 인하여 수용자가 정신적 고통을 당하였음이 경험칙상 명백하다는 이유로 국가의 손해배상책임을 인정하였다.[1)]

6. 형 또는 구속집행정지 사유 통보

소장은 수용자에 대하여 건강상의 사유로 형의 집행정지 또는 구속의 집행정지를 할 필요가 있다고 인정하는 경우에는 의무관의 진단서와 인수인에 대한 확인서류를 첨부하여 그 사실을 검사에게, 기소된 상태인 경우에는 법원에도 지체 없이 통보하여야 한다(시행령 제21조).

7. 지방교정청장의 이송승인권

지방교정청장은 다음 사유에 해당하는 경우에는 수용자의 이송을 승인할 수 있다(시행령 제22조 제1항)

1) 수용시설의 공사 등으로 수용거실이 일시적으로 부족한 때,

2) 교정시설 간 수용인원의 뚜렷한 불균형을 조정하기 위하여 특히 필요하다고 인정되는 때

3) 교정시설의 안전과 질서유지를 위하여 긴급하게 이송할 필요가 있다고 인정되는 때에는 수용자의 이송을 승인할 수 있다.

---

1) 대구지법 2007. 5 .16. 2006다15517.

지방교정청장의 이송승인은 관할 내 이송으로 한정한다(동조 제2항). 소장은 수용자를 다른 교정시설에 이송하는 경우에 의무관으로부터 수용자가 건강상 감당하기 어렵다는 보고를 받으면 이송을 중지하고 그 사실을 이송받을 소장에게 알려야 한다(시행령 제23조).

8. 호송 시 분리

수용자를 이송이나 출정(出廷), 그 밖의 사유로 호송하는 경우에는 수형자는 미결수용자와, 여성수용자는 남성수용자와, 19세 미만의 수용자는 19세 이상의 수용자와 각각 호송 차량의 좌석을 분리하는 등의 방법으로 서로 접촉하지 못하게 하여야 한다(시행령 제24조). 즉, 차량으로 분리하여 호송하는 것도 가능하지만 이송 인원이 적은 경우에는 한 대의 차량에 좌석을 분리하는 방법으로 호송을 할 수 있다.

Ⅱ. 구분수용

1. 구분수용

수용자는 다음 각 호에 따라 구분하여 수용한다(법 제11조 제1항).

1) 19세 이상 수형자 : 교도소

2) 19세 미만 수형자 : 소년교도소

3) 미결수용자 : 구치소

4) 사형확정자 : 교도소 또는 구치소

이 경우 구체적인 구분 기준은 법무부령으로 정한다. 교도소 및 구치소의 각 지소에는 교도소 또는 구치소에 준하여 수용자를 수용한다(동조 제2항).

2. 구분수용의 예외

1) 관할 법원 및 검찰청 소재지에 구치소가 없는 때

2) 구치소의 수용인원이 정원을 훨씬 초과하여 정상적인 운영이 곤란한 때,

3) 범죄의 증거인멸을 방지하기 위하여 필요하거나 그 밖에 특별한 사정이 있는 때에는 교도소에 미결수용자를 수용할 수 있다(법 제12조 제1항).

4) 취사 등의 작업을 위하여 필요하거나 그 밖에 특별한 사정이 있으면 구치소에 수형자를 수용할 수 있다(동조 제2항).

5) 수형자가 소년교도소에 수용 중에 19세가 된 경우에도 교육·교화 프로그램, 작업, 직업훈련 등을 실시하기 위하여 특히 필요하다고 인정되면 23세가 되기 전까지는 계속하여 수용할 수 있다(동조 제3항).

6) 소장은 특별한 사정이 있으면 구분수용 기준에 따라 다른 교정시설로 이송하여야 할 수형자를 6개월을 초과하지 아니하는 기간 동안 계속하여 수용할 수 있다(동조 제4항).

Ⅲ. 분리수용

남성과 여성은 분리하여 수용한다(법 제12조 제1항). 수형자와 미결수용자, 19세 이상의 수형자와 19세 미만의 수형자를 같은 교정시설에 수용하는 경우에는 서로 분리하여 수용한다(동조 제2항).

Ⅳ. 독거수용 및 혼거수용

1. 혼거수용

1) 혼거수용 사유 및 인원

① 독거실 부족 등 시설여건이 충분하지 아니한 때

② 수용자의 생명 또는 신체의 보호, 정서적 안정을 위하여 필요한 때

③ 수형자의 교화 또는 건전한 사회복귀를 위하여 필요한 때에는 혼거수용할 수 있다(법 제13조 제1항). 혼거수용의 인원은 3명 이상으로 한다. 다만 요양이나 그 밖의 부득이한 사정이 있는 경우에는 예외로 한다(시행령 제8조).

2) 혼거수용 제외사유

소장은 노역장 유치명령을 받은 수형자와 징역형·금고형 또는 구류형을 선고받아 형이 확정된 수형자와 혼거수용해서는 안 된다. 다만 징역형·금고형 또는 구류형의 집행을 마친 다음에 계속해서 노역장 유치명령을 집행하거나 그 밖에 부득이한 사정이 있는 경우에는 그러하지 아니하다(시행령 제9조).

3) 수용자 자리지정

소장은 수용자의 생명·신체의 보호, 증거인멸의 방지 및 교정시설의 안전과 질서유지를 위하여 필요하다고 인정하면 혼거실·교육실·강당·작업장, 그 밖에 수용자들이 서로 접촉할 수 있는 장소에서 수용자의 자리를 지정할 수 있다(시행령 제10조).

소장은 수용자거실을 작업장으로 사용해서는 아니 된다. 다만, 수용자의

심리적 안정, 교정교화 또는 사회적응능력 함양을 위하여 특히 필요하다고 인정하면 그러하지 아니하다(시행령 제11조).

4) 현황표 부착

① 소장은 수용자거실에 면적, 정원 및 현재 인원을 적은 현황표를 붙여야 한다(시행령 제12조 제1항).

② 소장은 수용자거실 앞에 이름표를 붙이되, 이름표 윗부분에는 수용자의 성명 · 나이 · 죄명 · 형명 및 형기(刑期)를 적고, 그 아랫부분에는 수용자번호 및 입소일을 적되 윗부분의 내용이 보이지 않도록 하여야 한다(동조 제2항).

③ 소장은 수용자가 법령에 따라 지켜야 할 사항과 수용자의 권리구제 절차에 관한 사항을 수용자거실의 보기 쉬운 장소에 붙여야 한다(동조 제3항).

2. 독거수용

1) 독거수용의 유형

수용자는 독거수용이 원칙이다. 독거수용은 처우상 독거수용과 계호상 독거수용이 있다. 전자는 주간에 교육 · 작업 등의 처우를 위하여 일과에 따른 공동생활을 하게한 후 휴일과 야간에 독거수용하는 것을 말한다. 후자는 사람의 생명 · 신체의 보호 또는 교정시설의 안전과 질서유지를 위하여 항상 독거수용하고 다른 수용자와 접촉을 금지하는 것을 말한다. 다만 수사 · 재판 · 실외운동 · 목욕 · 접견 · 진료 등을 위하여 필요한 경우에는 그러하지 아니한다(시행령 5조).

2) 독거수용자의 건강상 · 교화상 확인

교도관은 독거수용된 사람(이하 '계호상 독거수용자'라 한다)을 수시로 시찰하여 건강상 또는 교화상 이상이 없는지 살펴야 한다(시행령 제6조 제1항). 교도관은 시찰 결과, 계호상 독거수용자가 건강상 이상이 있는 것으로 보이는 경우에는 교정시설에 근무하는 의사(공중보건의사를 포함한다)에게 즉시 알려야 하고, 교화상 문제가 있다고 인정하는 경우에는 소장에게 지체 없이 보고하여야 한다(동조 제2항). 의무관은 통보를 받은 즉시 해당 수용자를 상담 · 진찰하는 등 적절한 의료조치를 하여야 하며, 계호상 독거수용자를 계속하여 독거수용하는 것이 건강상 해롭다고 인정하는 경우에는 그 의견을 소장에게 즉시 보고하여야 한다(동조 제3항). 소장은 계호상 독거수용자를 계속하여 독거수용하는 것이 건강상 또는 교화상 해롭다고 인정하는 경우에는 이를 즉시 중단하여야 한다(동조 제4항).

Ⅴ. 수용거실의 지정

소장은 수용자의 거실을 지정하는 경우에는 죄명 · 형기 · 죄질 · 성격 · 범죄전력 · 나이 · 경력 및 수용생활 태도, 그 밖에 수용자의 개인적 특성을 고려하여야 한다(법 제15조).

소장은 수용자가 부상을 당하거나 질병에 걸린 경우에는 그 수용자를 의료거실에 수용하거나, 다른 수용자가 그 수용자를 간병하게 할 수 있다(시행령 제54조).

Ⅵ. 고지사항

신입자 및 다른 교정시설로부터 이송되어 온 사람에 대하여는 말이나 서면으로 다음 사항을 알려주어야 한다(법 제17조).

◉ 형기의 기산일 및 종료일

◉ 접견 · 서신, 그 밖의 수용자의 권리에 관한 사항

◉ 청원, 「국가인권위원회법」에 따른 진정, 그 밖의 권리구제에 관한 사항

◉ 징벌 · 규율, 그 밖의 수용자의 의무에 관한 사항

◉ 일과(日課), 그 밖의 수용생활에 필요한 기본적인 사항 등을 알려 주어야 한다(법 제17조).

Ⅶ. 수용의 거절

소장은 다른 사람의 건강에 위해를 끼칠 우려가 있는 감염병에 걸린 사람의 수용을 거절할 수 있다(법 제18조 제1항). 소장은 수용을 거절하였으면 그 사유를 지체 없이 수용지휘기관과 관할 보건소장에게 통보하고 법무부장관에게 보고하여야 한다(동조 제2항).

Ⅷ. 사진촬영

소장은 신입자 및 다른 교정시설로부터 이송되어 온 사람에 대하여 다른 사람과의 식별을 위하여 필요한 한도에서 사진촬영, 지문채취, 수용자 번호지정, 그 밖에 대통령령으로 정하는 조치를 하여야 한다(법 제19조 제1항). 소장은 수용목적상 필요하면 수용 중인 사람에 대하여도 제1항의 조치를 할 수 있다(동조 제2항).

Ⅸ. 수용자의 이송

소장은 수용자의 수용·작업·교화·의료, 그 밖의 처우를 위하여 필요하거나 시설의 안전과 질서유지를 위하여 필요하다고 인정하면 법무부장관의 승인을 받아 수용자를 다른 교정시설로 이송할 수 있다(법 제20조 제1항). 법무부장관은 이송승인에 관한 권한을 대통령령으로 정하는 바에 따라 지방교정청장에게 위임할 수 있다(동조 제2항).

Ⅹ. 수용사실의 가족 통지

소장은 신입자 또는 다른 교정시설로부터 이송되어 온 사람이 있으면 그 사실을 수용자의 가족(배우자, 직계 존속·비속 또는 형제자매를 말한다.)에게 지체없이 통지하여야 한다. 다만, 수용자가 통지를 원하지 아니하면 그러하지 아니하다(법 제21조).

제 2 장 물품지급

Ⅰ. 의류 및 침구 등의 지급

소장은 수용자에게 건강유지에 적합한 의류·침구, 그 밖의 생활용품을 지급하는데(법 제22조 제1항), 생활용품의 지급기준은 신입자용,[2] 일반수용자용[3]으로 나누어 지급하고 있다. 의류·침구, 그 밖의 생활용품의 지급기준 등에 관하여 필요한 사항은 법무부령으로 정한다(동조 제2항). 수용자 의류·침구의 품목별 색채 및 규격은 법무부장관이 정한다(시행규칙 제9조).

2) 생활용품 지급기준(신입자용)

구분 / 품목	1인당 지급 기준	1인당 지급 횟수
치 약	50g	1
칫 솔	일반용(1개)	1
세면비누	50g	1
세탁비누	300g	공용
수 건	1매(75g)	1
화 장 지	3개(개당 50m)	1
생 리 대	18개(낱개)	1

3) 생활용품 지급기준(일반수용자용)

구분 / 품목	1인당 지급 기준	사용 기간(월)	연간 지급 횟수(회)
치 약	150g	2	6
칫 솔	일반용(1개)	2	6
세면비누	140g	2	6
세탁비누	300g	2	6
수 건	1매(75g)	3	4
화 장 지	3개(개당 50m)	1	12
생 리 대	18개(낱개)	1	12

1. 수용자의 의류

소장은 수용자가 자비로 구매한 의류 등을 영치한 후 그 수용자가 사용하게 할 수 있다(시행령 제32조). 자비로 구매한 의류 등을 세탁하는 경우 드는 비용은 수용자가 부담한다(시행령 제33조 제2항). 소장은 수용자가 사용하는 의류 등을 적당한 시기에 세탁·수선 또는 교체하도록 하여야 한다(시행령 제33조).

수용자 의류의 품목은 평상복·특수복·보조복·의복부속물·모자 및 신발로 한다(시행규칙 제4조 제1항).

1) 평상복은 겨울옷·봄가을옷·여름옷을 수형자용(用), 미결수용자용 및 피보호감호자(종전의 「사회보호법」에 따라 보호감호선고를 받고 교정시설에 수용 중인 사람을 말한다. 이하 같다)용과 남녀용으로 각각 구분하여 18종으로 한다.

2) 특수복은 모범수형자복·외부통근자복·임부복·환자복·운동복 및 반바지로 구분하고, 그 중 모범수형자복 및 외부통근자복은 겨울옷·봄가을옷·여름옷을 남녀용으로 각각 구분하여 6종으로 하고, 임부복은 봄가을옷·여름옷을 수형자용과 미결수용자용으로 구분하여 4종으로 하며, 환자복은 겨울옷·여름옷을 남녀용으로 구분하여 4종으로 하고, 운동복 및 반바지는 각각 1종으로 한다.

3) 보조복은 위생복·조끼 및 비옷으로 구분하여 3종으로 한다.

4) 의복부속물은 러닝셔츠·팬티·겨울내의·장갑·양말 및 허리띠로 구분하여 6종으로 한다.

5) 모자는 모범수형자모·외부통근자모·방한모 및 위생모로 구분하여 4종으로 한다.

6) 신발은 고무신·운동화 및 방한화로 구분하여 3종으로 한다.

2. 수용자의 침구

수용자 침구의 품목은 이불 2종(솜이불 · 겹이불), 매트리스 2종(일반매트리스 · 환자매트리스), 담요 및 베개로 구분한다(시행규칙 제6조). 의류 · 침구 등 생활용품의 지급기준은 다음과 같다(시행규칙 제8조).

1) 수용자에게 지급하는 의류 및 침구는 1명당 1매로 하되, 작업 여부 또는 난방 여건을 고려하여 2매를 지급할 수 있다.

2) 의류 · 침구 외에 수용자에게 지급하는 생활용품의 품목, 지급수량, 사용기간, 지급횟수 등에 대한 기준은 규정에 따라 지급한다.

3) 생활용품 지급일 이후에 수용된 수용자에 대하여는 다음 지급일까지 쓸 적절한 양을 지급하여야 한다.

4) 신입수용자에게는 수용되는 날에 칫솔, 치약 및 수건 등 수용생활에 필요한 최소한의 생활용품을 지급하여야 한다.

Ⅱ. 음식물의 지급

수용자에게 지급하는 음식물은 주식 · 부식 · 음료, 그 밖의 영양물로 한다(시행령 제27조). ① 소장은 수용자에게 건강상태, 나이, 부과된 작업의 종류, 그 밖의 개인적 특성을 고려하여 건강 및 체력을 유지하는 데에 필요한 음식물을 지급한다(동법 제23조 제1항). ② 음식물의 지급기준 등에 관하여 필요한 사항은 법무부령으로 정한다(동조 제2항). ③ 부식은 주식과 함께 지급하며, 1명당 1일 영양섭취기준량은 별표 1과[4] 같다(시행규칙 제13조 제1항). ④ 주 · 부식의 지급횟수는 1일 3회로 하고, 수용자에게 지급하는 음식물의 총열량은 1명당 1일 2천500 킬로칼로리를 기준으로 한다(시행규칙 제14조 제1항～2항). ⑤ 소장은 의무관의 의견을 고려하여 환자

4) 【별표 1】 수용자 부식 1일 섭취 기준량

에게 지급하는 음식물의 종류 또는 정도를 달리 정할 수 있다(시행령 제30조).

1. 주식의 혼합비

주식은 쌀과 보리의 혼합곡으로 지급하며, 쌀 9, 보리쌀 1의 비율로 하고, 소장은 양곡 수급사정 또는 그 밖에 부득이한 사유가 있는 경우에는 혼합 비율을 변경할 수 있다(시행규칙 제10조 제1항~2항). 소장이 곡류를 변경하거나 대용식을 지급하는 경우에는 법무부장관이 정하는 바에 따른다(동조 제3항).

2. 주식의 지급

수용자에게 지급하는 주식은 1명당 1일 550그램을 기준으로 하고, 수용자의 나이, 건강, 작업 여부 및 작업의 종류 등을 고려하여 필요한 경우에 소장은 지급 기준량을 변경할 수 있으며, 소장은 수용자의 기호 등을 고려하여 주식으로 빵이나 국수 등을 주 2회의 범위에서 지급할 수 있다(시행규칙 제11조 제1항~3항). 소장은 수용자에 대한 원활한 급식을 위하여

구분 / 성분별	19세 이상인 사람	19세 미만인 사람
총 단백질	45g	48g
동물성단백질	25g	30g
지방	22g	28g
열량	450Kcal	500Kcal
칼슘	400mg	600mg
비타민A	700R.E	700R.E
비타민B1	0.5mg	0.5mg
비타민B2	1.0mg	1.0mg
비타민C	55mg	60mg

해당 교정시설의 직전 분기 평균 급식 인원을 기준으로 1개월분의 주식을 항상 확보하고 있어야 한다(시행규칙 제12조).

3. 부식 및 특식의 지급

부식은 주식과 함께 지급하고, 소장은 작업의 장려나 적절한 처우를 위하여 필요하다고 인정하는 경우 특별한 부식을 지급할 수 있다(시행규칙 제13조 제1항~2항). 또한 소장은 국경일이나 그 밖에 이에 준하는 날에는 특별한 음식물을 지급할 수 있다(시행령 제29조).

수용자에게 특식을 지급하는 경우에는 주식은 보리를 혼합하지 아니하거나 예산의 범위에서 보리 외의 곡류를 혼합하여 지급하여야 하며, 부식 또는 간식은 예산의 범위에서 특별히 마련하여 지급할 수 있다(시행규칙 제15조 제1항). 소장은 작업시간을 3시간 이상 연장하는 경우에는 수용자에게 주·부식 또는 대용식 1회분을 간식으로 지급할 수 있다(동조 제2항).

Ⅲ. 물품의 자비구매

수용자는 소장의 허가를 받아 자신의 비용으로 음식물, 의류·침구, 그 밖에 수용생활에 필요한 물품을 구매할 수 있다(법 제24조 제1항). 물품의 자비구매 허가범위 등에 관하여 필요한 사항은 법무부령으로 정한다(동조 제2항).

1. 자비구매물품의 종류

자비구매물품의 종류는 다음과 같다(시행규칙 제16조 제1항).

1) 음식물

2) 의약품 및 의료용품
3) 의류 · 침구류 및 신발류
4) 신문 · 잡지 · 도서 및 문구류
5) 수형자 교육 등 교정교화에 필요한 물품
6) 그 밖에 수용생활에 필요하다고 인정되는 물품

2. 구매허가 및 신청제한

소장은 수용자가 자비구매물품의 구매를 신청하는 경우에는 법무부장관이 교정성적 또는 경비처우급을 고려하여 정하는 영치금의 사용한도, 교정시설의 보관범위 및 수용자의 소지범위에서 허가한다(시행규칙 제17조 제1항). 소장은 전염병의 유행 또는 수용자의 징벌집행 등으로 자비구매물품의 사용이 중지된 경우에는 구매신청을 제한할 수 있다(동조 제2항).

3. 제품검수

소장은 물품공급업무 담당공무원을 검수관(檢收官)으로 지정하여 지정받은 자비구매물품 공급자로부터 납품받은 제품의 수량 · 상태 및 유통기한 등을 검사하도록 하여야 한다(시행규칙 제19조 제1항).

검수관은 공급제품이 부패, 파손, 규격미달, 그 밖의 사유로 수용자에게 공급하기에 부적당하다고 인정하는 경우에는 소장에게 이를 보고하고 필요한 조치를 하여야 한다(동조 제2항).

4. 주요사항 고지

소장은 수용자에게 자비구매물품의 품목 · 가격, 그 밖에 구매에 관한 주요사항을 미리 알려주어야 하고, 제품의 변질, 파손, 그 밖의 정당한 사유로 수용자가 교환, 반품 또는 수선을 원하는 경우에는 신속히 적절한 조치를 하여야 한다(시행규칙 제20조 제1항~2항).

5. 공급업무 담당자 지정

법무부장관은 자비구매물품의 품목 · 규격 · 가격 등의 교정시설 간 균형을 유지하고 공급과정의 효율성 · 공정성을 높이기 위하여 그 공급업무를 담당하는 법인 또는 개인을 지정할 수 있고, 지정받은 법인 또는 개인은 그 업무를 처리하는 경우 교정시설의 안전과 질서유지를 위하여 선량한 관리자로서의 의무를 다하여야 한다(시행규칙 제21조 제1항~2항). 자비구매물품 공급업무의 담당자 지정 등에 관한 세부사항은 법무부장관이 정한다(동조 제3항).

6. 교부금품의 허가

소장은 수용자 외의 사람이 수용자에게 금원(金員)을 교부하려고 신청하는 경우에는 현금 · 수표 및 우편환의 범위에서 허가한다. 다만, 수용자 외의 사람이 온라인으로 수용자의 예금계좌에 입금한 경우에는 금원의 교부를 허가한 것으로 본다(시행규칙 제22조 제1항).

소장은 수용자 외의 사람이 수용자에게 음식물을 교부하려고 신청하는 경우에는 법무부장관이 정하는 바에 따라 교정시설 안에서 판매되는 음식물 중에서 허가한다. 다만, 종교행사 및 교화프로그램의 시행을 위하여 특히 필요하다고 인정하는 경우에는 교정시설 안에서 판매되는 음식물이 아니더라도 교부를 허가할 수 있다(동조 제2항).

소장은 수용자 외의 사람이 수용자에게 음식물 외의 물품을 교부하려고 신청하는 경우에는 다음 각 호의 어느 하나에 해당하지 아니하면 법무부장관이 정하는 교정시설의 보관범위 및 수용자의 소지 범위 내에서 허가한다(동조 제3항).

1) 오감 또는 통상적인 검사장비로는 내부검색이 어려운 물품

2) 음란하거나 현란한 그림 · 무늬가 포함된 물품

3) 사행심을 조장하거나 심리적인 안정을 해칠 우려가 있는 물품

4) 도주 · 자살 · 자해 등에 이용될 수 있는 금속류, 끈 또는 가죽 등이 포함된 물품

5) 위화감을 조성할 우려가 있는 높은 가격의 물품

6) 그 밖에 수형자의 교화 또는 건전한 사회복귀를 해칠 우려가 있거나 교정시설의 안전 또는 질서를 해칠 우려가 있는 물품

판례에 따르면 교도소 수용자에게 반입이 금지된 일용품 등을 전달하여 주고 그 가족 등으로부터 금품 및 향응을 제공받은 교도관에 대한 해임처분이 적법하다고 판시한 바 있다.[5]

5) 대판 1998. 11. 10. 98두12017.

제 3 장 금품관리

Ⅰ. 휴대금품의 영치

1. 휴대금품의 의의

'휴대금품'이란 신입자가 교정시설에 수용될 때에 지니고 있는 현금(자기앞수표를 포함한다. 이하 같다)과 휴대품을 말한다(시행령 제34조 제1항).

2. 휴대금품의 영치

소장은 수용자의 휴대금품을 교정시설에 영치한다. 다만, 휴대품이 ① 부패하거나 없어질 우려가 있는 것, ② 물품의 종류·크기 등을 고려할 때 보관하기에 적당하지 아니한 것, ③ 사람의 생명 또는 신체에 위험을 초래할 우려가 있는 것, ④ 시설의 안전 또는 질서를 해칠 우려가 있는 것, ⑤ 그 밖에 영치할 가치가 없는 것 등은 수용자로 하여금 자신이 지정하는 사람에게 보내게 하거나 그 밖에 적당한 방법으로 처분하게 할 수 있다(법 제25조 제1항). 소장은 수용자가 처분하여야 할 휴대품을 상당한 기간 내에 처분하지 아니하면 폐기할 수 있다(동조 제2항). 영치금의 출납·예탁(預託), 영치금품의 보관 등에 관하여 필요한 사항은 법무부장관이 정한다(동조 제3항).

3. 관련 판례

판례에 의하면 마산교도소장은 2002. 5. 28. 「영치금품관리규정」에 따라 청구인에게 소포로 송부되어 온 단추 달린 남방형 티셔츠에 대하여 이를 청구인에게 교부하지 아니한 채 영치, 즉 휴대 불허(여기서 '휴대'란 수용자가 거실 내에 보관, 사용하는 것이라는 의미이다)한 사안에서 경주교도소장의 이 사건 제2 불허행위는 이른바 '권력적 사실행위'로서 행정소송법 및 행정심판법의 대상이 되는 "행정청이 행하는 구체적 사실에 대한 법집행으로서의 공권력의 행사"(행정소송법 제2조 제1항 제1호, 행정심판법 제2조 제1항 제1호)에 해당하고, 따라서 이 사건 행위에 대하여는 행정소송 및 행정심판이 가능할 것이므로 헌법소원 심판청구를 하기 위하여서는 먼저 헌법재판소법 제68조 제1항 단서 규정에 따라 행정소송 등 권리구제절차를 거쳐야 할 것인바, 청구인이 위와 같은 권리구제절차를 거쳤음을 인정할 자료가 없으므로 이 심판청구 부분 역시 부적법하다고 결정하였다.[6)]

4. 영치금품의 기록

수용자의 현금을 영치하는 경우에는 그 금액을 영치금대장에 기록하고 수용자의 물품을 영치하는 경우에는 그 품목 · 수량 및 규격을 영치품대장에 기록하여야 한다(시행령 제35조). 소장은 영치품이 금 · 은 · 보석 · 유가증권 · 인장, 그 밖에 특별히 보관할 필요가 있는 귀중품인 경우에는 잠금장치가 되어 있는 견고한 용기에 넣어 보관하여야 한다(시행령 제36조). 음식물은 영치의 대상이 되지 아니한다(시행령 제44조).

5. 영치금품의 반환

수용자의 영치금품은 석방할 때에 본인에게 되돌려 주어야 한다(법 제

6) 헌재 2003. 5. 27. 2003헌마329.

29조). 물론 수용생활 동안에 영치금품을 받을 수 있지만 사용하지 못한 금품에 대해서는 석방 시에 돌려받을 수 있다.

Ⅱ. 수용자의 물품 소지

1. 소지범위를 벗어난 물품의 처리

1) 수용자는 서신 · 도서, 그 밖에 수용생활에 필요한 물품을 법무부장관이 정하는 범위에서 소지할 수 있다(법 제26조 제1항).

2) 소장은 소지범위를 벗어난 물품으로서 교정시설에 특히 영치할 필요가 있다고 인정하지 아니하는 물품은 수용자로 하여금 자신이 지정하는 사람에게 보내게 하거나 그 밖에 적당한 방법으로 처분하게 할 수 있다(동조 제2항). 수용자가 소지범위를 벗어난 물품에는 도검, 총기, 마약, 담배, 주류, 라이터, 수표, 현금 등이다.

2. 물품의 폐기

소장은 수용자가 처분하여야 할 물품을 상당한 기간 내에 처분하지 아니하면 폐기할 수 있다(법 제26조 제3항). 수용자의 물품을 폐기하는 경우에는 그 품목 · 수량 · 이유 및 일시를 관계 장부에 기록하여야 한다(시행령 제40조).

3. 교부물품의 검사

교부를 허가한 물품은 검사할 필요가 없다고 인정되는 경우가 아니면 교도관으로 하여금 검사하게 하여야 한다. 이 경우 그 물품이 의약품인 경우에는 의무관으로 하여금 검사하게 하여야 한다(시행령 제43조).

Ⅲ. 수용자에 대한 금품교부

1. 금품의 신청 및 허가

수용자 외의 사람이 수용자에게 금품을 교부하려고 신청하면 소장은 ① 수형자의 교화 또는 건전한 사회복귀를 해칠 우려가 있는 때, ② 시설의 안전 또는 질서를 해칠 우려가 있는 때를 제외하고는 허가하여야 한다(법 제27조 제1항). 이때 그의 성명·주소 및 수용자와의 관계를 확인하여야 한다(시행령 제41조). 금품의 교부를 허가한 경우에는 그 금품을 영치한 후 사용하게 할 수 있다(시행령 제42조). 특히 소장은 수용자가 그의 가족(배우자, 직계존비속 또는 형제자매를 말한다) 또는 배우자의 직계존속에게 도움을 주거나 그 밖에 정당한 용도로 사용하기 위하여 영치금의 사용을 신청한 경우에는 그 사정을 고려하여 허가할 수 있다(시행령 제38조 제1항). 수용자에게 교부하려고 하는 금품의 허가범위 등에 관하여 필요한 사항은 법무부령으로 정한다(시행령 제42조 제1항).

2. 수령거부 시 조치

1) 소장은 수용자에게 보내온 금품으로서 본인이 수령을 거부하거나, 수용자의 건전한 사회복귀나 시설의 안전 또는 질서를 해칠 우려가 있는 때에는 보낸 사람에게 되돌려 보내야 한다(동조 제2항).

2) 소장은 금품을 보낸 사람을 알 수 없거나 보낸 사람의 주소가 불분명한 경우에는 그 뜻을 공고하여야 하며. 공고한 후 6개월이 지나도 교부를 청구하는 사람이 없으면 그 금품은 국고에 귀속된다(동조 제3항).

3) 소장은 수용자게에 보내온 금품을 보낸 사람에게 돌려보내거나 6개월이 지나도 교부를 청구하는 사람이 없으면 그 금품을 국고에 귀속하는 조치를 하였으면 그 사실을 수용자에게 알려 주어야 한다(동조 제4항).

Ⅳ. 유류금품의 교부

1. 상속인에게 고지

소장은 사망자 또는 도주자가 남겨두고 간 금품이 있으면 사망자의 경우에는 그 상속인에게, 도주자의 경우에는 그 가족에게 그 내용 및 청구절차 등을 알려 주어야 한다. 다만, 부패하거나 없어질 우려가 있는 것은 폐기할 수 있다(법 제28조 제1항).

2. 유류금품의 청구

1) 소장은 상속인 또는 가족이 금품을 청구하면 지체 없이 교부하여야 한다. 다만, 고지를 받은 날(알려줄 수가 없는 경우에는 청구사유가 발생한 날)부터 1년이 지나도 청구가 없으면 그 금품은 국고에 귀속된다(동조 제2항).

2) 소장은 사망자의 유류품을 교부받을 사람이 원거리에 있는 등 특별한 사정이 있는 경우에는 유류품을 받을 사람의 청구에 따라 유류품을 팔아 그 대금을 보낼 수 있다(시행령 제45조 제1항).

3) 사망자의 유류금품을 보내거나 유류품을 팔아 대금을 보내는 경우에 드는 비용은 유류금품의 청구인이 부담한다(동조 제2항).

제 4 장 위생과 의료

Ⅰ. 위생 · 의료 · 청결 조치의무

1. 청결의무

소장은 수용자가 건강한 생활을 하는 데에 필요한 위생 및 의료상의 적절한 조치를 하여야 한다(법 제30조 제1항). 소장은 거실 · 작업장 · 목욕탕, 그 밖에 수용자가 공동으로 사용하는 시설과 취사장, 주식 · 부식 저장고, 그 밖에 음식물 공급과 관련된 시설을 수시로 청소 · 소독하여야 한다(시행령 제47조 제1항). 소장은 저수조 등 급수시설을 6개월에 1회 이상 청소 · 소독하여야 한다(동조 제2항).

소장은 수용자가 사용하는 모든 설비와 기구가 항상 청결하게 유지되도록 하여야 한다(법 제31조). 수용자는 자신의 신체 및 의류를 청결히 하여야 하며, 자신이 사용하는 거실 · 작업장, 그 밖의 수용시설의 청결유지에 협력하여야 한다(법 제32조 제1항). 수용자는 위생을 위하여 두발 또는 수염을 단정하게 유지하여야 한다(동조 제2항).

2. 관련 판례

판례에 따르면 피청구인이 2010. 7.경부터 2010. 11. 17.경까지 청구인에 대하여 지속적이고 조직적으로 실시한 생활지도 명목의 이발 지도행위(이하 '이 사건 이발지도행위'라 한다) 및 2010. 11. 17.경 앞머리는 눈썹이 보이도록, 옆머리는 귀를 가리지 않도록, 뒷머리는 목을 가리지 않도록 실시한 이발행위(이하 '이 사건 이발행위'라 한다)가 공권력 행사에 해당하는지 여부 및 권리보호이익이 인정되는지 여부에 대하여 이 사건 이발지도행위는 피청구인이 수용자의 자발적 참여를 전제로 두발 등을 단정하게 유지할 것을 지도·교육한 것에 불과하고 피청구인의 우월적 지위에서 일방적으로 청구인에게 이발을 강제한 것이 아니므로, 헌법소원심판의 대상인 공권력의 행사라고 보기 어렵다.[7)]

3. 의료시설 설치

교정시설에는 「의료법」 제3조에 따른 의료기관 중 의원(醫院)이 갖추어야 하는 시설 수준 이상의 의료시설(진료실 등의 의료용 건축물을 말한다)을 갖추어야 한다(시행규칙 제23조 제1항). 교정시설에 갖추어야 하는 의료장비의 기준 및 의료시설의 세부종류 및 설치기준은 법무부장관이 정한다(동조 제2항~3항).

소장은 수용정원과 시설여건 등을 고려하여 적정한 양의 비상의료용품을 갖추어야 한다(시행규칙 제24조 제1항~2항).

Ⅱ. 운동 및 목욕

1. 운동시간

소장은 수용자가 건강유지에 필요한 운동 및 목욕을 정기적으로 할 수 있도록 하여야 한다(법 제33조 제1항). 소장은 수용자가 매일 근무시간 내에서 1시간 이내의 실외운동을 할 수 있도록 해야 한다.

7) 헌재 2012. 04. 24. 2010헌마751.

2. 실외운동을 실시하지 않아도 되는 경우

① 작업의 특성상 실외운동이 필요 없다고 인정되는 때

② 질병 등으로 실외운동이 수용자의 건강에 해롭다고 인정되는 때

③ 우천, 수사, 재판, 그 밖의 부득이한 사정으로 실외운동을 하기 어려운 때에는 실외운동을 실시하지 아니할 수 있다(시행령 제49조).

3. 목욕횟수

소장은 작업의 특성, 계절, 그 밖의 사정을 고려하여 수용자의 목욕횟수를 정하되, 부득이한 사정이 없으면 매주 1회 이상이 되도록 한다(시행령 제50조).

Ⅲ. 건강검진

1. 정기 건강검진

소장은 수용자에 대하여 건강검진을 정기적으로 하여야 한다(법 제34조 제1항). 소장은 수용자에 대하여 1년에 1회 이상 건강검진을 하여야 한다.[8] 다만 19세 미만의 수용자와 계호상 독거수용자에 대하여는 6개월에 1회 이상 하여야 한다(시행령 제51조 제1항). 건강검진은 지정된 건강검진기관에 의뢰하여 할 수 있다(시행령 제51조 제2항).

8) 2018년 교정통계연보에 따르면 2017년 수용자 건강검진 실시인원은 41,778명이며, 소요예산은 8억 7백만 원에 달한다. 건강검진 실시결과 건강양호가 795명(1.9%), 자기관리필요가 11, 475명(27.4%), 질환의심이 29,508명(70.6%)으로 나타나 대다수가 질환을 갖고 있음을 알 수 있다.

2. 관련 판례

수용자에 대한 건강진단이 이미 실시되어 종료하였는데, 건강진단이 불충분하게 실시되었다고 하면서 그 건강진단의 위헌확인을 구하는 내용의 심판청구에 대해 권리보호이익이 인정되는지 여부에 대하여 청구인에 대한 건강진단은 2004. 4. 19. 실시되어 그 즉시 종료하였으므로 이 사건 건강진단으로 인한 청구인의 기본권 침해는 이 사건 심판청구 당시 이미 종료하였고, 그 후 법무부는 각급 교정기관에 대해 수용자 건강진단을 외부의료기관에 의해 실시하되, 그 내용과 수준을 국민건강보험공단이 공무원을 대상으로 하는 건강검진과 동일한 것이 되도록 하는 「수용자 건강검진 실시계획」을 수립하여 2006년부터 실시하도록 하였으며 피청구인도 2006. 4.경 위 계획에 따른 건강진단을 실시하였으므로 청구인이 주장하는 내용의 기본권 침해가 반복될 위험이 있다거나 그 위헌 여부에 대한 헌법적 해명이 헌법질서의 수호·유지를 위한 긴요한 사항으로 볼 수 없다.[9)]

Ⅳ. 전염성 질병에 관한 조치

소장은 전염의 우려가 있는 질병의 발생과 확산을 방지하기 위하여 필요하다고 인정하면 수용자에 대하여 예방접종·격리수용·이송, 그 밖에 필요한 조치를 하여야 한다(법 제35조). 소장은 수용자가 감염병에 걸렸다고 의심되는 경우에는 1주 이상 격리수용하고, 그 수용자의 휴대품을 소독하여야 한다(시행령 제53조 제1항). 소장은 감염병이 유행하는 경우에는 수용자가 자비로 구매하는 음식물의 공급을 중지할 수 있다(동조 제2항). 수용자가 감염병에 걸린 경우에는 즉시 격리수용하고, 그 수용자가 사용한 물품과 설비를 철저히 소독하여야 한다(동조 제3항).

9) 헌재 2006. 7. 27. 2004헌마476.

Ⅴ. 부상자의 치료

소장은 수용자가 부상을 당하거나 질병에 걸리면 적절한 치료를 받도록 하여야 한다(법 제36조 제1항).[10] 수용자의 질병치료를 위하여 교정시설에 근무하는 간호사는 야간 또는 공휴일 등에 「의료법」 제27조에도 불구하고 대통령령으로 정하는 경미한 의료행위를 할 수 있다(동조 제2항). 소장은 수용자가 부상을 당하거나 질병에 걸린 경우에는 그 수용자를 의료거실에 수용하거나, 다른 수용자에게 그 수용자를 간병하게 할 수 있다(시행령 제54조).

Ⅵ. 외부 의료시설 진료

1. 적절한 치료

소장은 수용자에 대한 적절한 치료를 위하여 필요하다고 인정하면 교정시설 밖에 있는 의료시설(이하 '외부의료시설'이라 한다)에서 진료를 받게 할 수 있다(법 제37조 제1항). 소장은 수용자의 정신질환 치료를 위하여 필요하다고 인정하면 법무부장관의 승인을 받아 치료감호시설로 이송할 수 있다(동조 제2항). 이송된 사람은 수용자에 준하여 처우한다(동조 제3항).

2. 가족에게 통지

소장은 수용자가 외부의료시설에서 진료를 받거나 치료감호시설로 이송되면 그 사실을 그 가족(가족이 없는 경우에는 수용자가 지정하는 사람)

---

10) 수용자가 수용생활 중 사고 또는 질병으로 치료를 요할 경우에는 그 치료비는 원칙적으로 국가에서 부담하는 것이지만 수용자간 싸움으로 기인한 경우에는 원칙적으로 가해자가 부담해야 한다(부산지법 2007. 1. 18. 2006나12388).

에게 지체 없이 통지하여야 한다. 다만, 수용자가 통지를 원하지 아니하면 그러하지 아니하다(동조 제4항).

3. 치료비 일부 또는 전액 부담

소장은 수용자가 자신의 고의 또는 중대한 과실로 부상등이 발생하여 외부의료시설에서 진료를 받은 경우에는 그 진료비의 전부 또는 일부를 그 수용자에게 부담하게 할 수 있다(동조 제5항). 수용자를 외부 의료시설에 입원시키거나 입원 중인 수용자를 교정시설로 데려온 경우에는 그 사실을 법무부장관에게 지체 없이 보고하여야 한다(시행령 제57조).

Ⅶ. 자비치료

소장은 수용자가 자신의 비용으로 외부의료시설에서 근무하는 의사(이하 '외부의사'라 한다)에게 치료받기를 원하면 교정시설에 근무하는 의사(공중보건의사를 포함하며, 이하 '의무관'이라 한다)의 의견을 고려하여 이를 허가할 수 있다(법 제38조).

Ⅷ. 진료환경

1. 진료에 필요한 인력 및 설비 기준

교정시설에는 수용자의 진료를 위하여 필요한 의료인력과 설비를 갖추어야 한다(법 제39조 제1항). 최근 5년간 의료인력에 대한 정원 대비 실인원을 살펴보면 〈표 6〉과 같다. 2017년 기준 의무나 약무는 정원 대비 실인원은 부족한 실정이고 간호, 의무기사는 정원요건을 충족하고 있다.

〈표 6〉 의료인력 현황 단위 : 명

구 분	계	의무	약무	간호	의료기사	공중보건의
2013	227 (246)	91 (101)	9 (14)	94 (98)	33 (33)	64
2014	230 (248)	92 (102)	10 (14)	95 (99)	33 (33)	60
2015	229 (251)	87 (103)	11 (13)	99 (102)	32 (33)	53
2016	230 (255)	83 (104)	11 (13)	103 (105)	33 (33)	49
2017	244 (260)	93 (109)	13 (15)	105 (105)	33 (33)	50

(　)안은 정원임　　　　출처 : 2018 교정통계연보

교정시설에는 「의료법」 제3조에 따른 의료기관 중 의원(醫院)이 갖추어야 하는 시설 수준 이상의 의료시설(진료실 등의 의료용 건축물을 말한다)을 갖추어야 한다(시행규칙 제23조 제1항). 교정시설에 갖추어야 하는 의료장비(혈압측정기 등의 의료기기를 말한다)의 기준은 별표 3과[11] 같다(동조 제2항).

11) 【별표 3】 의료장비 기준

구 분	기 준
일반장비	청진기, 체온계, 혈압계, 체중계, 신장계, 고압증기멸균기
진단장비	진단용 엑스선촬영장치, 심전계, 혈당측정기
처치장비	심장자동제세동기, 산소공급기, 드레싱카
그 밖의 장비	휠체어, 환자운반기, 약품포장기, 의료용 필름현상기

소장은 정신질환이 있다고 의심되는 수용자가 있으면 정신건강의학과 의사의 진료를 받을 수 있도록 하여야 한다(법 제39조 제2항). 외부의사는 수용자를 진료하는 경우에는 법무부장관이 정하는 사항을 준수하여야 한다(동조 제3항). 교정시설에 갖추어야 할 의료설비의 기준에 관하여 필요한 사항은 법무부령으로 정한다(동조 제4항). 의료시설의 세부종류 및 설치기준은 법무부장관이 정한다(시행규칙 제23조 제3항).

2. 비상의료용품 기준

소장은 수용정원과 시설여건 등을 고려하여 적정한 양의 비상의료용품을 갖추어 두어야 하며(시행규칙 제24조 제1항), 교정시설에 갖추어야 하는 비상의료용품의 기준은 별표 4와[12] 같다(동조 제2항).

Ⅸ. 수용자의 의사에 반하는 의료조치

소장은 수용자가 진료 또는 음식물의 섭취를 거부하면 의무관으로 하여금 관찰 · 조언 또는 설득을 하도록 하여야 한다(법 제40조 제1항). 소장은 조치에도 불구하고 수용자가 진료 또는 음식물의 섭취를 계속 거부하여

12) 【별표 4】 비상의료용품 기준

구 분	기 준
외과용 기구	의료용 핀셋, 의료용 가위, 의료용 칼, 봉합사, 지혈대, 의료용 장갑, 위장용 튜브카테터, 비뇨기과용 튜브카테터, 수액세트, 수액거치대, 마스크, 수술포, 청진기, 체온계, 타진기, 혈당측정기, 혈압계, 설압자
구급용품	붕대, 탄력붕대, 부목, 반창고, 거즈, 화상거즈, 탈지면, 1회용 주사기
구급의약품	바세린, 포타딘, 리도카인, 수액제, 항생제, 지혈제, 강심제, 진정제, 진경제, 해열진통제, 혈압강하제, 비타민제

그 생명에 위험을 가져올 급박한 우려가 있으면 의무관으로 하여금 적당한 진료 또는 영양보급 등의 조치를 하게 할 수 있다(동조 제2항).

X. 교정시설 의료비 집행 내역

2013년부터 2017년까지 수용자 의료비 집행내역을 살펴보면 의료비 지출은 지속적으로 증가하고 있으며, 총예산 대비 실지출이 많이 되고 있음을 알 수 있다. 2017년 기준 수용자 1인당 연간 지출비용도 362,069원에 달하고 있다.

〈표 7〉 의료비 집행 내역 단위 : 백만 원

구 분	총예산	집행내역					수용자 1인당 의료비 (원)
		계	의약품 구매	외부병원 진료비	건강보험 예탁	기 타	
2013	14,565	17,843 (100%)	3,623 (20.3%)	3,525 (19.8%)	8,600 (48.2%)	2,095 (11.7%)	303,445
2014	14,565	16,029 (100%)	4,247 (26.5%)	3,685 (23.0%)	6,976 (43.5%)	2,095 (11.7%)	303,445
2015	15,393	22,282 (100%)	5,379 (24.1%)	4,528 (20.3%)	11,040 (49.6%)	2,095 (11.7%)	320,706
2016	17,028	23,155 (100%)	4,308 (18.6%)	4,164 (18.0%)	12,367 (53.4%)	2,095 (11.7%)	344,010
2017	19,512	27,457 (100%)	4,922 (21.3%)	4,672 (20.2%)	15,729 (67.9%)	2,095 (11.7%)	362,069

출처 : 2018 교정통계연보

제 5 장　접견 · 서신 수수 및 전화통화

Ⅰ. 접견

1. 접견의 의의

접견이란 외부의 가족과 친지, 친구, 지인 등이 수용자와 만나기 위해 접견예약을 한 후 예약 당일 예약된 시간에 교정시설을 방문하여 정해진 시간 동안 접견실이나 차단막이 설치된 장소에서 만남을 통해 서로 이야기 할 수 있는 기회를 제공하는 것을 말한다.

2. 접견 불허 사유

수용자는 교정시설의 외부에 있는 사람과 접견할 수 있으나 ① 형사 법령에 저촉되는 행위를 할 우려가 있는 때, ② 「형사소송법」 이나 그 밖의 법률에 따른 접견금지의 결정이 있는 때, ③ 수형자의 교화 또는 건전한 사회복귀를 해칠 우려가 있는 때, ④ 시설의 안전 또는 질서를 해칠 우려가 있는 때 등에는 그러하지 아니하다(법 41조 제1항).

3. 접견내용의 청취 · 기록, 녹음 또는 녹화

1) 청취기록 및 녹화사유

소장은 ① 범죄의 증거를 인멸하거나 형사 법령에 저촉되는 행위를 할 우려가 있는 때, ② 수형자의 교화 또는 건전한 사회복귀를 위하여 필요한 때, ③ 시설의 안전과 질서유지를 위하여 필요한 때에는 교도관으로 하여금 수용자의 접견내용을 청취·기록, 녹음 또는 녹화하게 할 수 있다(법 41조 제2항).

2) 관련 판례

구치소장이 청구인과 배우자의 접견을 녹음한 행위가 청구인의 사생활의 비밀과 자유를 침해하는지 여부에 대하여 녹음행위는 교정시설 내의 안전과 질서유지에 기여하기 위한 것으로서 그 목적이 정당할 뿐 아니라 수단이 적절하다. 또한, 소장은 미리 접견내용의 녹음 사실 등을 고지하며, 접견기록물의 엄격한 관리를 위한 제도적 장치도 마련되어 있는 점 등을 고려할 때 침해의 최소성 요건도 갖추었고, 이 사건 녹음행위는 미리 고지되어 청구인의 접견내용은 사생활의 비밀로서의 보호가치가 그리 크지 않다고 할 것이므로 법익의 불균형을 인정하기도 어려워, 과잉금지원칙에 위반하여 청구인의 사생활의 비밀과 자유를 침해하였다고 볼 수 없다고 판시한 바 있다.[13]

이에 반해 교도소장이 교도소에 수감된 甲을 교도관 접견 참여 및 접견내용 청취·기록·녹음·녹화 대상 수용자로 지정하는 처분을 하고 甲의 접견 시 항상 교도관이 참여하여 접견내용을 청취·기록·녹음·녹화한 사안에서 형집행법, 동법 시행령에 교도소장이 특정 수용자를 장기간 일반적·포괄적인 접견제한 조치 대상자로 지정하여 수용자의 접견 시 언제나 교도관으로 하여금 접견 참여 및 접견내용을 청취·기록·녹음·녹화할 수 있도록 허용하는 근거 규정이 없으므로, 위 처분은 형집행법에서 예정하고 있는 범위를 넘어서 甲에 대하여 접견의 자유를 과도하게 제약하는 조치라는 이유로 위법하다고 판시하고 있다.[14]

13) 헌재 2012. 12. 27. 2010헌마153.
14) 대전지법 2013. 2. 16. 2012구합2025.

3) 녹음 · 녹화 시에 상대방에게 고지

녹음·녹화하는 경우에는 사전에 수용자 및 그 상대방에게 그 사실을 알려 주어야 하는데(동조 제3항), 그 시기에 대해서는 소장이 특별한 사정이 없으면 교도관으로 하여금 수용자와 그 상대방에게 접견실에 들어가기 전에 미리 말이나 서면 등 적절한 방법으로 알려 주게 하여야 한다. 소장은 청취·기록을 위하여 교도관에게 변호인과 접견하는 미결수용자를 제외한 수용자의 접견에 참여하게 할 수 있다(시행령 제62조 제1항).

4) 접견기록물에 대한 보호관리

청취·녹음·녹화한 경우의 접견기록물에 대한 보호·관리를 위하여 접견정보 취급자를 지정하여야 하고, 접견정보 취급자는 직무상 알게 된 접견정보를 누설하거나 권한 없이 처리하거나 다른 사람이 이용하도록 제공하는 등 부당한 목적을 위하여 사용해서는 아니 된다(시행령 동조 제3항). 소장은 ① 법원의 재판업무 수행을 위하여 필요한 때, ② 범죄의 수사와 공소의 제기 및 유지에 필요한 때에는 해당 기록물을 요청한 기관에 제공할 수 있다(시행령 동조 제4항).

4. 접견시간 및 횟수

1) 수용자

수용자의 접견은 매일(공휴일 제외) 근무시간 내에 한다(시행령 제58조 제1항). 변호인과 접견하는 미결수용자를 제외한 수용자의 접견시간은 회당 30분 이내로 한다(동조 제2항).

소장은 ① 19세 미만인 때, ② 교정성적이 우수한 때, ③ 교화 또는 건전한 사회복귀를 위하여 필요하다고 인정되는 때에는 접견 시간대 외에도 할 수 있고, 접견시간을 연장할 수 있다(시행령 제59조 제2항). 수용자의 접견은 접촉차단시설이 설치된 장소에서 하게 한다. 다만 미결수용자가 변호인과 접견하는 경우에는 그러하지 아니하다(시행령 제58조 제4항).

수용자와 교정시설 외부의 사람이 접견하는 경우에 접견내용이 청취·녹음 또는 녹화될 때에는 외국어를 사용해서는 아니 된다. 다만, 국어로 의사소통하기 곤란한 사정이 있는 경우에는 외국어를 사용할 수 있으며, 소장은 외국어로 할 경우에 필요하다고 인정하면 교도관 또는 통역인으로 하여금 통역하게 할 수 있다(시행령 제60조 제1~2항).

2) 수형자

① 수형자의 접견횟수는 매월 4회로 한다(시행령 제58조 제3항). 수형자의 경비처우급별 접견의 허용횟수는 〈표 8〉과 같다(시행규칙 제87조 제2항).

② 완화경비처우급부터 중경비처우급의 접견은 1일 1회만 허용한다. 다만, 처우상 특히 필요한 경우에는 그러하지 아니하다(동조 제2항).

〈표 8〉 경비처우급별 접견허용횟수

구 분	개방처우급	완화경비처우급	일반경비처우급	중경비처우급
횟 수	1회/1일	6회/월	5회/월	4회/월

3) 미결수용자

미결수용자의 접견 횟수는 매일 1회로 하되, 변호인과의 접견은 그 횟수에 포함시키지 않는다(시행령 제101조). 소장은 미결수용자의 처우를 위하여 특히 필요하다고 인정하면 접견 시간대 외에도 접견하게 할 수 있고, 변호인이 아닌 사람과 접견하는 경우에도 접견시간을 연장하거나 접견횟수를 늘릴 수 있으며, 접촉차단시설이 없는 장소에서 접견하게 할 수 있다.

5. 접견 장소

1) 접촉차단시설이 없는 장소에서 접견

① 교정성적이 우수한 때, ② 교화 또는 건전한 사회복귀를 위하여 필요하다고 인정되는 때에는 접촉차단시설이 없는 장소에서 접견하게 할 수 있다(시행령 제59조 제3항). 소장은 개방처우급 수형자에 대하여는 법무부장관이 정하는 바에 따라 접촉차단시설이 설치된 장소 외의 적당한 곳에서 접견을 실시할 수 있는데, 이것이 장소변경접견이다. 다만, 처우상 특히 필요하다고 인정하는 경우에는 그 밖의 수형자에 대하여도 이를 허용할 수 있다(시행규칙 제88조).

2) 관련 판례

① 변호사와 접견하는 경우에도 수용자의 접견은 원칙적으로 접촉차단시설이 설치된 장소에서 하도록 규정하고 있는 형의 집행 및 수용자의 처우에 관한 법률 시행령(2008. 10. 29. 대통령령 제21095호로 개정된 것) 제58조 제4항(이하 '이 사건 접견조항'이라 한다)이 재판청구권을 침해하는지 여부에 대하여 수용자는 효율적인 재판준비를 하는 것이 곤란하게 되고, 특히 교정시설 내에서의 처우에 대하여 국가 등을 상대로 소송을 하는 경우에는 소송의 상대방에게 소송자료를 그대로 노출하게 되어 무기대등의 원칙이 훼손될 수 있다. 변호사 직무의 공공성, 윤리성 및 사회적 책임성은 변호사 접견권을 이용한 증거인멸, 도주 및 마약 등 금지물품 반입 시도 등의 우려를 최소화시킬 수 있으며, 변호사접견이라 하더라도 교정시

설의 질서 등을 해할 우려가 있는 특별한 사정이 있는 경우에는 예외를 두도록 한다면 악용될 가능성도 방지할 수 있다. 따라서 이 사건 접견조항은 과잉금지원칙에 위배하여 청구인의 재판청구권을 지나치게 제한하고 있으므로, 헌법에 위반된다.[15)]

② 수형자인 청구인이 헌법소원 사건의 국선대리인인 변호사를 접견함에 있어서 그 접견내용을 녹음, 기록한 피청구인의 행위(이하 '이 사건 녹취행위'라 한다)가 청구인의 재판을 받을 권리를 침해하는지 여부에 대하여 수형자와 변호사와의 접견내용을 녹음, 녹화하게 되면 그로 인해 제3자인 교도소 측에 접견내용이 그대로 노출되므로 수형자와 변호사는 상담과정에서 상당히 위축될 수밖에 없고, 특히 소송의 상대방이 국가나 교도소 등의 구금시설로서 그 내용이 구금시설 등의 부당처우를 다투는 내용일 경우에 접견내용에 대한 녹음, 녹화는 실질적으로 당사자대등의 원칙에 따른 무기평등을 무력화시킬 수 있다. 변호사는 다른 전문직에 비하여 더욱 엄격한 직무의 공공성 등이 강조되고 있는 지위에 있으므로, 소송사건의 변호사가 접견을 통하여 수형자와 모의하는 등으로 법령에 저촉되는 행위를 하거나 이에 가담하는 등의 행위를 할 우려는 거의 없다. 또한, 접견의 내용이 소송준비를 위한 상담내용일 수밖에 없는 변호사와의 접견에 있어서 수형자의 교화나 건전한 사회복귀를 위해 접견내용을 녹음, 녹화할 필요성을 생각하는 것도 어렵다. 따라서 청구인과 헌법소원 사건의 국선대리인인 변호사의 접견내용에 대해서는 접견의 목적이나 접견의 상대방 등을 고려할 때 녹음, 기록이 허용되어서는 아니 될 것임에도, 이를 녹음, 기록한 행위는 청구인의 재판을 받을 권리를 침해한다.[16)]

③ 변호사가 접견을 핑계로 수용자를 위하여 휴대전화와 증권거래용 단말기를 구치소 내로 몰래 반입하여 이용하게 한 행위가 위계에 의한 공무

15) 헌재 2013. 8. 29. 2011헌마122.
16) 헌재 2013. 9. 26 2011헌마398.

집행방해죄에 해당한다고 한 원심의 판단을 수긍하였다.[17)]

④ 법정 옆 피고인 대기실에서 재판대기중인 피고인이 공판을 앞두고 호송교도관에게 변호인 접견을 신청하였으나, 교도관이 이를 허용하지 아니한 것이 피고인의 변호인의 조력을 받을 권리를 침해한 것인지 여부에 대하여 시간적·장소적 상황을 고려할 때, 청구인의 면담 요구는 구속피고인의 변호인과의 면접·교섭권으로서 현실적으로 보장할 수 있는 한계 범위 밖이라고 아니할 수 없다. 따라서 청구인의 변호인 면담 요구를 받아들이지 아니한 교도관 김○호의 접견불허행위는 청구인의 기본권을 침해하는 위헌적인 공권력의 행사라고 보기 어렵다.[18)]

6. 접견의 유형

1) 일반접견

(1) 일반접견의 예약방법

일반접견은 법무부 홈페이지 회원이거나, 실명확인 절차를 거친 비회원이 접견 또는 화상접견을 원할 경우 수용기관, 수용번호, 수용자명을 입력한 후 확인버턴을 누르면 정보가 일치할 경우 수용자와의 접견예약이 가능하고 16시 이후에는 접견예약이 불가능하다. 그리고 접견예약 후 접견시간에 접견을 하지 않으면 예약당일로부터 5일간 접견예약을 할 수 없다.[19)]

(2) 일반접견 통계

일반접견 횟수에 대해 <표 9>와 같이 살펴보면 2013년부터 지속적인 증가추이에 있다가 2017년 소폭 감소하였다.

---

17) 대판 2005. 08. 25. 2005도1731.
18) 헌재 2009. 10. 29. 2007헌마992.
19) 법무부 전자민원서비스 www.moj.go.kr 참조.

〈표 9〉 일반접견 현황 단위 : 건

구 분	2013년	2014년	2015년	2016년	2017년
일반접견	2,159,672	2,425,321	2,576,186	2,807,596	2,737,767

출처 : 2018 교정통계연보

2) 화상접견

(1) 화상접견의 의의

화상접견은 2000년 수원교도소와 김천교도소를 필두로 시작되어 2003년 3월 3일 전국적으로 확대시행 되었다. 화상접견은 원거리에 있는 수용자에 대하여 직접 교정시설에 가지 않고 가까운 교정시설에 가서 영상을 통해 서로 얼굴을 보면서 하는 접견을 말한다.

(2) 화상접견 통계

화상접견에 대해 <표 10>를 토대로 살펴보면 2013년부터 지속적인 증가추이에 있다가 2017년 소폭으로 감소하였음을 알 수 있다.

〈표 10〉 화상접견 현황 단위 : 건

구 분	2013년	2014년	2015년	2016년	2017년
화상접견	198,458	214,205	246,045	279,423	223,143

출처 : 2018 교정통계연보

(3) 화상접견 방법

화상접견제도의 시행은 ① 가족이나 친지가 전화(1544-1155)나 방문, Fax, 인터넷 등으로 접견예약을 신청하고, ② 교정시설에서는 접견가능여부를 일시, 횟차, 호실 등을 확인한 후, ③ 교정예약의 일시를 고지하고 만약 변동사항 발생 시 상호연락할 것을 고지하고, ④ 접견날짜에 화상접견을 실시한다. 접견가능시간은 09:00～16:00로 제한하고 있으며, 접견시간은 10분 이내로 제한하고 있다.[20] 헌법재판소는 화상접견시간을 10분 이내로 제한하는 것은 합헌이라고 하고 있다.[21]

(4) 화상접견 활성화 방법

교정시설 내에서의 수용자는 컴퓨터를 이용한 화상설비를 이용하고, 교도소 밖에서의 수용자 가족이나 친지, 친구 등은 스마트 폰을 이용해 화상통화를 실시하는 방식(컴퓨터 대 스마트 폰 방식)으로 하는 것이다. 그 운용은 적게는 1대, 많게는 3대 정도를 비치하여 예약순서에 따라 3대를 동시에 운영하는 것이다. 3대 중 2대는 분류처우를 통해 교정성적이 우수한 수형자에 대해서는 녹화만 실시하고, 청취는 하지 않는 방식으로 하고, 1대는 청취 및 녹화가 가능한 시스템으로 한다면 보안상 문제를 해결할 수 있다. 더 발전된 방향은 교도소 내·외부 모두 스마트 폰을 이용한 방식(스마트 폰 대 스마트 폰 방식)을 실시하는 것이다.[22]

7. 접견의 중지

1) 접견 중지 사유

교도관은 접견 중인 수용자 또는 그 상대방이 다음 사유가 있는 경우 접견을 제한할 수 있다(법 제42조).

① 범죄의 증거를 인멸하거나 인멸하려고 하는 때

② 금지물품을 주고받거나 주고받으려고 하는 때

20) 상세한 내용은 교정부 홈페이지(www.corrections.go.kr) 화상접견안내 참조.

21) 헌재 2009. 09. 24 2007헌마738.

22) 이동임, "스마트 폰을 이용한 화상접견 활성화 방안", 서울법학 제20권 제2호, 서울시립대학교 법학연구소, 2012, 157～159면.

③ 형사 법령에 저촉되는 행위를 하거나 하려고 하는 때

④ 수용자의 처우 또는 교정시설의 운영에 관하여 거짓사실을 유포하는 때

⑤ 수형자의 교화 또는 건전한 사회복귀를 해칠 우려가 있는 행위를 하거나 하려고 하는 때

⑥ 시설의 안전 또는 질서를 해하는 행위를 하거나 하려고 하는 때에는 접견을 중지할 수 있다(법 제42조).

2) 접견 중지 사유 고지

교도관이 수용자의 접견 중지사유에 해당하여 수용자의 접견을 중지한 경우에는 그 사유를 즉시 알려주어야 한다(시행령 제63조). 이렇게 해야만 접견이 중지되었을 때 수용자가 그 내용을 수용할 수 있을 것이다.

Ⅱ. 가족만남의 날 · 집

1. 가족만남의 날 · 집의 의의

'가족 만남의 날 행사'란 수형자와 그 가족이 교정시설의 일정한 장소에서 다과와 음식을 함께 나누면서 대화의 시간을 갖는 행사를 말한다. '가족 만남의 집'이란 수형자와 그 가족이 숙식을 함께 할 수 있도록 교정시설에 수용동과 별도로 설치된 일반주택 형태의 건축물을 말한다(시행규칙 제89조 제4항).

소장은 개방처우급 · 완화경비처우급 수형자에 대하여 가족 만남의 날 행사에 참여하게 하거나 가족 만남의 집을 이용하게 할 수 있다. 이 경우 접견 허용횟수에는 포함되지 아니한다(시행규칙 제89조 제1항).

소장은 가족이 없는 수형자에 대하여는 결연을 맺었거나 그 밖에 가족에 준하는 사람으로 하여금 그 가족을 대신하게 할 수 있다(동조 제2항).

소장은 교화를 위하여 특히 필요한 경우에는 일반경비처우급 수형자에 대하여도 가족 만남의 날 행사 참여 또는 가족 만남의 집에 대한 이용을 허가할 수 있다(동조 제3항). 이러한 조항은 소장의 재량권 행사로 인해 재량권 남용의 소지를 안고 있다.

2. 가족만남의 날 · 집 실시 현황

가족만남의 날은 2013년부터 2016년까지 지속적인 증가추이에 있다가 2017년 대폭 하락한 것으로 나타났다. 이에 반해 가족만남의 집은 2013년부터 2017년까지 지속적인 증가추이에 있다. 가족만남의 집은 가족관계회복에 좋은 영향을 미치기 때문에 앞으로 계속 활성화가 될 필요가 있다. 이를 위해서는 아직 가족만남의 집 운영을 위한 장소가 없는 교정시설은 만들거나 있는 곳은 좀 더 확충할 필요가 있다. 만약 공간이 부족하여 확충할 수 없는 상황이라면 건물을 높게 하면 될 것이다.

〈표 11〉 가족만남의 날·집 실시 현황 단위 : 건

구 분	2013년	2014년	2015년	2016년	2017년
가족만남의 날	11,578	11,855	12,755	14,393	11,095
가족만남의 집	1,261	1,338	1,361	1,431	1,583

출처 : 2018 교정통계연보

Ⅲ. 서신 발·수신

1. 개 념

서신수·발이란 수형자간 수형자와 그 가족 또는 친구 등과 자유롭게 서신을 주고받는 것을 말한다. 서신은 전화통화나 접견으로 할 수 없는 내용을 주고받을 수 있고, 자신의 속마음을 다양한 형태의 글로 표현할 수 있으며, 이를 통해 서로의 마음을 이해할 수 있으므로 결속력을 높이는 데 도움을 줄 수 있다.

2. 서신 수·발신 현황

교정시설 내에서 가장 많이 이루어지고 있는 것이 서신 수·발신이다. 이는 서신 수·발에 대한 제한규정이 없고, 교정시설에서 인터넷으로도 서신을 받아 수용자에게 전달할 수 있으며, 최소의 비용으로 이용할 수 있기 때문이다.

〈표 12〉 서신 수·발신 현황　　　　단위 : 건

연 도	2013	2014	2015	2016	2017
서신수신	5,085,395	5,464,586	6,060,592	6,829,697	6,767,809
서신발신	5,414,907	5,732,808	6,326,504	7,135,285	7,492,647

출처 : 2018 교정통계연보

3. 서신 수수 및 금지

1) 서신 수수 금지 사유

수용자는 다른 사람과 서신을 주고받을 수 있지만 다음 사유가 있는 경우에는 그러하지 아니하다(법 제43조 제1항).

① 「형사소송법」 이나 그 밖의 법률에 따른 서신의 수수금지 및 압수의 결정이 있는 때

② 수형자의 교화 또는 건전한 사회복귀를 해칠 우려가 있는 때

③ 시설의 안전 또는 질서를 해칠 우려가 있는 때

2) 교정시설 수용자 간 서신 수수

같은 교정시설의 수용자 간에 서신을 주고받으려면 소장의 허가를 받아야 한다(법 43조 제2항). 소장은 수용자가 주고받는 서신에 법령에 따라 금지된 물품이 들어 있는지 확인할 수 있다(동조 제3항). 판례에 의하면 교도소장으로 하여금 수용자가 주고받는 서신에 금지 물품이 들어 있는지를 확인할 수 있도록 규정하고 있는 '형의 집행 및 수용자의 처우에 관한 법률'(2007. 12. 21. 법률 제8728호로 개정된 것) 제43조 제3항(이하 '이 사건 법률조항'이라 한다)이 청구인의 기본권을 직접 침해하는지 여부에 대하여 수용자의 서신에 금지물품이 들어 있는지 여부에 대한 확인을 교도소장의 재량에 맡기고 있으므로 교도소장의 금지물품 확인이라는 구체적인 집행행위를 매개로 하여 수용자인 청구인의 권리에 영향을 미치게 되는바, 위 법률조항이 청구인의 기본권을 직접 침해한다고 할 수 없다.[23]

---

23) 헌재 2012. 2. 23. 2009헌마333.

3) 서신 미봉함 사유

수용자는 서신을 보내려는 경우 해당 서신을 봉함하여 교정시설에 제출한다. 다만, 소장은 다음 사유가 있는 경우에는 확인을 위하여 서신을 봉함하지 않은 상태로 제출하게 할 수 있다(시행령 65조 제1항).[24]

① 마약류사범·조직폭력사범 등 법무부령으로 정하는 수용자가 변호인 외의 자에게 서신을 보내려는 경우

② 수용자가 같은 교정시설에 수용 중인 다른 수용자에게 서신을 보내려는 경우

③ 규율위반으로 조사 중이거나 징벌집행 중인 수용자가 다른 수용자에게 서신을 보내려는 경우

4. 서신의 검열

1) 서신의 검열 사유

수용자가 주고받는 서신의 내용은 검열받지 아니한다. 다만, 다음 사유에 해당하는 경우에는 검열할 수 있다(법 제44조 제4항)

① 서신의 상대방이 누구인지 확인할 수 없는 때

---

24) 수용자가 밖으로 내보내는 모든 서신을 봉함하지 않은 상태로 교정시설에 제출하도록 규정하고 있는 '형의 집행 및 수용자의 처우에 관한 법률 시행령'(2008. 10. 29. 대통령령 21095호로 개정된 것) 제65조 제1항(이하 '이 사건 시행령조항'이라 한다)이 청구인의 통신 비밀의 자유를 침해하는지 여부에 대하여 교정시설의 안전과 질서유지, 수용자의 교화 및 사회복귀를 원활하게 하기 위해 수용자가 밖으로 내보내는 서신을 봉함하지 않은 상태로 제출하도록 한 것이나, 이와 같은 목적은 교도관이 수용자의 면전에서 서신에 금지물품이 들어 있는지를 확인하고 수용자로 하여금 서신을 봉함하게 하는 방법, 봉함된 상태로 제출된 서신을 X-ray 검색기 등으로 확인한 후 의심이 있는 경우에만 개봉하여 확인하는 방법, 서신에 대한 검열이 허용되는 경우에만 무봉함 상태로 제출하도록 하는 방법 등으로도 얼마든지 달성할 수 있다고 할 것인바, 위 시행령 조항이 수용자가 보내려는 모든 서신에 대해 무봉함 상태의 제출을 강제함으로써 수용자의 발송 서신 모두를 사실상 검열 가능한 상태에 놓이도록 하는 것은 기본권 제한의 최소 침해성 요건을 위반하여 수용자인 청구인의 통신비밀의 자유를 침해하는 것이다(헌재 2012. 2. 23. 2009헌마333).

② 「형사소송법」이나 그 밖의 법률에 따른 서신검열의 결정이 있는 때

③ 형사 법령에 저촉되는 내용이 기재되어 있다고 의심할만한 상당한 이유가 있는 때

④ 대통령령으로 정하는 수용자 간의 서신인 때에는 그러하지 아니하다(법 제44조 제4항).

2) 검열의 방법

검열을 할 때 서신을 개봉하여 할 수 있으며(시행령 제66조 제3항), 서신의 검열은 서신을 보내는 교정시설에서 한다. 다만, 특히 필요하다고 인정되는 경우에는 서신을 받는 교정시설에서도 할 수 있다(동조 제2항).

3) 검열결과 발·수신 금지 사유

소장은 확인 또는 검열한 결과 수용자의 서신에 법령으로 금지된 물품이 들어 있거나 서신의 내용이 다음 사유에 해당하는 경우에는 발·수신을 금지할 수 있다(법 제44조 제5항).

① 암호·기호 등 이해할 수 없는 특수문자로 작성되어 있는 때

② 범죄의 증거를 인멸할 우려가 있는 때

③ 형사 법령에 저촉되는 내용이 기재되어 있는 때

④ 수용자의 처우 또는 교정시설의 운영에 관하여 명백한 거짓사실을 포함하고 있는 때[25]

---

25) 청구인은 2012. 7. 10.경 교도관으로부터 인권침해를 받았다는 등의 내용이 기재된 서신을 일요신문사 기자를 수신인으로 하여 피청구인에게 발송의뢰하였으나, 피청구인이 2012. 7. 20.경 위 서신은 수용자의 처우 또는 교정사실의 운영에 관하여 명백한 거짓사실을 포함하고 있다는 이유로 발송을 거부하자, 2013. 5. 1. 피청구인의 서신발송거부처분(이하 '이 사건 거부처분'이라 한다)이 청구인의 헌법상 보장된 기본권을 침해하였다는 취지로 주장하면서 이 사건 헌법소원심판청구를 한 사안에서 헌법소원심판은 다른 법률에 구제절차가 있는 경우에는 그 절차를 모두 거친 후가 아니면 청구할 수 없는바(헌법재판소법 제68조 제1항 후문), 이 사건 거부처분에 대하여는 행정심판법 및 행정소송법에 의한 심판이나 소송이 가능

⑤ 사생활의 비밀 또는 자유를 침해할 우려가 있는 때

⑥ 수형자의 교화 또는 건전한 사회복귀를 해칠 우려가 있는 때

⑦ 시설의 안전 또는 질서를 해칠 우려가 있는 때에 해당하면 발신 또는 수신을 금지할 수 있다(법 제44조 제5항).

검열한 결과 서신의 내용이 발신 또는 수신 금지사유에 해당하지 아니하면 발신서신은 봉함한 후 발송하고, 수신서신은 수용자에게 교부한다(시행령 제66조 제4항). 소장이 서신을 발송하거나 교부하는 경우에는 신속히 하여야 한다(법 제44조 제6항).

소장은 발신 또는 수신이 금지된 서신은 수용자에게 그 사유를 알린 후 교정시설에 영치한다. 다만, 수용자가 동의하면 폐기할 수 있다(법 제44조 제7항).

5. 서신의 등의 대서

소장은 수용자가 서신, 소송서류, 그 밖의 문서를 스스로 작성할 수 없어 대신 써 달라고 요청하는 경우에는 교도관이 대신 쓰게 할 수 있다(시행령 제68조). 이러한 규정으로 인해 수용자가 대필을 해 주고 싶어도 할 수 없는 한계가 있다. 따라서 '수용자나 교도관'으로 규정을 변경하는 것이 바람직하다고 판단된다.

할 것이므로(헌재 1995. 7. 21. 92헌마144; 헌재 1998. 8. 27. 96헌마398 참조) 이러한 구제절차를 거치지 아니하고 제기된 이 사건 심판청구는 보충성 요건을 흠결하였다. 헌법재판소법 제68조 제1항에 의한 헌법소원은 그 사유가 있음을 안 날부터 90일 이내에, 그 사유가 있은 날부터 1년 이내에 청구하여야 한다. 기록에 의하면 피청구인은 이 사건 거부처분을 결정하고 2012. 7. 20. 청구인에게 고지하였는바, 그때로부터 90일이 훨씬 지난 2013. 5. 1. 제기된 이 사건 심판청구는 청구기간 도과 후에 제기된 것이다(헌재 2013. 5. 28. 2013헌마278).

6. 서신 수수의 횟수

수용자가 보내거나 받는 서신은 법령에 어긋나지 아니하면 횟수를 제한하지 아니한다(시행령 제64조). 따라서 얼마든지 서신을 보내거나 받을 수 있다. 오늘날 많이 시행하고 있는 것은 인터넷을 통해 메일을 보내면 담당교도관이 이를 출력한 후 대상 수용자에게 서신을 주고 있다. 이러한 서신 수·발신에 대해 좋은 호응을 얻고 있고, 많은 수형자가 행하고 있다.

7. 서신등 발송비용의 부담

수용자의 서신·소송서류, 그 밖의 문서를 보내는 경우에 드는 비용은 수용자가 부담한다. 다만, 소장은 수용자가 그 비용을 부담할 수 없는 경우에는 금전을 지급하는 것이 아니라 우표를 필요한 만큼 지급할 수 있다(시행령 제69조).

8. 관련 판례

미결수용자와 변호인이 아닌 자 사이의 서신을 검열한 행위가 헌법에 위반되는지 여부에 대하여 헌법 제12조 제4항 본문은 신체구속을 당한 사람에 대하여 변호인의 조력을 받을 권리를 규정하고 있는바, 이를 위하여서는 신체구속을 당한 사람에게 변호인과 사이의 충분한 접견교통을 허용함은 물론 교통내용에 대하여 비밀이 보장되고 부당한 간섭이 없어야 하는 것이며, 이러한 취지는 접견의 경우뿐만 아니라 변호인과 미결수용자 사이의 서신에도 적용되어 그 비밀이 보장되어야 할 것이다.[26]

26) 헌재 1995. 7. 21. 92헌마144.

Ⅳ. 전화통화

1. 개 념

전화통화란 전화를 통해 수용자와 그 가족 또는 친지 그리고 친구 등과 자유롭게 서로 간 이야기함으로써 유대관계를 강화시키고 있다. 이는 수형자로 하여금 수형생활을 잘 할 수 있게 하고, 출소 후 사회에 진출했을 재범으로 이어지지 않도록 제동장치 역할도 하고 있다.

2. 전화통화 실시 현황

전화통화 통계를 살펴보면 2013년부터 2016년까지 지속적인 증가 추이에 있다가 2017년 소폭 감소했다. 이는 교정시설 수용인원 감소에 따른 것으로 풀이된다.

〈표 13〉 전화통화 현황 단위 : 건

연 도	2013	2014	2015	2016	2017
전 화	488,153	501,483	569,562	576,357	555,883

출처 : 법무부 2018 법무연감

3. 전화통화 시 소장의 허가

원칙적으로 수용자는 소장의 허가를 받아 교정시설의 외부에 있는 사람과 전화통화를 할 수 있다(법 제44조 제1항).

4. 전화통화 불허 사유

소장은 전화통화를 신청한 수용자에 대하여 다음 사유가 있는 경우에는 불허할 수 있다(시행규칙 제25조 제1항).

1) 범죄의 증거를 인멸할 우려가 있을 때

2) 형사소송법에 따른 도망우려, 증거인멸을 할 염려가 있을 때 법원의 직권 또는 검사의 청구에 의하여 금지 결정이 있은 때

3) 교정시설의 안전 또는 질서를 해칠 우려가 있을 때

4) 수형자의 교화 또는 건전한 사회복귀를 해칠 우려가 있을 때

5. 통화허가 취소 사유

소장은 통화허가를 했더라도 다음 사유가 있는 경우에는 취소할 수 있다(시행규칙 제27조).

1) 수용자 또는 수신자가 전화통화 내용의 청취·녹음에 동의하지 아니할 때

2) 수신자가 수용자와의 관계 등에 대한 확인 요청에 따르지 아니하거나 거짓으로 대답할 때

3) 전화통화 허가 후 수형자의 도망, 증거인멸, 교정시설의 안전을 해칠 우려, 교정 및 건전한 사회복귀를 해칠 우려 등이 있는 때.

6. 통화내용의 청취 및 녹화

1) 전화통화의 통화시간은 특별한 사정이 없으면 3분 이내로 한다(시행규칙 제25조 제3항). 수용자의 전화통화는 매일(공휴일 및 법무부장관이 정한 날은 제외한다) 국가공무원 복무규정에 따른 근무시간 내에 하여야 한다(시행규칙 제26조 제1항). 전화통화에 따른 허가에는 통화내용의 청취 또는 녹음을 조건으로 붙일 수 있다(동조 제2항). 통화내용을 청취 또는 녹음하려면 사전에 수용자 및 상대방에게 그 사실을 알려 주어야 한다(동

조 제4항).

2) 소장은 제25조 제1항 각 호[27]의 어느 하나에 해당하지 아니한다고 명백히 인정되는 경우가 아니면 통화내용을 청취하거나 녹음한다(시행규칙 제28조 제1항).

3) 녹음기록물은「공공기록물 관리에 관한 법률」에 따라 관리하고, 특히 녹음기록물이 손상되지 아니하도록 유의해서 보존하여야 한다(동조 제2항).

4) 교도관은 수용자의 전화통화를 청취하거나 녹음하면서 알게 된 내용을 누설 또는 권한 없이 처리하거나 타인이 이용하도록 제공하는 등 부당한 목적으로 사용하여서는 아니 된다(동조 제3항).

7. 통화요금의 부담

수용자의 전화통화 요금은 수용자가 부담이 원칙이지만 소장은 교정성적이 양호한 수형자 또는 영치금이 없는 수용자 등에 대하여는 예산의 범위 내에서 요금을 부담할 수 있다(시행령 제29조 제1～2항).[28]

---

27) ①범죄의 증거를 인멸할 우려가 있을 때, ②형사법령에 저촉되는 행위를 할 우려가 있을 때, ③「형사소송법」 제91조 및 같은 법 제209조에 따라 접견·서신수수 금지결정을 하였을 때, ④교정시설의 안전 또는 질서를 해칠 우려가 있을 때, ⑤수형자의 교화 또는 건전한 사회복귀를 해칠 우려가 있을 때 등이다.

28) 앞으로 올바른 교정을 위한 필자의 견해는 수형생활을 잘 하는 수용자에 대해서는 국가적 차원에서 전액 지원하는 것이 바람직한 방향이라 판단된다.

제6장 종교와 문화

Ⅰ. 종교행사

1. 종교행사 참석 및 상담

수용자는 교정시설의 안에서 실시하는 종교의식 또는 행사에 참석할 수 있으며, 개별적인 종교상담을 받을 수 있다(법 제45조 제1항). 미결수용자가 구치소 내에서 실시하는 종교행사참석을 금지당한 것에 대해 헌법소원을 제기한 사안에 대하여 헌재는 종교행사 등 참석불허 처우는 이른바 권력적 사실행위에 해당하므로 행정소송의 대상이 된다고 단정하기 어렵고, 가사 행정소송의 대상이 된다고 하더라도 이미 종료된 행위로서 소의 이익이 부정되어 각하될 가능성이 많은바, 청구인에게 그에 의한 권리구제절차를 밟을 것을 기대하기는 곤란하므로 보충성원칙의 예외로서 헌법소원의 제기가 가능하다고 결정한 바 있다.[29)]

소장은 수용자가 종교상담을 신청하거나 수용자에게 종교상담이 필요한 경우에는 해당 종교를 신봉하는 교도관 또는 교정참여인사(법 제130조의 교정위원, 그 밖에 교정행정에 참여하는 사회 각 분야의 사람 중 학식과 경험이 풍부한 자를 말한다)로 하여금 상담하게 할 수 있다(시행규칙 제33조). 수용자는 자신의 신앙생활에 필요한 서적이나 물품을 소지할 수 있다(동조 제2항). 소장은 ① 수형자의 교화 또는 건전한 사회복귀를 위하여 필요한 때, ② 시설의 안전과 질서유지를 위하여 필요한 때에는 종교의식 참여나 신앙생활에 필요한 서적이나 물품의 소지를 제한할 수 있다(동조 제3항). 종교행사의 종류·참석대상·방법, 종교상담의 대상·방법 및 종교서적·물품의 소지범위 등에 관하여 필요한 사항은 법무부령으로 정한다(동조 제4항).

29) 헌재 2011. 12. 29. 2009헌마527; 2006. 4. 11. 2006헌마295.

2. 종교행사 참석 제한

수용자는 자신이 신봉하는 종교행사에 참석할 수 있다. 다만, 소장은 다음 각 호의 어느 하나에 해당할 때에는 수용자의 종교행사 참석을 제한할 수 있다(시행규칙 제32조).

1) 종교행사용 시설의 부족 등 여건이 충분하지 아니할 때

2) 수용자가 종교행사 장소를 허가 없이 벗어나거나 다른 사람과 연락을 할 때

3) 수용자가 계속 큰 소리를 내거나 시끄럽게 하여 종교행사를 방해할 때

4) 수용자가 전도를 핑계삼아 다른 수용자의 평온한 신앙생활을 방해할 때

5) 그 밖에 다른 법령에 따라 공동행사의 참석이 제한될 때

3. 관련 판례

1) 구치소에서 미결수용자에 대한 종교의식 또는 행사의 참여를 금지한 행위에 대하여 미결수용자는 무죄추정원칙이 적용되는 만큼 기본권 제한에 해당한다고 보고 있다.[30)]

2) 마산교도소가 미결수용자를 위한 종교행사를 매일 또는 매주 실시하지 않는 것이 헌법상 보장된 청구인의 종교의 자유를 침해한다고 주장하면서 이 사건 심판청구를 한 사안에서 헌법은 제20조 제1항에서 종교의 자유를 규정하고 제27조 제4항에서 형사피고인에 대한 무죄추정의 원칙을 규정하고 있으나 미결수용자의 종교행사와 관련한 구체적인 규정은 두고 있지 않으며 미결수용자의 종교 활동과 관련한 규정으로 볼 수 있는 「행형법」 제67조도 "미결수용자에 대하여는 신청이 있는 경우에 한하여 작업을 과하거나 교회를 행할 수 있다."고 규정하고 있을 뿐 달리 미결수용자

30) 헌재 2011. 12. 29 2009헌마527.

의 종교행사에 대해 교도소장 등 수용시설의 장에게 청구인이 주장하는 것과 같은 내용의 구체적인 작위의무를 규정하고 있지는 않다. 마산교도소가 미결수용자를 위한 종교행사를 매일 또는 매주 실시하여야 할 작위의무가 헌법에서 유래하는 것으로 볼 수 없어 이 사건 심판청구는 헌법소원의 대상이 되지 않는 것에 대한 심판청구로서 부적법하다.[31)]

3) 미결수용자가 구치소 내에서 실시하는 종교행사 등에의 참석을 금지당한 것에 대하여 바로 헌법소원을 제기한 경우 보충성원칙의 예외를 인정할 것인지 여부에 대하여 종교행사 등 참석불허 처우는 이른바 권력적 사실행위에 해당하므로 행정소송의 대상이 된다고 단정하기 어렵고, 가사 행정소송의 대상이 된다고 하더라도 이미 종료된 행위로서 소의 이익이 부정되어 각하될 가능성이 많은바, 청구인에게 그에 의한 권리구제절차를 밟을 것을 기대하기는 곤란하므로 보충성원칙의 예외로서 헌법소원의 제기가 가능하다. 또한 피청구인인 대구구치소장이 2009. 6. 1.부터 2009. 10. 8.까지 대구구치소 내에서 실시하는 종교의식 또는 행사에 미결수용자인 청구인의 참석을 금지한 행위(이하 '이 사건 종교행사 등 참석불허 처우'라 한다)가 청구인의 종교의 자유를 침해하였는지 여부에 대하여 '형의 집행 및 수용자의 처우에 관한 법률' 제45조는 종교행사 등에의 참석 대상을 '수용자'로 규정하고 있어 수형자와 미결수용자를 구분하고 있지도 아니하고, 무죄추정의 원칙이 적용되는 미결수용자들에 대한 기본권 제한은 징역형 등의 선고를 받아 그 형이 확정된 수형자의 경우보다는 더 완화되어야 할 것임에도 피청구인이 수용자 중 미결수용자에 대하여만 일률적으로 종교행사 등에의 참석을 불허한 것은 미결수용자의 종교의 자유를 나머지 수용자의 종교의 자유보다 더욱 엄격하게 제한한 것이다. 나아가 공범 등이 없는 경우 내지 공범 등이 있는 경우라도 공범이나 동일사건 관련자를 분리하여 종교행사 등에의 참석을 허용하는 등의 방법으로 미결수용자의

31) 헌재 2006. 4. 11. 2006헌마295.

기본권을 덜 침해하는 수단이 존재함에도 불구하고 이를 전혀 고려하지 아니하였으므로 이 사건 종교행사 등 참석불허 처우는 침해의 최소성 요건을 충족하였다고 보기 어렵다. 그리고 이 사건 종교행사 등 참석불허 처우로 얻어질 공익의 정도가 무죄추정의 원칙이 적용되는 미결수용자들이 종교행사 등에 참석을 하지 못함으로써 입게 되는 종교의 자유 제한이라는 불이익에 비하여 결코 크다고 단정하기 어려우므로 법익의 균형성 요건 또한 충족하였다고 할 수 없다.[32)]

4. 수형자 종교별 인원

2017년 기준 수형자 종교별 인원을 살펴보면 ① 기독교가 15,954명(36.7%)으로 가장 많고, 다음으로 ② 불교 10,205명(23.4%), ③ 천주교 5,675명(13.0%), ④ 기타 1,732명(4.0%) 순으로 나타났다.

〈표 14〉 수형자 종교별 인원　　단위 : 명

구 분	계	기독교	불 교	천주교	기 타	무종교
2013	33,748 (100%)	12,624 (37.4%)	8,310 (24.6%)	4,145 (12.3%)	1,247 (3.7%)	7,422 (22.0%)
2014	35,666 (100%)	13,851 (38.8%)	8,795 (24.7%)	4,515 (12.7%)	1,051 (2.9%)	7,454 (20.9%)
2015	40,709 (100%)	15,142 (37.2%)	10,224 (25.1%)	5,509 (13.5%)	1,392 (3.4%)	8,442 (20.8%)
2016	45,499 (100%)	16,978 (37.3%)	11,228 (24.7%)	5,939 (13.0%)	1,276 (2.8%)	10,078 (22.2%)
2017	43,532 (100%)	15,954 (36.7%)	10,205 (23.4%)	5,675 (13.0%)	1,732 (4.0%)	9,966 (22.9%)

출처 : 2018 교정통계연보

32) 헌재 2011. 12. 29. 2009헌마527.

Ⅱ. 신문 · 잡지 또는 도서의 구독

1. 구독신청

수용자는 자신의 비용으로 신문·잡지 또는 도서의 구독을 신청할 수 있다(법 제47조 제1항). 소장은 구독을 신청한 신문 등이 「출판문화산업 진흥법」에 따른 유해간행물인 경우를 제외하고는 구독을 허가하여야 한다(동조 제2항). 구독을 신청할 수 있는 신문 등의 범위는 월 3종 이내로, 도서는 월 10권 이내로 한다(시행규칙 제35조).

2. 비치도서목록 공개

교정시설에 비치되어 있는 도서에 대해서는 소장이 수용자가 쉽게 이용할 수 있도록 비치도서의 목록을 정기적으로 공개하여야 한다(시행령 제72조 제1항).

3. 구독허가 취소

소장은 신문 등을 구독하는 수용자가 허가 없이 다른 거실 수용자와 신문 등을 주고받을 때에는 구독허가를 취소할 수 있다(시행규칙 제36조).

4. 관련 판례[33)]

1) 수용자교육·교화운영지침에 따른 구치소 수용자에 대한 신문기사 삭제행위에 대해 곧바로 청구된 헌법소원에서 보충성의 예외를 인정할 것

33) 헌재 1998. 10. 29 98헌마4

인지 여부에 대하여 수용소에서의 신문기사 삭제행위에 대해 행정심판이나 행정소송의 대상이 될 수 있을 것이라고 일반국민이 쉽게 판단하기는 어렵고, 청구인이 구금자로서 활동의 제약을 받고 있었던 점을 아울러 고려할 때 이는 전심절차 이행의 기대가능성이 없어 보충성의 예외인 경우로 인정된다.

2) 청구인이 이미 출소한 경우 수용자에 대한 신문기사 삭제행위를 다툴 권리보호이익이 있는지 여부에 대하여 헌법소원 심판청구 당시에는 권리보호의 이익이 있었으나 그 후 사정변경으로 말미암아 권리보호의 이익이 소멸된 경우에도 당해 사건에 대한 본안판단이 헌법질서의 수호·유지를 위하여 긴요한 사항이어서 그 해명이 헌법적으로 중요한 의미를 지니고 있는 경우나, 그러한 침해행위가 앞으로도 반복될 위험이 있는 경우 등에는 예외적으로 심판청구의 이익을 인정하여 이미 종료된 침해행위가 위헌이었음을 확인할 필요가 있다. 이 사건에서 수용자가 구독하는 신문의 일부기사 삭제행위는 국민의 알 권리의 침해 문제와 관련하여 앞으로도 계속될 것으로 보이므로 권리보호의 이익이 있다.

3) 교화상 또는 구금목적에 특히 부적당하다고 인정되는 기사, 조직범죄 등 수용자 관련 범죄기사에 대해 신문을 삭제한 후 수용자에게 구독케 한 행위가 알 권리의 과잉침해에 해당여부에 대해 교화상 또는 구금목적에 특히 부적당하다고 인정되는 기사, 조직범죄 등 수용자 관련 범죄기사에 대한 신문기사 삭제행위는 구치소 내 질서유지와 보안을 위한 것으로, 신문기사 중 탈주에 관한 사항이나 집단단식, 선동 등 구치소 내 단체생활의 질서를 교란하는 내용이 미결수용자에게 전달될 때 과거의 예와 같이 동조단식이나 선동 등 수용의 내부질서와 규율을 해하는 상황이 전개될 수 있고, 이는 수용자가 과밀하게 수용되어 있는 현 구치소의 실정과 과소한 교도인력을 볼 때 구치소 내의 질서유지와 보안을 어렵게 할 우려가 있다.

5. 신문 구독 현황

교정시설 내 신문 구독 현황을 살펴보면 꾸준히 20~30% 정도를 유지하고 있다. 수형자보다는 미결수용자가 더 많이 구독하고 있음을 알 수 있다. 미결수용자가 신문을 더 많이 구독하고 있는 이유는 아마도 미결수용자는 교도작업을 하지 않고 수용거실에만 있기 때문일 것이다.

〈표 15〉 신문구독현황 단위 : 명

구 분	계		미결수용자		수형자	
	구독 수용자	구독 부수	구독 수용자	구독 부수	구독 수형자	구독 부수
2013	13,350 (27.8%)	15,285	4,985 (31.8%)	5,731	8,365 (25.9%)	9,554
2014	13,585 (27.1%)	15,610	5,379 (28.1%)	6,169	8,206 (26.4%)	9,441
2015	15,021 (27.9%)	17,511	6,067 (31.5%)	7,046	8,954 (25.9%)	10,465
2016	17,131 (30.3%)	19,307	6,924 (33.2%)	7,909	10,207 (28.7%)	11,398
2017	16,854 (31.0%)	20,099	6,628 (37.4%)	7,779	10,226 (28.1%)	12,320

출처 : 2018 교정통계연보

Ⅲ. 라디오 청취와 텔레비전 시청

1. 방송시설의 청취 또는 시청 금지

수용자는 정서안정 및 교양습득을 위하여 라디오 청취와 텔레비전 시청을 할 수 있다(법 제48조 제1항). 소장은 ① 수형자의 교화 또는 건전한 사회복귀를 해칠 우려가 있는 때, ② 시설의 안전과 질서유지를 위하여 필요한 때에는 수용자에 대한 라디오 및 텔레비전의 방송을 일시 중단하거나 개별 수용자에 대하여 라디오 및 텔레비전의 청취 또는 시청을 금지할 수 있다(동조 제2항). 방송설비 · 방송프로그램 · 방송시간 등에 관하여 필요한 사항은 법무부령으로 정한다(동조 제3항).

2. 통합방송

수용자를 대상으로 하는 방송은 무상으로 하고, 법무부장관은 방송의 전문성을 강화하기 위하여 외부전문가의 협력을 구할 수 있으며, 모든 교정시설의 수용자를 대상으로 통합방송을 할 수 있다(시행규칙 제37조 제1항~2항). 소장은 방송에 대한 의견수렴을 위하여 설문조사 등의 방법으로 수용자의 반응도 및 만족도를 측정할 수 있다(동조 제3항).

선진교정으로 나아가기 위해서는 한 가지 프로그램만을 시청할 수 있도록 하기보다는 가급적 다양한 프로그램을 시청할 수 있는 방향으로 나아가야 할 것이다.

3. 방송의 청취 및 시청

소장은 수용자의 건강과 일과시간 등을 고려하여 1일 6시간 이내에서 방송편성시간을 정한다. 다만, 토요일 · 공휴일, 작업 · 교육실태 및 수용자의 특성을 고려하여 방송편성시간을 조정할 수 있다(시행규칙 제39조).

수용자는 소장이 지정한 장소에서 지정된 채널을 통하여 텔레비전을 시청하거나 라디오를 청취하여야 한다. 다만, 자치생활 수형자는 법무부장관이 정하는 방법에 따라 텔레비전을 시청할 수 있다(시행규칙 제41조 제1항). 수용자는 방송설비 또는 채널을 임의 조작·변경하거나 임의수신 장비를 소지하여서는 안 되며, 수용자가 방송시설과 장비를 손상하거나 그 밖의 방법으로 그 효용을 해친 경우에는 배상하여야 한다(동조 제2항~3항).

4. 관련 판례

1) 판례에 의하면 독거수용실에만 텔레비전시청시설을 설치하지 않음으로써 독거수용중인 청구인이 TV시청을 할 수 없도록 한 피청구인 교도소장의 행위가 TV시청시설을 갖춰 텔레비전시청을 허용하고 있는 혼거실 수용자와 차별대우하여 청구인의 평등권을 침해하였는지 여부에 대하여 다른 수용자와 싸움의 우려가 있고, 성격·습관 등이 공동생활에 적합하지 못하다고 인정되어 피청구인이 혼거수용에 적합하지 않다고 판단하여 독거수용된 청구인의 경우, 교도행정의 효율성 및 교정·교화교육의 적절한 실현을 위하여 청구인에게 TV시청을 규제한 조치는 납득할 수 있다. 더구나 청구인은 혼거실의 수용을 스스로 기피하고 TV시설이 설치되지 아니한 독거실의 수용을 자청하였다. 이러한 이유로 독거수용중인 청구인이 TV시청을 제한받게 되어 혼거실 수용자 등 다른 수용자들과 차별적 처우가 이루어지는 결과가 되었다고 하더라도 이러한 행위가 곧 합리적인 이유가 없는 자의적 차별이라고는 할 수 없어 헌법상의 평등원칙에 위배된다고 볼 수 없다.[34)]

2) 청구인을 지정된 노역을 거부하였다는 이유로 평일 오전 및 오후에는 텔레비전을 시청할 수 없는 별도의 수용시설에 수용하여 텔레비전 시

34) 헌재 2005. 5. 26. 2004헌마571.

청 시간을 제한한 것에 대하여 행복추구권 등 기본권이 침해되었다며 헌법소원을 제기한 사안에서 수용처우는 피청구인이 우월적 지위에서 일방적으로 강제하는 권력적 사실행위로서, 헌법소원의 대상이 되는 헌법재판소법 제68조 제1항의 '공권력의 행사'에 해당한다 할 것이다. 그러나 헌법소원심판은 그 사유가 있음을 안 날부터 90일 이내에, 그 사유가 있은 날부터 1년 이내에 청구하여야 하는바(헌법재판소법 제69조 제1항 본문), 이 사건 시청 일부제한 처우로 자신의 기본권이 침해되었음을 이미 알았다고 보아야 할 것인데, 심판청구는 90일이 지난 시점에서 제기하였으므로 이 심판청구는 청구기간이 도과되어 부적법하다.[35)]

5. 방송 프로그램

소장은 「방송법」 제2조의 텔레비전방송 또는 라디오방송을 녹음·녹화하여 방송하거나 생방송할 수 있으며, 비디오테이프에 의한 영상물 또는 자체 제작한 영상물을 방송할 수 있다(시행규칙 제40조 제1항).

1) 반송프로그램의 내용

방송프로그램은 그 내용에 따라 다음 각 호와 같이 구분한다(동조 제2항).

① 교육콘텐츠: 한글·한자·외국어 교육, 보건위생 향상, 성(性)의식 개선, 약물남용 예방 등

② 교화콘텐츠: 인간성 회복, 근로의식 함양, 가족관계 회복, 질서의식 제고, 국가관 고취 등

③ 교양콘텐츠: 다큐멘터리, 생활정보, 뉴스, 직업정보, 일반상식 등

④ 오락콘텐츠: 음악, 연예, 드라마, 스포츠 중계 등

⑤ 그 밖에 수용자의 정서안정에 필요한 콘텐츠

35) 헌재 2010. 2. 9. 2010헌마24.

2) 방송 프로그램 편성 시 유의사항

소장은 방송프로그램을 자체 편성하는 경우에는 다음 각 호의 어느 하나에 해당하는 내용이 포함되지 아니하도록 특히 유의하여야 한다(동조 제3항).

① 폭력조장, 음란 등 미풍양속에 반하는 내용

② 특정 종교의 행사나 교리를 찬양하거나 비방하는 내용

③ 그 밖에 수용자의 정서안정 및 수용질서 확립에 유해하다고 판단되는 내용

Ⅳ. 집 필

1. 집필의 대상

수용자는 문서 또는 도화를 작성하거나 문예·학술, 그 밖의 사항에 관하여 집필할 수 있다. 다만, 소장이 시설의 안전 또는 질서를 해칠 명백한 위험이 있다고 인정하는 경우는 예외로 한다(법 제49조 제1항). 작성 또는 집필한 문서나 도화가 제43조 제5항 각 호[36]의 어느 하나에 해당하면 제43조 제7항[37]을 준용한다(동조 제3항). 집필용구의 관리, 집필의 시간·장소, 집필한 문서 또는 도화의 외부반출 등에 관하여 필요한 사항은 대통령령으로 정한다(동조 제4항).

---

36) 1. 암호·기호 등 이해할 수 없는 특수문자로 작성되어 있는 때
2. 범죄의 증거를 인멸할 우려가 있는 때
3. 형사 법령에 저촉되는 내용이 기재되어 있는 때
4. 수용자의 처우 또는 교정시설의 운영에 관하여 명백한 거짓사실을 포함하고 있는 때
5. 사생활의 비밀 또는 자유를 침해할 우려가 있는 때
6. 수형자의 교화 또는 건전한 사회복귀를 해칠 우려가 있는 때
7. 시설의 안전 또는 질서를 해칠 우려가 있는 때

37) 발신 또는 수신이 금지된 서신은 수용자에게 그 사유를 알린 후 교정시설에 영치한다. 다만, 수용자가 동의하면 폐기할 수 있다.

2. 집필의 구입비용

집필용구의 구입비용은 수용자가 부담한다. 다만, 소장은 수용자가 그 비용을 부담할 수 없는 경우에는 필요한 집필용구를 지급할 수 있다(시행령 제74조). 즉 수용자가 집필용구를 구매하도록 돈을 지급하는 것이 아니라 교정시설에서 집필용구를 구입하여 수용자에게 지급할 수 있다는 것이다.

3. 집필의 시간대 및 장소

수용자는 휴업일 및 휴게시간 내에 시간의 제한 없이 집필할 수 있다. 다만, 부득이한 사정이 있는 경우에는 그러하지 아니하며, 거실 · 작업장, 그 밖에 지정된 장소에서 집필할 수 있다(시행령 제75조 제1항~2항). 집필은 대개 일과를 마치고 거실에서 행하고 있다.

4. 문서 도화의 외부 발송

소장은 수용자 본인이 작성 또는 집필한 문서나 도화를 외부에 보내거나 할 때에는 그 내용을 확인하여 법 제43조 제5항 각 호의 어느 하나에 해당하지 아니하면 허가하여야 한다(시행령 제76조 제1항). 문서나 도화를 외부로 보낼 때 드는 비용은 수용자가 부담한다(동조 제2항). 형집행법 및 시행령에 규정된 사항 외에 수용자의 집필에 필요한 사항은 법무부장관이 정한다(동조 제3항).

5. 문예작품 외부 투고 현황

수용자는 자신이 집필한 작품을 외부에 투고할 수 있다. 2017년 기준 외부 투고 현황을 살펴보면 ① 시가 88건(33.3%)으로 가장 많고, 다음으로 ② 서예가 68건(25.8%), ③ 신앙수기와 독후감이 각각 22건(8.0%), ④ 소설이 12건(4.5%), ⑤ 회화가 1건(0.4%) 순으로 나타났다.

〈표 16〉 문예작품 외부 투고 현황 단위 : 건

구분	계	신앙수기	독후감	시	소설	서예	회화	기타
2013	406 (100%)	35 (8.6%)	6 (1.5%)	193 (47.5%)	12 (3.0%)	60 (14.8%)	14 (3.4%)	160 (39.4%)
2014	419 (100%)	20 (4.8%)	18 (4.3%)	188 (44.9%)	4 (0.9%)	33 (7.9%)	6 (1.4%)	150 (35.8%)
2015	802 (100%)	11 (1.4%)	11 (1.4%)	251 (31.3%)	10 (1.2%)	95 (11.9%)	13 (1.6%)	411 (51.2%)
2016	253 (100%)	26 (10.3%)	10 (4.0%)	123 (48.6%)	5 (2.0%)	13 (5.1%)	3 (1.2%)	73 (28.8%)
2017	264 (100%)	21 (8.0%)	21 (8.0%)	88 (33.3%)	12 (4.5%)	68 (25.8%)	1 (0.4%)	53 (20.1%)

출처 : 2018 교정통계연보

제 7 장 특별한 보호

Ⅰ. 여성수용자의 처우

1. 여성수용자 처우 시 고려사항

소장은 여성수용자에 대하여 여성의 신체적 · 심리적 특성을 고려하여 처우하여야 한다(법 제50조 제1항). 소장은 여성수용자에 대하여 건강검진을 실시하는 경우에는 나이 · 건강 등을 고려하여 부인과질환에 관한 검사를 포함시킬 수 있다(동조 제2항). 소장은 생리 중인 여성수용자에 대하여는 위생에 필요한 물품을 지급할 수 있다(동조 제3항). 소장은 여성수용자가 미성년자인 자녀와 접견하는 경우에는 차단 시설이 없는 장소에서 접견하게 할 수 있다(동조 제4항). 이러한 재량조항은 헌법상 가족생활권과 아동의 자유로운 발달의 권리는 제한하는 규정이므로 의무조항인 기속조항으로 변경해야 한다.[38)]

소장은 여성수용자의 목욕횟수를 정하는 경우에는 그 신체적 특성을 특히 고려하여야 하고, 여성수용자가 목욕을 하는 경우에 계호가 필요하다고 인정하면 여성교도관이 하도록 하여야 한다(시행령 제77조 제1항~2항).

소장은 여성수용자에 대하여 상담 · 교육 · 작업 등(이하 이 조에서 '상담등'이라 한다)을 실시하는 때에는 여성교도관이 담당하도록 하여야 한다. 다만, 여성 교도관이 부족하거나 그 밖의 부득이한 사정이 있으면 그러하지 아니하다(법 제51조 제1항). 이렇게 규정하기보다는 여성수용자가 교육 및 상담에 대하여 남성교도관을 원할 경우에는 이를 수용하는 형태로 규정하면 좋을 듯하다. 남성교도관이 1인의 여성수용자에 대하여 실내에서

38) 천정환, "여성수용자의 처우에 대한 개선방안", 교정복지연구 제46호, 한국교정복지학회, 2017, 83면.

상담 등을 하려면 투명한 창문이 설치된 장소에서 다른 여성을 입회시킨 후 실시하여야 한다(동조 제2항).

2. 임산부 수용자의 처우

소장은 수용자가 임신 중이거나 출산(유산을 포함한다)한 경우에는 모성보호 및 건강유지를 위하여 정기적인 검진 등 적절한 조치를 하여야 한다(법 제52조 제1항). 소장은 수용자가 출산하려고 하는 경우에는 외부의료시설에서 진료를 받게 하는 등 적절한 조치를 하여야 한다(동조 제2항). 출산(유산을 포함한다)한 경우란 출산 후 60일이 지나지 아니한 경우를 말한다(시행령 제78조).

3. 유아의 양육

1) 양육의 신청 및 허가

여성수용자는 자신이 출산한 유아를 교정시설에서 양육할 것을 신청할 수 있다. 이 경우 소장은 ① 유아가 질병·부상, 그 밖의 사유로 교정시설에서 생활하는 것이 특히 부적당하다고 인정되는 때, ② 수용자가 질병·부상, 그 밖의 사유로 유아를 양육할 능력이 없다고 인정되는 때, ③ 교정시설에 감염병이 유행하거나 그 밖의 사정으로 유아양육이 특히 부적당한 때 등에 해당하는 사유가 없으면, 생후 18개월에 이르기까지 허가하여야 한다(법 제53조 제1항). 이렇게 할 경우 아이와 여자수형자 간에 애착관계가 형성되지 못할 수 있다. 따라서 교정시설 내 어린이집을 만들어 만 5세까지는 아이와 애착관계를 형성할 수 있도록 하거나 아예 양육기간동안은 형집행을 연기하는 것도 고려할 필요가 있다.[39] 소장은 유아의 양육을

39) 이동임·김태계, 앞의 논문, 30~31면.

허가한 경우에는 필요한 설비와 물품의 제공, 육아거실의 지정·운영, 그 밖에 양육을 위하여 필요한 조치를 하여야 한다(동조 제2항).

2) 교정시설 내 임산부 및 양육현황

교정시설 내에서 자신이 출산한 아이를 양육할 수 있도록 별도의 거실에 마련하여 지원하고 있다. 2018 교정통계연보에 따르면 2017년 기준 임산부는 20명이고, 양육 유아는 10명이다.

3) 양육의 취소

소장은 유아의 양육을 허가하지 아니하는 경우이거나 양육이 허가된 유아가 출생 후 18개월이 지나거나, 유아양육의 허가를 받은 수용자가 허가의 취소를 요청하는 때, 수용자의 의사를 고려하여 유아보호에 적당하다고 인정하는 법인 또는 개인에게 그 유아를 보낼 수 있다. 다만, 적당한 법인 또는 개인이 없는 경우에는 그 유아를 해당 교정시설의 소재지를 관할하는 시장·군수 또는 구청장에게 보내서 보호하게 하여야 한다(시행령 제80조 제1항~2항).

Ⅱ. 노인수용자 등의 처우

1. 개념

'노인수용자'란 65세 이상인 수용자를 말한다(시행령 제81조 제1항). 소장은 노인수용자에 대하여 나이·건강상태 등을 고려하여 그 처우에 있어 적정한 배려를 하여야 한다(법 제54조 제1항). 노인수형자의 처우를 전담하는 전담교정시설을 갖추어야 한다(법 시행규칙 제43조). 물론 전담교정시설을 갖추기 위해서는 많은 예산이 수반되어야 하지만 앞으로 노인인구의 증가에 따른 노인범죄의 증가에 슬기롭게 대처하기 위해서는 전담교정시설의 설치 및 운영을 통해 전문적인 교정·교화인원이 필요하다.[40]

노인수형자는 상대적으로 교도작업이나 직업훈련, 교화프로그램 등에서 소외되어 있고, 접견 또한 잘 이루어지지 않아 고독과 힘겹게 싸우고 있는 실정이다. 또한 68세 이상의 노인수형자 25명을 대상으로 심층조사한 결과 초기 반응으로 가족갈등, 우울증, 자살에 대한 생각, 교도소에서 죽는 것에 대한 두려움 등이 나타났다.[41] 이를 해결하기 위해 감성로봇을 교정시설에 도입하여 노인수형자와 의사소통을 통한 정신적 변화를 유도하고, 책 읽어 주기 등으로 독서치료, 말벗으로 정서적 안정 등이 될 수 있도록 하는 것이다.[42]

2. 주·부식 및 생활용품의 초과지급

소장은 노인수용자의 나이·건강상태 등을 고려하여 필요하다고 인정하는 경우에는 의류, 주식의 혼합비(쌀 9, 보리 1), 주식의 지급(1일 550g), 부식[43], 주·부식의 지급횟수(1일 3회) 등에 대하여 수용자의 지급기준을

40) 이동임·천정환, "노인범죄자를 위한 사법적 처우방안", 교정연구 제75호, 한국교정학회, 2017, 175-177면.

41) Aday, Ronald H., Aging in prison: A case study of new elderly offenders. International Journal of Offender Therapy and Comparative Criminology, 38(1), 1994a, 79-91.

42) 이동임, "소외된 수형자를 위한 감성로봇 도입에 관한 연구", 교정복지연구 제48호, 한국교정복지학회, 2017, 107~109면.

43) 수용자 부식의 1일 영양섭취기준량을 살펴보면 먼저 19세 이상인 경우에는 ① 총단백질-45g, ② 동물성단백질-25g, ③ 지방-22g, ④ 열량-450kcal, ⑤ 칼슘-400mg, ⑥ 비타민A-700R.E, ⑦ 비타민B1-0.5mg, ⑧ 비타민B2-1.0mg, ⑨ 비타민C-55mg이며, 다음으로 19세 미만인 경우에는 ① 총단백질-48g, ② 동물성단백질-30g, ③ 지방-28g, ④ 열량-500kcal, ⑤ 칼슘-600mg, ⑥ 비타민A-700R.E, ⑦ 비타민B1-0.5mg, ⑧ 비타민B2-1.0mg, ⑨ 비타민C-60mg이다(동법 시행규칙 제13조 제1항).

초과하여 주·부식, 의류·침구, 그 밖의 생활용품을 지급할 수 있다(시행규칙 제45조).

3. 운동시간 연장 및 목욕횟수 조정

소장은 노인수용자의 나이·건강상태 등을 고려하여 필요하다고 인정하면 실외운동의 운동시간을 연장하거나 목욕횟수(매주 1회 이상)를 늘릴 수 있다(시행규칙 제46조).

4. 외부전문가를 통한 교화프로그램 개발 및 시행

노인수용자 전담교정시설의 장은 노인문제에 관한 지식과 경험이 풍부한 외부전문가를 초빙하여 교육하게 하는 등 노인수형자의 교육받을 기회를 확대하고, 노인전문오락, 그 밖에 노인의 특성에 알맞은 교화프로그램을 개발·시행하여야 한다(시행규칙 제48조 제1항). 예컨대 건강을 유지할 수 있는 신체활동이나 정신건강교육, 여가활용 프로그램, 출소 후 직업을 가질 수 있도록 직업훈련 프로그램, 사회적응을 위한 프로그램 등을 운영해야 할 것이다.[44]

소장은 노인수용자가 작업을 원하는 경우에는 나이·건강상태 등을 고려하여 해당 수용자가 감당할 수 있는 정도의 작업을 부과한다. 이 경우 의무관의 의견을 들어야 한다(동조 제2항).

44) 박영숙, "노인 수용자의 교정복지적 처우 방안" 교정복지연구 제22호, 한국교정복지학회, 2011, 134면.

Ⅲ. 장애인수용자

1. 개 념

'장애인수용자'란 「장애인복지법 시행령」 규정에 해당하는 사람으로서 시각 · 청각 · 언어 · 지체(肢體) 등의 장애로 통상적인 수용생활이 특히 곤란하다고 인정되는 수용자를 말한다(시행규칙 제49조). 소장은 장애인수용자에 대하여 장애의 정도를 고려하여 그 처우에 있어 적정한 배려를 하여야 한다(법 제54조 제2항). 장애인은 사회적 약자로 수용자라 해서 차별을 하거나 해서는 안 된다.

2. 재활에 필요한 의료

장애인수용자 전담교정시설의 장은 장애인의 재활에 관한 전문적인 지식을 가진 의료진과 장비를 갖추도록 노력하여야 한다(시행규칙 제52조).

3. 별도의 거실운영

장애인수형자 전담교정시설이 아닌 교정시설에서는 장애인수용자를 위하여 별도의 거실을 지정하여 운용할 수 있다(시행규칙 제51조). 장애인수용자의 거실은 시설부족 또는 그 밖의 부득이한 사정이 없으면 건물의 1층에 설치하고, 특히 장애인이 이용할 수 있는 변기 등의 시설을 갖추도록 하여야 한다(시행규칙 제51조 제2항). 장애인수형자 전담교정시설의 장은 장애인수형자에 대한 직업훈련이 석방 후 취업과 연계될 수 있도록 그 프로그램의 편성 및 운영에 특히 유의하여야 한다(시행규칙 제53조).

Ⅳ. 외국인수용자

1. 전담교정시설

법무부장관이 외국인수형자의 처우를 전담하도록 정하는 시설의 장은 외국인의 특성에 알맞은 교화프로그램 등을 개발하여 시행하여야 한다(시행규칙 제55조). 2010년 2월 23일 세계 최초로 외국인 전담 교정시설로 천안교도소가 설립되었다. 외국인 전담 교정시설은 국적, 인종, 종교 등을 고려해 비슷한 문화와 생활관습을 갖고 있는 수용자끼리 수용하고 있다. 이곳에 수감되어 있는 수용자는 가정의 달과 연말연시 2회에 걸쳐 자국 가족과 무료로 전화통화 기회를 보장하고 있다. 이러한 처우는 수용자 마음의 안정을 기하는 데 도움이 되고, 이로 인해 보다 안정된 수형생활을 할 수 있을 것이다. 또한 사회복귀과의 확인절차를 거쳐 자국의 잡지와 도서를 볼 수 있으며, 자국의 방송도 볼 수 있다.

외국인수형자는 출입국관리법 제46조에 따라 금고 이상의 형을 선고 받고 석방된 자는 석방 당일 강제 퇴거된다. 법무부는 코리안 드림이 끝나는 것이 아니라 시작이라는 희망을 주기 위해 다양한 직업훈련을 실시하고 있다. 이를 통해 본국으로 돌아가더라도 쉽게 직업을 가질 수 있도록 하는 데 많은 도움을 주고 있다.

한국의 문화를 쉽게 이해할 수 있도록 한글의 읽기, 쓰기 교육과 예절과 문화 교육 그리고 그림을 통한 마음의 치료 등을 하고 있다. 더 나아가 세계 공통 언어인 웃음치료나 음악치료, 원예치료, 동물치료 등을 확대하는 방향으로 나아가야 할 것이다.[45)]

45) 천정환, “외국인수용자에 대한 교정복지정책의 문제점” 교정복지연구 제29호, 한국교정복지학회, 2013, 18면.

2. 전담요원 지정

외국인수형자를 위해 전담교정시설과 외국어에 능통한 전담요원을 배치하여 개별면담, 고충해소, 통역·번역 및 외교공관 또는 영사관 등 관계기관과 연락 등의 업무를 수행하게 하여야 한다(시행규칙 제56~57조). 이러한 규정으로 인해 외국어가 가능한 전담요원들이 많이 배채되어 있다.

3. 거실의 지정

소장은 외국인수용자의 수용거실을 지정하는 경우에는 종교 또는 생활습관이 다르거나 민족감정 등으로 인하여 분쟁의 소지가 있는 외국인수용자는 거실을 분리하여 수용하여야 한다(시행규칙 제57조 제1항).

4. 주·부식의 지급

외국인수용자에게 지급하는 음식물의 총열량은 소속 국가의 음식문화, 체격, 등을 고려하여 조정할 수 있고, 쌀과 보리의 혼합곡, 빵 또는 그 밖의 식품을 주식으로 하되, 소속 국가의 음식문화를 고려하여야 한다(시행규칙 제58조 제1~2항).

5. 위독 또는 사망 시의 조치

외국인수용자가 질병 등으로 위독하거나 사망한 경우에는 그의 국적이나 시민권이 속하는 나라의 외교공관 또는 영사관의 장이나 그 관원 또는 가족에게 이를 즉시 통지하여야 한다(시행규칙 제59조).

Chap. 3

수형자의 처우

제 3 편

수형자의 처우

제1장 수형자 처우

Ⅰ. 수형자 처우의 원칙

수형자에 대하여는 교육·교화프로그램, 작업, 직업훈련 등을 통하여 교정교화를 도모하고 사회생활에 적응하는 능력을 함양하도록 처우하여야 한다(법 제55조). 소장은 미결수용자로서 자유형이 확정된 사람에 대하여는 검사의 집행 지휘서가 도달된 때부터 수형자로 처우할 수 있다(시행령 제82조 제1항). 검사는 집행 지휘를 한 날부터 10일 이내에 재판서나 그 밖에 적법한 서류를 소장에게 보내야 한다(동조 제2항).

Ⅱ. 개별처우계획의 수립

소장은 제62조의 분류처우위원회의 의결에 따라 수형자의 개별적 특성에 알맞은 교육·교화프로그램, 작업, 직업훈련 등의 처우에 관한 계획(이하 '개별처우계획'이라 한다)을 수립하여 시행한다(법 제56조 제1항). 소장은 수형자가 스스로 개선하여 사회에 복귀하려는 의욕이 고취 되도록 개별처우계획을 정기적으로 또는 수시로 점검하여야 한다(동조 제2항).

Ⅲ. 처 우

수형자는 제59조의 분류심사의 결과에 따라 그에 적합한 교정시설에 수용되며, 개별처우계획에 따라 그 특성에 알맞은 처우를 받는다(법 제57조 제1항). 교정시설은 도주방지 등을 위한 수용설비 및 계호의 정도경비등급에 따라 구분한다, 다만, 동일한 교정시설이라도 구획을 정하여 경비등급을 달리할 수 있다(동조 제2항).

1. 경비등급별 수용설비 및 계호정도

1) 개방시설 : 도주방지를 위한 통상적인 설비의 전부 또는 일부를 갖추지 아니하고 수형자의 자율적 활동이 가능하도록 통상적인 관리·감시의 전부 또는 일부를 하지 아니하는 교정시설

2) 완화경비시설 : 도주방지를 위한 통상적인 설비 및 수형자에 대한 관리·감시를 일반경비시설보다 완화한 교정시설

3) 일반경비시설 : 도주방지를 위한 통상적인 설비를 갖추고 수형자에 대하여 통상적인 관리·감시를 하는 교정시설

4) 중(重)경비시설 : 도주방지 및 수형자 상호 간의 접촉을 차단하는 설비를 강화하고 수형자에 대한 관리·감시를 엄중히 하는 교정시설

2. 교정성적에 따른 상향조정

수형자에 대한 처우는 교화 또는 건전한 사회복귀를 위하여 교정성적에 따라 상향조정될 수 있으며, 특히 그 성적이 우수한 수형자는 개방시설에 수용되어 사회생활에 필요한 적정한 처우를 받을 수 있다(동조 제3항). 수형자는 교화 또는 건전한 사회복귀를 위하여 교정시설 밖의 적당한 장소에서 봉사활동·견학, 그 밖에 사회적응에 필요한 처우를 받을 수 있다(동

조 제4항). 학과교육생 · 직업훈련생 · 외국인 · 여성 · 장애인 · 노인 · 환자, 그 밖에 별도의 처우가 필요한 수형자는 법무부장관이 특히 그 처우를 전담하도록 정하는 시설(이하 '전담교정시설'이라한다)에 수용되며, 그 특성에 알맞은 처우를 받는다. 다만, 전담교정시설의 부족이나 그 밖의 부득이한 사정이 있는 경우에는 예외로 할 수 있다(동조 제5항). 시설의 설비 및 계호의 정도에 관하여 필요한 사항은 대통령령으로 정한다(동조 제6항).

Ⅳ. 외부전문가의 상담

소장은 수형자의 교화 또는 건전한 사회복귀를 위하여 필요하면 교육학 · 교정학 · 범죄학 · 사회학 · 심리학 · 의학 등에 관한 학식 또는 교정에 관한경험이 풍부한 외부전문가로 하여금 수형자에 대한 상담 · 심리치료 또는 생활지도 등을 하게 할 수 있다(법 제58조 제1항).

Ⅴ. 분류심사

1. 분류심사의 목적

소장은 수형자에 대한 개별처우계획을 합리적으로 수립하고 조정하기 위하여 수형자의 인성, 행동특성 및 자질 등을 과학적으로 조사 · 측정 · 평가(이하 '분류심사' 라 한다)하여야 한다. 다만, 집행할 형기가 짧거나 그 밖의 특별한 사정이 있는 경우에는 예외로 할 수 있다(법 제59조 제1항).

2. 분류심사사항

분류심사 사항은 다음 각 호와 같다(시행규칙 제63조).

1) 처우등급에 관한 사항
2) 작업, 직업훈련, 교육 및 교화프로그램 등의 처우방침에 관한 사항
3) 보안상의 위험도 측정 및 거실 지정 등에 관한 사항
4) 보건 및 위생관리에 관한 사항
5) 이송에 관한 사항
6) 가석방 및 귀휴심사에 관한 사항
7) 석방 후의 생활계획에 관한 사항
8) 그 밖에 수형자의 처우 및 관리에 관한 사항

3. 분류심사의 제외 및 유예

1) 분류심사 제외사유

분류심사를 하지 않는 경우는 ① 징역형·금고형이 확정된 사람으로서 집행할 형기가 형집행지휘서 접수일로부터 3개월 미만인 사람, ② 구류형이 확정된 사람, ③ 노역장 유치명령을 받은 사람 등이다(시행규칙 제62조 제1항).

2) 분류심사 유예사유

분류심사를 유예하는 경우는 ① 질병 등으로 분류심사가 곤란한 때, ② 징벌, 규율 등의 위반으로 혐의가 있어 조사 중이거나 징벌집행 중인 때, ③ 그 밖의 사유로 분류심사가 특히 곤란하다고 인정하는 때 등이다(시행규칙 제62조 제2항). 유예사유가 소멸한 경우에는 지체 없이 분류심사를

하여야 한다. 다만, 집행할 형기가 사유 소멸일로부터 3개월 미만인 경우에는 분류심사를 하지 아니한다(시행규칙 제3항).

4. 분류심사의 유형

1) 신입심사

수형자의 분류심사는 형이 확정된 경우에 개별처우계획을 수립하기 위한 분류심사(이하 '신입심사'라 한다)는 매월 초일부터 말일까지 형집행지휘서가 접수된 수형자를 대상으로 하며, 그 다음 달까지 완료하여야 한다. 다만, 특별한 사유가 있는 경우에는 그 기간을 연장할 수 있다(시행규칙 제64조).[1)]

2) 재심사의 구분

(1) 정기재심사

정기재심사는 일정한 형기가 도달한 때 하는 재심사 사유는 다음과 같다(시행규칙 제66조 제1항~2항).

① 형기의 3분의 1에 도달한 때
② 형기의 2분의 1에 도달한 때
③ 형기의 3분의 2에 도달한 때
④ 형기의 6분의 5에 도달한 때

---

1) 조사사항은 ① 성장과정, ② 학력 및 직업경력, ③ 생활환경, ④ 건강상태 및 병력사항, ⑤ 심리적 특성, ⑥ 마약·알코올 등 약물중독 경력, ⑦ 가족 관계 및 보호자 관계, ⑧ 범죄경력 및 범행내용, ⑨ 폭력조직 가담여부 및 정도, ⑩ 교정시설 총 수용기간, ⑪ 교정시설 수용(과거에 수용된 경우를 포함한다) 중에 받은 징벌 관련 사항, ⑫ 도주(음모, 예비 또는 미수에 그친 경우를 포함한다) 또는 자살기도(企圖) 유무와 횟수, ⑬ 상담관찰 사항, ⑭ 수용생활태도, ⑮ 범죄피해의 회복 노력 및 정도, ⑯ 석방 후의 생활계획, ⑰ 그 밖에 수형자의 처우 및 관리에 필요한 사항 등이다(동법 시행규칙 제69조 제1항).

⑤ 부정기형의 재심사 시기는 단기형을 기준으로 한다.

무기형과 20년을 초과하는 징역형 · 금고형의 재심사의 시기를 산정하는 경우에는 그 형기를 20년으로 본다(동조 제3항). 2개 이상의 징역형 또는 금고형을 집행하는 수형자의 재심사의 시기를 산정하는 경우에는 그 형기를 합산한다. 다만, 합산한 형기가 20년을 초과하는 경우에는 그 형기를 20년으로 본다(동조 제4항).

(2) 부정기재심사

부정기재심사 사유는 다음과 같다(시행규칙 제67조)

① 분류심사에 오류가 있음이 발견된 때

② 수형자가 교정사고(교정시설에서 발생하는 화재, 수용자의 자살 · 도주 · 폭행 · 소란, 그 밖에 사람의 생명 · 신체를 해하거나 교정시설의 안전과 질서를 위태롭게 하는 사고를 말한다. 이하 같다)의 예방에 뚜렷한 공로가 있는 때

③ 수형자를 징벌하기로 의결한 때

④ 수형자가 집행유예의 실효 또는 추가사건(현재 수용의 근거가 된 사건 외의 형사사건을 말한다. 이하 같다)으로 금고이상의 형이 확정된 때

⑤ 수형자가 「기능장려법」 제11조 제2항에 따른 전국기능경기대회 입상, 기사 이상의 자격취득, 학사 이상의 학위를 취득한 때

⑥ 가석방 심사와 관련하여 필요한 때

⑦ 그 밖에 수형자의 수용 또는 처우의 조정이 필요한 때에 한다(시행규칙 제67조).

3) 재심사 완료시기 및 경비처우급의 조정

소장은 재심사를 할 때에는 그 사유가 발생한 달의 다음 달까지 완료하여야 하며, 재심사에 따라 경비처우급을 조정할 필요가 있는 경우에는 한

단계의 범위에서 조정한다. 다만, 수용 및 처우를 위하여 특히 필요한 경우에는 두 단계의 범위에서 조정할 수 있다(시행규칙 제68조 제1항~2항).[2)]

5. 분류심사 방법

먼저 소장은 분류심사를 위하여 수형자를 대상으로 상담 등을 통한 신상에 관한 개별사안의 조사, 심리 · 지능 · 적성 검사, 그 밖에 필요한 검사를 할 수 있다(법 제59조 제3항).

1) 인성검사

인성검사는 신입심사 대상자 및 그 밖에 처우상 필요한 수형자를 대상으로 한다(시행규칙 제71조). 소장은 분류심사를 위하여 외부전문가로부터 필요한 의견을 듣거나 외부전문가에게 조사를 의뢰할 수 있다(법 제59조 제4항).

2) 지능 및 적성검사

지능 및 적성검사는 신입심사 대상자로서 집행할 형기가 형집행지휘서 접수일부터 1년 이상이고 나이가 35세 이하인 경우에 한다. 다만, 직업훈련 또는 그 밖의 처우를 위하여 특히 필요한 경우에는 예외로 할 수 있다(시행규칙 제71조 제4항).

---

2) 재심사를 할 때에 조사사항은 ① 교정사고 유발 및 징벌 관련 사항, ② 제77조의 소득점수를 포함한 교정처우의 성과, ③ 교정사고 예방 등 공적 사항, ④ 추가사건 유무, ⑤ 그 밖에 재심사를 위하여 필요한 사항 등이다(동법 시행규칙 제69조 제2항).

3) 분류조사 방법

① 수용기록 확인 및 수형자와의 상담

② 수형자의 가족 등과의 면담

③ 검찰청, 경찰서, 그 밖의 관계기관에 대한 사실조회

④ 외부전문가에 대한 의견조회

⑤ 그 밖에 효율적인 분류심사를 위하여 필요하다고 인정되는 방법 등이다(시행규칙 제70조).

6. 관계기관 등에 대한 사실조회

소장은 분류심사와 그 밖에 수용목적의 달성을 위하여 필요하면 수용자의 가족 등을 면담하거나 법원·경찰관서, 그 밖의 관계기관 또는 단체(이하 '관계기관등'이라 한다)에 대하여 필요한 사실을 조회할 수 있다(법 제60조 제1항). 조회를 요청받은 관계기관 등의 장은 특별한 사정이 없으면 지체 없이 그에 관하여 회신하여야 한다(동조 제2항).

7. 분류처우위원회

1) 기 능

수형자의 개별처우계획, 가석방심사신청 대상자 선정, 그 밖에 수형자의 분류처우에 관한 중요사항을 심의·의결하기 위하여 교정시설에 분류처우위원회(이하 이 조에서 '위원회'라 한다)를 둔다(법 제62조 제1항).

2) 구 성

위원회는 위원장을 포함한 5인 이상 7인 이하의 위원으로 구성하고, 위

원장은 소장이 되며, 위원은 위원장이 소속 기관의 부소장 및 과장(지소의 경우에는 7급 이상의 교도관) 중에서 임명한다(동조 제2항). 위원회는 그 심의·의결을 위하여 외부전문가로부터 의견을 들을 수 있다(동조 제3항). 이 법에 규정된 사항 외에 위원회에 관하여 필요한 사항은 법무부령으로 정한다(동조 제4항).

Ⅵ. 처우등급

1. 기본수용급

성별·국적·나이·형기 등에 따라 수용할 시설 및 구획 등을 구별하는 기준으로 다음과 같이 구분한다(시행규칙 제73조).

1) 여성수형자
2) 외국인수형자
3) 금고형수형자
4) 19세 미만의 소년수형자
5) 23세 미만의 청년수형자
6) 65세 이상의 노인수형자
7) 형기가 10년 이상인 장기수형자
8) 정신질환 또는 장애가 있는 수형자
9) 신체질환 또는 장애가 있는 수형자

2. 경비처우급

1) 경비처우급의 종류

도주 등의 위험성에 따라 수용시설과 계호의 정도를 구별하고, 범죄성향의 진전과 개선정도, 교정성적에 따라 처우수준을 구별하는 기준은 다음과 같다(시행규칙 제74조 제1항).

① 개방처우급은 개방시설에 수용되어 가장 높은 수준의 처우가 필요한 수형자

② 완화경비처우급은 완화경비시설에 수용되어 통상적인 수준보다 높은 수준의 처우가 필요한 수형자

③ 일반경비처우급은 일반경비시설에 수용되어 통상적인 수준의 처우가 필요한 수형자

④ 중(重)경비처우급은 중(重)경비시설에 수용되어 기본적인 처우가 필요한 수형자 등이다.

2) 소득점수를 통한 경비처우급의 조정

(1) 소득점수 평가 시기

소장은 수형자의 소득점수를 평가 및 통지서에 따라 매월 평가하여야 한다. 이 경우 대상기간은 매월 초일부터 말일까지로 한다(시행규칙 78조 제1항).

(2) 소득점수 평가 방법

① 수형생활 태도(품행 · 책임감 및 협동심의 정도)에 따라 매우양호(수, 5점) · 양호(우, 4점) · 보통(미, 3점) · 개선요망(양, 2점) · 불량(가, 1점)으로 구분하여 채점한다.

② 작업 또는 교육 성적 정도와 근면성 등에 따라 매우 우수(수, 5점) · 우수(우, 4점) · 보통(미, 3점) · 노력요망(양, 2점) · 불량(가, 1점)으로 구분하

여 채점한다(시행규칙 78조 제2항).

③ 수형생활 태도 점수와 작업 또는 교육성적 점수는 제78조 제2항의 방법에 따라 채점하되, 수는 소속 작업장 또는 교육장 전체인원의 10퍼센트를 초과할 수 없고, 우는 30퍼센트를 초과할 수 없다. 다만, 작업장 또는 교육장 전체인원이 4명 이하인 경우에는 수·우를 각각 1명으로 채점할 수 있다(시행규칙 제79조 제1항).

④ 소장이 작업장 중 작업의 특성이나 난이도 등을 고려하여 필수 작업장으로 지정하는 경우 소득점수의 수는 5퍼센트 이내, 우는 10퍼센트 이내의 범위에서 각각 확대할 수 있다(시행규칙 동조 제2항).

⑤ 소장은 수형자가 부상이나 질병, 그 밖의 부득이한 사유로 작업 또는 교육을 받지 못한 경우에는 3점 이내의 범위에서 작업 또는 교육성적을 부여할 수 있다(시행규칙 동조 제3항).

(3) 소득점수에 따른 퍼센트 부여

구 분	내 용	
일반작업·교육장	수	전체 인원의 10퍼센트를 초과할 수 없다.
	우	전체인원의 30퍼센트를 초과할 수 없다.
4명 이하의 작업 및 교육장	수, 우는 각각 1명으로 채점할 수 있다(동법 시행규칙 제79조 제1항).	
필수 작업장으로 지정하는 경우	수는 5퍼센트 이내, 우는 10퍼센트 이내의 범위에서 각각 확대할 수 있다(동조 시행규칙 제2항).	
소장은 수형자가 부상이나 질병, 그 밖의 부득이한 사유로 작업 또는 교육을 받지 못한 경우	3점 이내의 범위에서 작업 또는 교육성적을 부여할 수 있다(동조 시행규칙 제3항).	

(4) 소득점수 평정을 통한 경비처우급 조정여부 판단

소장은 재심사를 하는 경우에는 그 때마다 평가한 수형자의 소득점수를 평정하여 경비처우급을 조정할 것인지를 고려하여야 한다. 다만, 부정기재심사의 소득점수 평정대상기간은 사유가 발생한 달까지로 한다(시행규칙 제80조 제1항). 소득점수를 평정하는 경우에는 평정 대상기간 동안 매월 평가된 소득점수를 합산하여 평정 대상기간의 개월 수로 나누어 얻은 점수로 한다(시행규칙 동조 제2항).

3. 개별처우급

수형자의 개별적인 특성에 따라 중점처우의 내용을 구별하는 기준으로 ① 직업훈련, ② 학과교육, ③ 생활지도, ④ 작업지도, ⑤ 운영지원작업, ⑥ 의료처우, ⑦ 자치처우, ⑧ 개방처우, ⑨ 집중처우 등이 있다(시행규칙 제76조).

Ⅶ. 교육과 교화프로그램

1. 수형자 특성을 고려한 맞춤식 교육

소장은 수형자가 건전한 사회복귀에 필요한 지식과 소양을 습득하도록 교육할 수 있다(법 제63조 제1항). 소장은 「교육기본법」 제8조의 의무교육을 받지 못한 수형자에 대하여는 본인의 의사 · 나이 · 지식정도, 그 밖의 사정을 고려하여 그에 알맞게 교육하여야 한다(동조 제2항). 소장은 교육을 위하여 필요하면 수형자를 외부의 교육기관에 통학하게 하거나 위탁하여 교육받게 할 수 있다(동조 제3항). 교육과정 · 외부통학 · 위탁교육 등에 관하여 필요한 사항은 법무부령으로 정한다(동조 제4항).

1) 교육관리의 기본원칙

① 소장은 교육대상자를 소속기관(소장이 관할하고 있는 교정시설을 말한다. 이하 같다)에서 선발하여 교육한다. 다만, 소속기관에서 교육대상자를 선발하기 어려운 경우에는 다른 기관에서 추천한 사람을 모집하여 교육할 수 있다(시행규칙 제101조 제1항).

② 소장은 교육대상자의 성적불량, 학업태만 등으로 인하여 교육의 목적을 달성하기 어려운 경우에는 그 선발을 취소할 수 있다(동조 제2항).

③ 소장은 교육대상자 및 시험응시 희망자의 학습능력을 평가하기 위하여 자체 평가시험을 실시할 수 있다(동조 제3항).

④ 소장은 교육의 효과를 거두지 못하였다고 인정하는 교육대상자에 대하여 다시 교육할 수 있다(동조 제4항).

⑤ 소장은 기관의 교육전문인력, 교육시설, 교육대상인원 등의 사정을 고려하여 단계별 교육과 자격취득 목표를 설정할 수 있으며, 자격취득·대회입상 등을 하면 처우에 반영할 수 있다(동조 제5항).

2) 교육 대상자 준수 기본원칙

① 교육대상자는 교육의 시행에 관한 관계법령, 학칙 및 교육관리지침을 성실히 준수하여야 한다(시행규칙 제102조 제1항).

② 제110조부터 제113조까지[3]의 규정에 따른 교육을 실시하는 경우 소요되는 비용은 특별한 사정이 없으면 교육대상자의 부담으로 한다(동조 제2항).

③ 교육대상자로 선발된 자는 소장에게 다음의 선서를 하고 서약서를 제출하여야 한다(동조 제3항).

"나는 교육대상자로서 긍지를 가지고 제반규정을 준수하며, 교정시설 내 교육을 성실히 이수할 것을 선서합니다."

3) ① 독학에 의한 학위 취득과정(110조), ② 방송통신대학과정(111조), ③ 전문대학 위탁교육과정(112조), ④ 정보화 및 외국어 교육과정(113조).

3) 교육대상자 선발

① 소장은 각 교육과정의 선정 요건과 수형자의 나이, 학력, 교정성적, 자체 평가시험 성적, 정신자세, 성실성, 교육계획과 시설의 규모, 교육대상 인원 등을 고려하여 교육대상자를 선발하거나 추천하여야 한다(시행규칙 제103조 제1항).

② 소장은 정당한 이유 없이 교육을 기피한 사실이 있거나 자퇴(제적을 포함한다)한 사실이 있는 수형자는 교육대상자로 선발하거나 추천하지 아니할 수 있다(동조 제2항).

4) 교육대상자 관리

① 학과교육대상자의 과정수료 단위는 학년으로 하되, 학기의 구분은 국공립학교의 학기에 준한다. 다만, 독학에 의한 교육은 수업 일수의 제한을 받지 아니한다(시행규칙 제104조 제1항).

② 소장은 교육을 위하여 필요한 경우에는 외부강사를 초빙할 수 있으며, 카세트 또는 재생전용기기의 사용을 허용할 수 있다(동조 제2항).

③ 소장은 교육의 실효성을 확보하기 위하여 교육실을 설치 · 관리하여야 하며, 교육목적을 위하여 필요한 경우 신체장애를 보완하는 교육용 물품의 사용을 허가하거나 예산의 범위에서 학용품과 응시료를 지원할 수 있다(동조 제3항).

5) 교육의 취소

소장은 교육대상자가 다음에 해당하는 경우에는 교육대상자 선발을 취소할 수 있다(시행규칙 제105조 제1항).

① 각 교육과정의 관계법령, 학칙, 교육관리지침 등을 위반한 때

② 학습의욕이 부족하여 구두경고를 하였는데도 개선될 여지가 없거나

수학능력이 현저히 부족하다고 판단되는 때

③ 징벌을 받고 교육 부적격자로 판단되는 때

소장은 교육대상자에게 질병, 부상, 그 밖의 부득이한 사정이 있는 경우에는 교육과정을 일시 중지할 수 있다(동조 제3항).

6) 교육대상사의 이송

① 소장은 특별한 사유가 없으면 교육기간 동안에 교육대상자를 다른 기관으로 이송할 수 없다(시행규칙 제106조 제1항).

② 교육대상자의 선발이 취소되거나 교육대상자가 교육을 수료하였을 때에는 선발 당시 소속기관으로 이송한다. 다만, 각 호[4]의 어느 하나에 해당하는 경우에는 소속기관으로 이송하지 아니하거나 다른 기관으로 이송할 수 있다(동조 제2항).

7) 교육대상자 작업 면제

① 교육대상자에게는 작업·직업훈련 등을 면제한다(시행규칙 제107조 제1항).

② 작업·직업훈련 수형자 등도 독학으로 검정고시·학사고시 등에 응시하게 할 수 있다. 이 경우 자체 평가시험 성적과 수형생활태도 등을 고려하여야 한다(동조 제2항).

8) 수형자 교육인원 현황

수형자 교육인원 현황을 살펴보면 일반학과교육은 고등과, 중등과, 초등

---

4) ① 1호: 집행할 형기가 이송 사유가 발생한 날부터 3개월 이내인 때, ② 2호: 교육대상자 선발이 취소된 때, ③ 3호: 소속기관으로의 이송이 부적당하다고 인정되는 특별한 사유가 있는 때

과 순으로 나타나고 있으며, 학사고시반, 방송통신대학, 전문대학 위탁과정, 방송통신고등학교 순으로 나타났다.

〈표 17〉 수형자 교육인원 현황

단위 : 명

구분	총계	일반학과교육(검정고시반)				방송통신고등학교과정	방송통신대학과정	전문대학위탁과정	학사고시반교육
		계	초등과	중등과	고등과				
2013	1,140 (100%)	785 (68.9%)	47 (4.1%)	228 (22.0%)	510 (44.8%)	54 (4.7%)	79 (6.9%)	41 (3.6%)	181 (15.9%)
2014	1,110 (100%)	720 (64.9%)	34 (3.1%)	188 (16.9%)	498 (44.9%)	78 (7.0%)	93 (8.4%)	44 (3.9%)	175 (15.8%)
2015	898 (100%)	609 (67.8%)	34 (3.8%)	147 (16.4%)	428 (47.6%)	28 (3.1%)	75 (8.4%)	47 (5.2%)	139 (15.5%)
2016	939 (100%)	556 (59.2%)	19 (2.0%)	126 (13.4%)	411 (43.8%)	22 (2.3%)	90 (9.6%)	47 (5.0%)	224 (23.9%)
2017	1,103 (100%)	616 (55.8%)	22 (2.0%)	150 (13.6%)	444 (40.3%)	21 (1.9%)	88 (8.0%)	44 (4.0%)	334 (30.3%)

출처 : 2018 교정통계연보

9) 교육과정 설치 및 운영 규정

(1) 검정고시반 설치 및 운영

① 소장은 매년 초 각 호[5]의 시험을 준비하는 수형자를 대상으로 검정

5) ① 1호: 중학교 입학자격 검정고시, ② 2호: 고등학교 입학자격 검정고시, ③ 3호: 고등학교 졸업학력 검정고시

고시반을 설치 · 운영할 수 있다(시행규칙 제108조 제1항).

② 소장은 교육기간 중에 검정고시에 합격한 교육대상자에 대하여는 해당 교육과정을 조기 수료시키거나 상위 교육과정에 임시 편성시킬 수 있다(동조 제2항).

③ 소장은 고등학교 졸업 또는 이와 동등한 수준 이상의 학력이 인정되는 수형자를 대상으로 대학입학시험 준비반을 편성 · 운영할 수 있다(동조 제3항).

(2) 방송통신고등학교 설치 및 운영

① 소장은 수형자에게 고등학교 과정의 교육기회를 부여하기 위하여 「초 · 중등교육법」 제51조에 따른 방송통신고등학교 교육과정을 설치 · 운영할 수 있다(시행규칙 제109조 제1항).

② 소장은 중학교 졸업 또는 이와 동등한 수준 이상의 학력이 인정되는 수형자가 방송통신고등학교 교육과정을 지원하여 합격한 경우에는 교육대상자로 선발할 수 있다(동조 제2항).

③ 소장은 방송통신고등학교 교육과정의 입학금, 수업료, 교과용 도서 구입비 등 교육에 필요한 비용을 예산의 범위에서 지원할 수 있다(동조 제3항).

(3) 독학에 의한 학위취득 과정 설치 및 운영

① 소장은 수형자에게 학위취득 기회를 부여하기 위하여 독학에 의한 학사학위 취득과정(이하 '학사고시반 교육'이라 한다)을 설치 · 운영할 수 있다(시행규칙 제110조 제1항).

② 소장은 다음 각 호[6]의 요건을 갖춘 수형자가 학사고시반 교육을 신청하는 경우에는 교육대상자로 선발할 수 있다(동조 제2항).

---

6) 1호: 고등학교 졸업 또는 이와 동등한 수준 이상의 학력이 인정될 것, 2호: 교육개시일을 기준으로 형기의 3분의 1(21년 이상의 유기형 또는 무기형의 경우에는 7년)이 지났을 것, 3호: 집행할 형기가 2년 이상일 것

(4) 방송통신대학교 설치 및 운영

① 소장은 대학 과정의 교육기회를 부여하기 위하여 「고등교육법」 제2조에 따른 방송통신대학 교육과정을 설치·운영할 수 있다(시행규칙 제111조 제1항).

② 소장은 제110조 제2항 각 호[7]의 요건을 갖춘 개방처우급·완화경비처우급·일반경비처우급 수형자가 방송통신대학 교육과정에 지원하여 합격한 경우에는 교육대상자로 선발할 수 있다(동조 제2항).

(5) 전문대학 위탁 교육과정 설치 및 운영

① 소장은 전문대학과정의 교육기회를 부여하기 위하여 「고등교육법」 제2조에 따른 전문대학 위탁교육과정을 설치·운영할 수 있다(시행규칙 제112조 제2항).

② 소장은 제110조 제2항 각 호의 요건을 갖춘 개방처우급·완화경비처우급·일반경비처우급 수형자가 전문대학 위탁교육과정에 지원하여 합격한 경우에는 교육대상자로 선발할 수 있다(동조 제2항).

③ 전문대학 위탁교육과정의 교과과정, 시험응시 및 학위취득에 관한 세부사항은 위탁자와 수탁자 간의 협약에 따른다(동조 제3항).

(6) 정보화 및 외국어 교육과정 설치 및 운영

① 소장은 수형자에게 지식정보사회에 적응할 수 있는 교육기회를 부여하기 위하여 정보화 교육과정을 설치·운영할 수 있다(시행규칙 제113조 제1항).

② 소장은 개방처우급·완화경비처우급·일반경비처우급 수형자에게 다

---

7) 1호: 고등학교 졸업 또는 이와 동등한 수준 이상의 학력이 인정될 것, 2호: 교육개시일을 기준으로 형기의 3분의 1(21년 이상의 유기형 또는 무기형의 경우에는 7년)이 지났을 것, 3호: 집행할 형기가 2년 이상일 것

문화 시대에 대처할 수 있는 교육기회를 부여하기 위하여 외국어 교육과정을 설치·운영할 수 있다(동조 제2항).[8] 2018 교정통계연보에 따르면 2012년 기준 외국어를 교육하고 있는 교도소는 5개소였는데, 목포교도소는 2013년에 중국어 강좌가 폐지되었으며, 의정부교도소는 영어, 일어가 2016년에 폐지되었다.

③ 소장은 외국어 교육대상자가 교육실 외에서의 어학학습장비를 이용한 외국어학습을 원하는 경우에는 계호 수준, 독거 여부, 교육 정도 등에 대한 교도관회의(「교도관 직무규칙」 제21조에 따른 교도관회의를 말한다. 이하 같다)의 심의를 거쳐 허가할 수 있다(동조 제3항).

④ 소장은 이 규칙에서 정한 교육과정 외에도 법무부장관이 수형자로 하여금 건전한 사회복귀에 필요한 지식과 소양을 습득하게 하기 위하여 정하는 교육과정을 설치·운영할 수 있다(동조 제4항).

2. 교정교화 프로그램

소장은 수형자의 교정교화를 위하여 상담·심리치료, 그 밖의 교화프로그램을 실시하여야 한다(법 64조 제1항). 현재 교정시설에서 실시되고 있는 상담의 방식은 상담사가 직접 교정시설에 방문하여 일정기간 실시하는 것이다. 이런 방식에 국한하게 되면 수용자가 상담을 필요로 할 때, 실시

8) 수형자 외국어 교육 수료 현황

구분	계	의정부교도소		여주교도소	폭포교도소	영월교도소
		영어	일어	중국어		
2013	74	22	19	14	-	19
2014	80	21	21	22	-	16
2015	75	18	18	22	-	17
2016	35	-	-	20	-	15
2017	16	-	-	-	-	16

될 수 없는 한계가 있다. 이를 해소시킬 수 있는 방안으로 스마트 폰을 이용한 화상상담을 실시하는 것이다. 즉, 외부 상담사가 교정시설에 가지 않고 PC나 I-Pad, 스마트 폰을 이용하여 교정시설 피상담자와 화상으로 상담을 실시하는 것이다. 화상상담의 실시방법은 상담사가 상담실에 있을 경우에는 PC나 I-Pad 등을 이용하고, 만약 외부에 있을 경우에는 스마트 폰으로 화상상담을 실시하는 것이다. 또 다른 방법으로 교정시설 간 네트워크를 구축하여 정신보건센터가 구축된 교정시설을 주축으로 정신과 전문의를 통해 화상으로 상담을 실시하는 것이다.[9)]

교화프로그램의 종류·내용 등에 관하여 필요한 사항은 법무부령으로 정한다(동조 제2항). 교화프로그램에는 문화프로그램, 문제행동예방프로그램, 가족관계회복프로그램, 교화상담, 그 밖에 법무부장관이 정하는 교화프로그램 등이 있다(시행규칙 제114조 제1항).

1) 교화프로그램의 유형

(1) 문화프로그램

소장은 수형자의 인성 함양, 자아존중감 회복 등을 위하여 음악, 미술, 독서 등 문화예술과 관련된 다양한 프로그램을 도입하거나 개발하여 운영할 수 있다(시행규칙 제115조).

(2) 문제행동예방프로그램

소장은 수형자의 죄명, 죄질 등을 구분하여 그에 따른 심리측정·평가·진단·치료 등의 문제행동예방프로그램을 도입하거나 개발하여 실시할 수 있다(시행규칙 제116조).

9) 이동임, "교정시설 내 스마트 폰을 이용한 화상의료 및 화상상담에 관한 연구", 교정복지연구 제42호, 2016, 11~14면.

(3) 가족관계회복프로그램

① 소장은 수형자와 그 가족의 관계를 유지·회복하기 위하여 수형자의 가족이 참여하는 각종 프로그램을 운영할 수 있다. 다만, 가족이 없는 수형자의 경우 교화를 위하여 필요하면 결연을 맺었거나 그 밖에 가족에 준하는 사람의 참여를 허가할 수 있다(시행규칙 제117조 제1항).

② 대상 수형자는 교도관회의의 심의를 거쳐 선발하고, 교정시설 안에서 실시하며, 참여인원은 5명 이내의 가족으로 한다. 다만, 특히 필요하다고 인정하는 경우에는 참여인원을 늘릴 수 있다(동조 제2항).

(4) 교화상담

① 소장은 수형자의 건전한 가치관 형성, 정서안정, 고충해소 등을 위하여 교화상담을 실시할 수 있다(시행규칙 제118조 제1항).

② 소장은 교화상담을 위하여 교도관이나 제33조[10]의 교정참여인사를 교화상담자로 지정할 수 있으며, 수형자의 안정을 위하여 결연을 주선할 수 있다(동조 제2항).

2) 교화프로그램의 운영방법

① 소장은 교화프로그램을 운영하는 경우 약물중독·정신질환·신체장애·건강·성별·나이 등 수형자의 개별 특성을 고려하여야 하며, 프로그램의 성격 및 시설 규모와 인원을 고려하여 이송 등의 적절한 조치를 할 수 있다(시행규칙 제119조 제1항).

② 소장은 교화프로그램을 운영하기 위하여 수형자의 정서적인 안정이 보장될 수 있는 장소를 따로 정하거나 방송설비 및 방송기기를 이용할 수

10) 소장은 수용자가 종교상담을 신청하거나 수용자에게 종교상담이 필요한 경우에는 해당 종교를 신봉하는 교도관 또는 교정참여인사(법 제130조의 교정위원, 그 밖에 교정행정에 참여하는 사회 각 분야의 사람 중 학식과 경험이 풍부한 자를 말한다)로 하여금 상담하게 할 수 있다.

있다(동조 제2항).

③ 소장은 교정정보시스템(교정시설에서 통합적으로 정보를 관리하는 시스템을 말한다)에 교화프로그램의 주요 진행내용을 기록하여 수형자 처우에 활용하여야 하며, 상담내용 등 개인정보가 유출되지 아니하도록 하여야 한다(동조 제3항).

Ⅷ. 작업과 직업훈련

1. 작업부과 시 고려사항

1) 수형자에게 부과하는 작업은 건전한 사회복귀를 위하여 기술을 습득하고 근로의욕을 고취하는 데에 적합한 것이어야 한다(법 제65조 제1항).

2) 소장은 수형자에게 작업을 부과하려면 나이 · 형기 · 건강상태 · 기술 · 성격 · 취미 · 경력 · 장래생계, 그 밖의 수형자의 사정을 고려하여야 한다(동조 제2항).

3) 수형자는 자신에게 부과된 작업과 그 밖의 노역을 수행하여야 할 의무가 있다(법 제66조 제1항).

4) 소장은 수형자에게 작업을 부과하는 경우에는 작업의 종류 및 작업과정을 정하여 고지하여야 하며, 작업과정은 작업성적, 작업시간, 작업의 난이도 및 숙련도를 고려하여 정한다. 작업과정을 정하기 어려운 경우에는 작업시간을 작업과정으로 본다(시행령 제91조 제1~2항). 소장은 교도관에게 매일 수형자의 작업실적을 확인하게 하여야 한다(법 제92조).

5) 소장은 19세 미만의 수형자에게 작업을 부과하는 경우에는 정신적 · 신체적 성숙 정도, 교육적 효과 등을 고려하여야 한다(시행령 제90조).

2. 신청에 따른 작업부과 및 취소

소장은 금고형 또는 구류형의 집행 중에 있는 사람에 대하여는 신청에 따라 작업을 부과할 수 있다(법 제67조 제1항). 신청에 따른 작업이 부과된 수형자가 작업의 취소를 요청하는 경우에는 그 수형자의 의사(意思), 건강 및 교도관의 의견 등을 고려하여 작업을 취소할 수 있다(시행령 제93조). 즉, 신청에 따른 작업이 부과된 경우에 수형자가 그 작업을 취소하고자 할 경우 바로 취소되는 것이 아니라 종합적인 고려를 통해 취소할 수 있는 것이다.

3. 외부 통근 작업

소장은 수형자의 건전한 사회복귀와 기술 습득을 촉진하기 위하여 필요하면 외부기업체 등에 통근 작업하게 하거나 교정시설의 안에 설치된 외부기업체의 작업장에서 작업하게 할 수 있다(법 제68조 제1항). 외부 통근 작업 대상자의 선정기준 등에 관하여 필요한 사항은 법무부령으로 정한다(동조 제2항).

1) 선정기준

① 18세 이상 65세 미만일 것

② 해당 작업 수행에 건강상 장애가 없을 것

③ 개방처우급 · 완화경비처우급 · 일반경비처우급에 해당할 것

④ 가족 · 친지 또는 법 제130조의 교정위원(이하 '교정위원'이라 한다) 등과 접견 · 서신수수 · 전화통화 등으로 연락하고 있을 것

⑤ 집행할 형기가 7년 미만이고 가석방이 제한되지 아니할 것 등이다(시행규칙 제120조 제1항).

교정시설 안에 설치된 외부기업체의 작업장에 통근하며 작업하는 수형자는 제1항 제1호부터 제4호까지[11]의 요건을 갖춘 수형자로서 집행할 형기가 10년 미만이거나 형기기산일부터 10년 이상이 지난 수형자 중에서 선정한다(동조 제2항).

소장은 제1항 및 제2항에도 불구하고 작업 부과 또는 교화를 위하여 특히 필요하다고 인정하는 경우에는 제1항의 수형자 외의 수형자에 대하여도 외부통근자로 선정할 수 있다(동조 제3항).

2) 선정의 취소

소장은 외부통근자가 법령에 위반되는 행위를 하거나 법무부장관 또는 소장이 정하는 준수사항을 위반한 경우에는 외부통근자 선정을 취소할 수 있다(시행규칙 제121조).

3) 외부통근작업 및 개방지역작업현황

2017년 기준 외부통근 및 개방지역작업 현황을 살펴보면 연 작업인원은 311,081명이며, 작업을 통한 세입액은 8,455,982,000원이며, 작업장려금으로 지급한 금액은 4,160,891,000원이다. 세입액의 약 49.2%가 작업장려금으로 지출되고 있는 실정이다. 이는 수형자로 하여금 작업을 고취시키고, 이를 통해 기술을 습득하며, 출소 후 취업으로 이어지게 하는 데 많은 도움이 되고 있다.

11) 1호: 18세 이상 65세 미만일 것, 2호: 해당 작업 수행에 건강상 장애가 없을 것, 3호: 개방처우급 · 완화경비처우급 · 일반경비처우급에 해당할 것, 4호: 가족 · 친지 또는 법 제130조의 교정위원(이하 '교정위원'이라 한다) 등과 접견 · 서신수수 · 전화통화 등으로 연락하고 있을 것

〈표 18〉 외부통근 및 개방지역작업현황 단위 : 명, 천원

구 분	2013	2014	2015	2016	2017
연인원	327,987	269,546	304,810	312,488	311,081
세입액	7,020,329	7,217,417	7,913,519	8,330,245	8,455,982
작업장려금	3,486,886	3,740,391	4,470,057	4,441,067	4,160,891

출처 : 2018 교정통계연보

4) 외부통근자 교육

소장은 외부통근자로 선정된 수형자에 대하여는 자치활동·행동수칙·안전수칙·작업기술 및 현장적응훈련에 대한 교육을 하여야 한다(시행규칙 제122조).

5) 자치활동

소장은 외부통근자의 사회적응능력을 기르고 원활한 사회복귀를 촉진하기 위하여 필요하다고 인정하는 경우에는 수형자 자치에 의한 활동을 허가할 수 있다(시행규칙 제123조).

4. 직업능력개발훈련

1) 소장은 수형자의 건전한 사회복귀를 위하여 기술 습득 및 향상을 위한 직업능력개발훈련(이하 "직업훈련"이라 한다)을 실시할 수 있다(법 제69조 제1항).

2) 소장은 수형자의 직업훈련을 위하여 필요하면 외부의 기관 또는 단체에서 훈련을 받게 할 수 있다(동조 제2항).

3) 직업훈련 대상자의 선정기준 등에 관하여 필요한 사항은 법무부령으로 정한다(동조 제3항).

5. 집중근로에 따른 처우

'집중적인 근로가 필요한 작업'이란 수형자의 신청에 따라 1일 작업시간 중 접견·전화통화·교육 및 공동행사 참가 등을 하지 아니하고 휴게시간을 제외한 작업시간 내내 하는 작업을 말한다(시행령 제95조).

소장은 수형자의 신청에 따라 외부통근작업, 직업훈련, 그 밖에 집중적인 근로가 필요한 작업을 부과하는 경우에는 접견·전화통화·교육·공동행사 참가 등의 처우를 제한할 수 있다. 다만, 접견 또는 전화통화를 제한한 때에는 휴일이나 그 밖에 해당 수용자의 작업이 없는 날에 접견 또는 전화통화를 할 수 있게 하여야 한다(법 제69조 제1항). 소장은 작업을 부과하거나 훈련을 받게 하기 전에 수형자에게 제한되는 처우의 내용을 충분히 설명하여야 한다(동조 제2항).

6. 휴일의 작업

공휴일·토요일과 그 밖의 휴일에는 작업을 부과하지 아니한다. 여기서 그 밖의 휴일은 12월 31일, 「각종 기념일 등에 관한 규정」에 따른 교정의 날 및 소장이 특히 지정하는 날을 말한다(시행령 제96조). 다만, 취사·청소·간호, 그 밖에 특히 필요한 작업은 예외로 한다(법 제71조 제1항).

7. 작업실적확인

소장은 교도관에게 매일 수형자의 작업실적을 확인하게 하여야 한다(시행령 제92조). 작업실적에 대한 확인은 너무 소극적으로 작업에 임하는 것을 배제시켜 생산성을 높이고 사회에 복귀했을 때 나태함을 방지하고자 함이다.

8. 작업의 면제

1) 소장은 수형자의 가족 또는 배우자의 직계존속이 사망하면 2일간, 부모 또는 배우자의 기일을 맞이하면 1일간 해당 수형자의 작업을 면제한다. 다만, 수형자가 작업을 계속하기를 원하는 경우는 예외로 한다(법 제72조 제1항).

2) 소장은 수형자에게 부상·질병, 그 밖에 작업을 계속하기 어려운 특별한 사정이 있으면 그 사유가 해소될 때까지 작업을 면제할 수 있다(동조 제2항). 작업을 면제하는 규정을 둔 이유는 부모나 가족의 사망으로 슬픔에 젖어 작업을 하다가 상대적으로 부상을 입을 가능성이 높기 때문이다. 또한 부상이나 질병이 있음에도 불구하고 작업을 부과한다면 수형자의 작업능률이 저하될 뿐만 아니라, 고통 속에서 일을 한다면 기본권이 침해될 수 있기 때문이다.

9. 작업수입

1) 국고수입

작업수입은 국고수입으로 한다(법 제73조 제1항). 이렇게 국고수입으로 해야 하는 이유는 수용자에 대한 의·식·주를 국민의 세금으로 충당하는 만큼 이에 상응하는 재정적 도움이 필요하기 때문이다.

2) 작업장려금 지급

① 소장은 수형자의 근로의욕을 고취하고 건전한 사회복귀를 지원하기 위하여 법무부장관이 정하는 바에 따라 작업의 종류, 작업성적, 교정성적, 그 밖의 사정을 고려하여 수형자에게 작업장려금을 지급할 수 있다(동조 제2항).

② 작업장려금은 석방할 때에 본인에게 지급한다. 다만, 본인의 가족생활 부조, 교화 또는 건전한 사회복귀를 위하여 특히 필요하면 석방 전이라도 그 전부 또는 일부를 지급할 수 있다(동조 제3항).

〈표 19〉 작업장려금 지급 현황

연도	2013	2014	2015	2016	2017
지급액(천원)	14,901,986	17,798,954	20,231,129	20,853,628	19,882,229
지급연인원(명)	5,022,670	4,435,528	5,634,098	5,615,637	5,874,204
1인당 1일 평균(원)	2,967	4,013	3,591	3,713	3,385

출처 : 2018 법무연감

10. 위로금 · 조위금

소장은 수형자가 ① 작업 또는 직업훈련으로 인한 부상 또는 질병으로 신체장해가 발생한 때, ② 작업 또는 직업훈련 중에 사망하거나 그로 인하여 사망한 때에는 법무부장관이 정하는 바에 따라 위로금 또는 조위금을 지급한다(법 제74조 제1항). 위로금은 석방할 때에 본인에게 지급하고, 조위금은 그 상속인에게 지급한다(동조 제2항).

11. 다른 보상 · 배상과의 관계

위로금 또는 조위금을 지급받을 사람이 국가로부터 동일한 사유로 「민법」 이나 그 밖의 법령에 따라 위로금 또는 조위금에 상당하는 금액을 지급받은 경우에는 그 금액을 위로금 또는 조위금으로 지급하지 아니한다(동법 제75조). 위로금 또는 조위금을 지급받을 권리는 다른 사람 또는 법인에게 양도하거나 담보로 제공할 수 없으며, 다른 사람 또는 법인은 이를 압류할 수 없다(동법 제76조 제1항). 지급받은 금전을 표준으로 하여 조세와 그 밖의 공과금(公課金)을 부과하여서는 아니 된다(동조 제2항).

12. 직업훈련

1) 외부 직업훈련

① 소장은 수형자가 개방처우급 또는 완화경비처우급으로서 직업능력 향상을 위하여 특히 필요한 경우에는 교정시설 외부의 공공기관 또는 기업체 등에서 운영하는 직업훈련을 받게 할 수 있다(시행규칙 제96조 제1항).

② 직업훈련의 비용은 수형자가 부담한다. 다만, 처우상 특히 필요한 경우에는 예산의 범위에서 그 비용을 지원할 수 있다(동조 제2항).

2) 직업훈련 직종선정

① 직업훈련 직종 선정 및 훈련과정별 인원은 법무부장관의 승인을 받아 소장이 정한다(시행규칙 제124조 제1항).

② 직업훈련 대상자는 소속기관의 수형자 중에서 소장이 선정한다. 다만, 집체직업훈련(직업훈련 전담 교정시설이나 그 밖에 직업훈련을 실시하

기에 적합한 교정시설에 수용하여 실시하는 훈련을 말한다) 대상자는 집체직업훈련을 실시하는 교정시설의 관할 지방교정청장이 선정한다(동조 제2항).

3) 직업훈련 대상자 선정기준

① 소장은 수형자가 다음 각 호[12]의 요건을 갖춘 경우에는 수형자의 의사, 적성, 나이, 학력 등을 고려하여 직업훈련 대상자로 선정할 수 있다(시행규칙 제125조 제1항).

② 소장은 소년수형자의 선도(善導)를 위하여 필요한 경우에는 제1항의 요건을 갖추지 못한 경우에도 직업훈련 대상자로 선정하여 교육할 수 있다(동조 제2항).

4) 직업훈련대상자 선정 제한

① 15세 미만인 경우

② 교육과정을 수행할 문자해독능력 및 강의 이해능력이 부족한 경우

③ 징벌대상행위의 혐의가 있어 조사 중이거나 징벌집행 중인 경우

④ 작업, 교육·교화프로그램 시행으로 인하여 직업훈련의 실시가 곤란하다고 인정되는 경우

⑤ 질병·신체조건 등으로 인하여 직업훈련을 감당할 수 없다고 인정되는 경우 등이다(시행규칙 제126조).

12) 1호: 집행할 형기 중에 해당 훈련과정을 이수할 수 있을 것(기술숙련과정 집체직업훈련 대상자는 제외한다), 2호: 직업훈련에 필요한 기본소양을 갖추었다고 인정될 것, 3호: 해당 과정의 기술이 없거나 재훈련을 희망할 것, 4호: 석방 후 관련 직종에 취업할 의사가 있을 것

5) 직업훈련 대상자 이송

① 법무부장관은 직업훈련을 위하여 필요한 경우에는 수형자를 다른 교정시설로 이송할 수 있다(시행규칙 제127조 제1항).

② 소장은 이송된 수형자나 직업훈련 중인 수형자를 다른 교정시설로 이송해서는 아니 된다. 다만, 훈련취소 등 특별한 사유가 있는 경우에는 그러하지 아니하다(동조 제2항).

6) 직업훈련의 보류 및 취소

(1) 작업훈련의 보류

① 징벌대상행위의 혐의가 있어 조사를 받게 된 경우

② 심신이 허약하거나 질병 등으로 훈련을 감당할 수 없는 경우

③ 소질 · 적성 · 훈련성적 등을 종합적으로 고려한 결과 직업훈련을 계속할 수 없다고 인정되는 경우

④ 그 밖에 직업훈련을 계속할 수 없다고 인정되는 경우 등이다(시행규칙 제128조 제1항).

(2) 직업훈련의 취소

소장은 직업훈련이 보류된 수형자가 그 사유가 소멸되면 본래의 과정에 복귀시켜 훈련시켜야 한다. 다만, 본래 과정으로 복귀하는 것이 부적당하다고 인정하는 경우에는 해당 훈련을 취소할 수 있다(시행규칙 제128조 제2항).

제 2 장 귀휴제도

Ⅰ. 귀휴의 의의

귀휴제도는 사회적 처우의 하나로 시설 내 처우를 통한 폐해를 최소화하기 위해 만든 제도로서 수형자의 신뢰를 바탕으로 모범수형자에 대하여 일정한 사유가 있으면 일정기간 사회로 출소했다가 교정시설로 다시 복귀하는 것을 말한다. 장기수형자가 출소를 앞두고 사회적응력을 향상시키기 위해서는 반드시 귀휴제도를 통해 직접적인 사회경험을 하는 것이 중요하다. 사회부적응은 재범의 유혹에서 벗어날 수 없어 또 다시 범죄를 행하는 결과가 초래될 수 있다.

귀휴제도는 국민정서에 반할 수 있지만 그렇다고 교정시설에 가두어 자유를 억제하는 것만으로 수형자를 재사회화시키는 데에는 한계가 있을 수밖에 없다. 그러므로 귀휴제도를 활성화 하더라도 국민감정이 악화되지 않도록 홍보를 강화할 필요가 있다.

귀휴를 통한 가족과 많은 시간을 보낼 수 있다면 가족관계회복에도 많은 도움이 될 수 있을 것이다. 실제 가족과의 만남은 가족관계회복에 긍정적인 영향을 미친다는 선행연구 결과가 있다.[13]

13) 김병수, "가족접견제도의 개별화 : 가족만남의 집을 중심으로", 형사정책연구 제90호, 한국형사정책연구원, 2012, 85~88면; Kathryn S., "Children's experiences of contact with imprisoned parents: A comparison between four European countries", *European Journal of Criminology* Vol.11, No.6, 2014, p.771; Flynn, C., "Getting there and being there: Visits to prisons in Victoria the experiences of women prisoners and their children", *Probation Journal* Vol.61, No.2, 2014, pp.187~188.

Ⅱ. 귀휴의 종류

1. 일반귀휴

소장은 6개월 이상 복역한 수형자로서 그 형기의 3분의 1(21년 이상의 유기형 또는 무기형의 경우에는 7년)[14)]이 지나고 교정성적이 우수한 사람이 가 있는 때에 해당하면 1년 중 20일 이내의 귀휴를 허가할 수 있다(법 제77조 제1항).[15)]

1) 가족 또는 배우자의 직계존속이 위독한 때

2) 질병이나 사고로 외부의료시설에의 입원이 필요한 때

3) 천재지변이나 그 밖의 재해로 가족, 배우자의 직계존속 또는 수형자 본인에게 회복할 수 없는 중대한 재산상의 손해가 발생하였거나 발생할 우려가 있는 때

4) 그 밖에 교화 또는 건전한 사회복귀를 위하여 법무부령으로 정하는 사유[16)]

2. 특별귀휴

소장은 ① 가족 또는 배우자의 직계존속이 사망한 때, ② 직계비속의 혼례가 있는 때에 해당하는 사유가 있는 수형자에 대하여는 5일 이내의

---

14) 형기를 계산할 때 부정기형은 단기를 기준으로 한다(시행규칙 제130조 제1항).

15) 1년 중 20일 이내의 귀휴에 있어 1년이란 매년 1월 1일부터 12월 31일까지를 말한다(시행규칙 제130조).

16) ❶직계존속, 배우자, 배우자의 직계존속 또는 본인의 회갑일이나 고희일인 때, ❷본인 또는 형제자매의 혼례가 있는 때, ❸직계비속이 입대하거나 해외유학을 위하여 출국하게 된 때, ❹직업훈련을 위하여 필요한 때, ❺「기능장려법」 제11조제2항에 따른 국내기능경기대회의 준비 및 참가를 위하여 필요한 때, ❻출소 전 취업 또는 창업 등 사회복귀 준비를 위하여 필요한 때, ❼입학식·졸업식 또는 시상식에 참석하기 위하여 필요한 때, ❽출석수업을 위하여 필요한 때, ❾각종 시험에 응시하기 위하여 필요한 때, ❿그 밖에 가족과의 유대강화 또는 사회적응능력 향상을 위하여 특히 필요한 때 등이다(시행규칙 제129조 제3항).

특별귀휴를 허가할 수 있다(법 제77조 제2항).

소장은 귀휴를 허가하는 경우에 법무부령으로 정하는 바에 따라 거소의 제한이나 그 밖에 필요한 조건을 붙일 수 있으며(동조 제3항), 귀휴기간은 형 집행기간에 포함한다(동조 제4항).

3. 최근 5년간 귀휴인원 현황

〈표 20〉 귀휴 현황 단위 : 명

연 도	2013	2014	2015	2016	2017
귀 휴	1,282	1,356	999	1,084	1,142

출처 : 법무부 2018 법무연감

소장은 귀휴를 허가하는 경우에는 귀휴심사위원회의 심사를 거쳐야 하고, 개방처우급·완화경비처우급 수형자에게 귀휴를 허가할 수 있다. 다만, 교화 또는 사회복귀 준비 등을 위하여 특히 필요한 경우에는 일반경비처우급 수형자에게도 이를 허가할 수 있다(시행규칙 제129조 제1항~2항).

4. 귀휴 활성화 방안

귀휴 실시 인원을 보면 모범수를 대상으로 지극히 제한적으로 실시되고 있다. 그 이유는 '도주우려'라는 암초 때문이다. 귀휴는 가족관계회복이나 출소 전 취업처 발굴, 사회적응을 위해 필수적인 요소로 자리매김을 하고 있다. 이런 좋은 제도를 활성화하기 위해서는 '도주우려'라는 큰 걸림돌을 제거할 수 있는 방안이 있어야 할 것이다. 이를 위한 방안으로 GPS를 이용한 신청귀휴제도를 통해 귀휴제도 활성화를 하는 것이다.[17)]

2017년 남자수형자 270명, 여자수형자 85명, 총 355명을 대상으로 GPS를 이용한 귀휴제도 실시여부에 대해 ① 매우 그렇다가 204명(57.5%)로 가장 많고, 다음으로 ② 그렇다 99명(27.9%), ③ 보통이다 21명(5.9%), ④ 매우 그렇지 않다 18명(5.1%), 그렇지 않다 13명(3.7%) 순으로 나타났으며, 이중 85.4%가 찬성하는 것으로 나타났다.[18)]

Ⅳ. 귀휴심사위원회

1. 귀휴심사위원회의 구성

수형자의 귀휴허가에 관한 심사를 하기 위하여 교정시설에 귀휴심사위원회(이하 이 절에서 "위원회"라 한다)를 두고, 위원회는 위원장을 포함한 6명 이상 8명 이하의 위원으로 구성하며, 위원장은 소장이 되며, 위원은 소장이 소속기관의 부소장·과장(지소의 경우에는 7급 이상의 교도관) 및 교정에 관한 학식과 경험이 풍부한 외부인사 중에서 임명 또는 위촉한다. 이 경우 외부위원은 2명 이상으로 한다(동법 시행규칙 제131조 제1~3항). 외부위원이 ① 장기투병 등으로 직무를 수행할 수 없거나 직무수행이 현저히 곤란한 때, ② 범죄행위로 금고 이상의 형을 선고받은 때, ③ 본인이 위촉 해제를 원하는 때, ④ 심사 중 알게 된 수형자의 개인정보를 누설하거나 위원으로서 부적절한 행위를 한 때에는 위촉을 해제할 수 있다(시행규칙 제136조 제2항). 외부위원에게는 예산의 범위에서 수당과 여비를 지급할 수 있다(동조 제3항).

위원장은 위원회를 소집하고 위원회의 업무를 총괄하고, 위원장이 부득

---

17) 상세내용은 이동임, "GPS를 이용한 귀휴제도 활성화 방안", 형사정책연구, 형사정책연구원, 2015, 113면 이하 참조.

18) 이동임, "GPS를 이용한 귀휴제도 실천가능성 검토", 교정복지연구 제50호, 한국교정복지학회, 2017, 155면.

이한 사유로 직무를 수행할 수 없을 때에는 부소장인 위원이 그 직무를 대행하고, 부소장이 없거나 부소장인 위원이 사고가 있는 경우에는 위원장이 미리 지정한 위원이 그 직무를 대행한다(시행규칙 제132조 제1항~2항).

2. 위원회의 의결

위원회의 회의는 위원장이 수형자에게 귀휴사유가 발생하여 귀휴심사가 필요하다고 인정하는 때에 개최하며(시행규칙 제133조 제1항), 다음 사항을 심사한다.[19] 위원회의 회의는 재적위원 과반수의 출석으로 개의하고, 출석위원 과반수의 찬성으로 의결한다(동조 제2항). 외부위원의 임기는 2년으로 하며, 연임할 수 있으며, 외부위원에게는 예산의 범위에서 수당과 여비를 지급할 수 있다(시행규칙 제136조 제1항, 3항).

---

19) 1. 수용관계
가. 건강상태
나. 징벌유무 등 수용생활 태도
다. 작업·교육의 근면·성실 정도
라. 작업장려금 및 영치금
마. 사회적 처우의 시행 현황
바. 공범·동종범죄자 또는 심사대상자가 속한 범죄단체 구성원과의 교류 정도
2. 범죄관계
가. 범행 시의 나이
나. 범죄의 성질 및 동기
다. 공범관계
라. 피해의 회복 여부 및 피해자의 감정
마. 피해자에 대한 보복범죄의 가능성
바. 범죄에 대한 사회의 감정
3. 환경관계
가. 가족 또는 보호자
나. 가족과의 결속 정도
다. 보호자의 생활상태
라. 접견·서신·전화통화의 내용 및 횟수
마. 귀휴예정지 및 교통·통신 관계
바. 공범·동종범죄자 또는 심사대상자가 속한 범죄단체의 활동상태 및 이와 연계한 재범 가능성

Ⅴ. 귀휴허가 후 조치

1. 귀휴허가증 발급 및 조치

소장은 귀휴를 허가한 때에는 귀휴허가부에 기록하고 귀휴허가를 받은 수형자(이하 "귀휴자"라 한다)에게 귀휴허가증을 발급하여야 한다(동법 시행규칙 제139조). 2일 이상의 귀휴를 허가한 경우에는 귀휴를 허가받은 사람의 귀휴지를 관할하는 경찰관서의 장에게 그 사실을 통보하여야 한다. 귀휴자는 귀휴 중 천재지변이나 그 밖의 사유로 자신의 신상에 중대한 사고가 발생한 경우에는 가까운 교정시설이나 경찰관서에 신고하여야 하고 필요한 보호를 요청할 수 있고, 요청을 받은 교정시설이나 경찰관서의 장은 귀휴를 허가한 소장에게 그 사실을 지체 없이 통보하고 적절한 보호조치를 하여야 한다(시행령 제97조 제2항~3항).

2. 귀휴 시 조건

① 귀휴지 외의 지역 여행 금지, ② 유흥업소, 도박장, 성매매업소 등 건전한 풍속을 해치거나 재범 우려가 있는 장소 출입 금지, ③ 피해자 또는 공범·동종범죄자 등과의 접촉금지, ④ 귀휴지에서 매일 1회 이상 소장에게 전화보고(동행귀휴는 제외한다), ⑤ 그 밖에 귀휴 중 탈선 방지 또는 귀휴 목적 달성을 위하여 필요한 사항 등을 붙일 수 있다(시행규칙 제140조).

3. 동행귀휴

소장은 수형자에게 귀휴를 허가한 경우 필요하다고 인정하면 교도관을 동행시킬 수 있으며, 소장은 귀휴자의 가족 또는 보호관계에 있는 사람으로부터 보호서약서를 제출받아야 한다(시행규칙 제141조 제1항~2항).

4. 귀휴 시 비용

귀휴자의 여비와 귀휴 중 착용할 복장은 본인이 부담하며, 소장은 귀휴자가 신청할 경우 작업장려금의 전부 또는 일부를 귀휴비용으로 사용하게 할 수 있다(동법 시행규칙 제142조 제1~2항).

Ⅵ. 귀휴의 취소

소장은 귀휴 중인 수형자가 첫째, 귀휴의 허가사유가 존재하지 아니함이 밝혀진 때, 둘째, 거소의 제한이나 그 밖에 귀휴허가에 붙인 조건을 위반한 때에 해당하면 그 귀휴를 취소할 수 있다(법 제78조).

제 3 장　취업지원협의회

Ⅰ. 취업지원협의회의 기능

수형자의 건전한 사회복귀를 지원하기 위하여 교정시설에 취업알선 및 창업지원에 관한 협의기구를 둘 수 있다(시행령 제85조 제1항).

취업지원협의회의 기능은 ① 수형자 사회복귀 지원 업무에 관한 자문에 대한 조언, ② 수형자 취업·창업 교육, ③ 수형자 사회복귀 지원을 위한 지역사회 네트워크 추진, ④ 취업 및 창업지원을 위한 자료제공 및 기술지원, ⑤ 직업적성 및 성격검사 등 각종 검사 및 상담, ⑥ 불우수형자 및 그 가족에 대한 지원 활동, ⑦ 그 밖에 수형자 취업알선 및 창업지원을 위하여 필요한 활동 등이다(시행규칙 제144조).

Ⅱ. 취업지원협의회의 구성

협의회는 회장 1명을 포함하여 3명 이상 5명 이하의 내부위원과 10명 이상의 외부위원으로 구성하고, 협의회의 회장은 소장이 되며, 부회장은 2명을 두되 1명은 소장이 내부위원 중에서 지명하고 1명은 외부위원 중에서 호선(互選)한다(시행규칙 제145조 제1항). 내부위원은 소장이 지명하는 소속기관의 부소장·과장(지소의 경우에는 7급 이상의 교도관)으로 구성한다(동조 제3항). 회장·부회장 외에 협의회 운영을 위하여 기관실정에 적합한 수의 임원을 둘 수 있다(동조 제4항).

회장은 협의회를 소집하고 협의회 업무를 총괄하고, 회장이 부득이한 사유로 직무를 수행할 수 없을 때에는 소장이 지정한 부회장이 그 직무를 대행한다(시행규칙 제147조 제1항~2항).

Ⅲ. 외부위원

법무부장관은 위원회의 외부위원을 ① 고용노동부 고용지원센터 등 지역 취업·창업 유관 공공기관의 장 또는 기관 추천자, ② 취업컨설턴트, 창업컨설턴트, 기업체 대표, 시민단체 및 기업연합체의 임직원, ③ 변호사, 「고등교육법」에 따른 대학에서 법률학을 가르치는 전임강사 이상의 직에 있는 사람, ④ 그 밖에 교정에 관한 학식과 경험이 풍부하고 수형자 사회복귀 지원에 관심이 있는 외부인사 중에서 소장의 추천을 받아 위촉한다(시행규칙 제146조 제1항). 외부위원의 임기는 3년으로 하며, 연임할 수 있다(동조 제2항).

Ⅳ. 외부위원의 해촉

법무부장관은 외부위원이 ① 위촉기간이 끝난 사람으로서 재위촉 대상이 아닌 경우, ② 수형자의 사회복귀 지원활동이 해당 교정시설의 운영방침과 다르거나 수형자에게 부정적인 영향을 끼친다고 판단되는 경우, ③ 장기투병 등으로 활동할 수 없거나 활동이 거의 불가능한 경우, ④ 금고 이상의 실형을 선고받은 경우, ⑤ 본인이 위촉 해제를 원하는 경우, ⑥ 활동실적이 없거나 현저히 부진한 경우, ⑦ 직무와 관련하여 법령을 위반하였거나 법무부장관이 정하는 준수사항을 위반한 경우에는 소장의 건의를 받아 위촉을 해제한다.

Ⅴ. 위원회의 회의

협의회의 회의는 반기마다 개최한다. 다만, ① 수형자의 사회복귀 지원을 위하여 협의가 필요할 때, ② 회장이 필요하다고 인정하는 때, ③ 위원 3분의 1 이상의 요구가 있는 때에는 임시회의를 개최할 수 있다(시행규칙 제148조 제1항).

협의회의 회의는 회장이 소집하고 그 의장이 된다. 협의회의 회의는 재적위원 과반수의 출석으로 개의하고, 출석위원 과반수의 찬성으로 의결한다(동조 제2항).

Chap. 4

미결수용자 및 사형확정자 처우

제 4 편

미결수용자 및 사형확정자 처우

제1장 미결수용자의 처우

Ⅰ. 미결수용자 처우의 원칙

미결수용자는 무죄의 추정을 받으며 그에 합당한 처우를 받는다(법 제79조). 무죄추정에 대하여 국제인권규약 제14조 제2항에 의하면 "범죄혐의를 받은 모든 국민은 법률에 따라 유죄가 입증될 때까지 무죄로 추정받을 권리를 가진다"라고 규정하고 있으며, 형사소송법 제275조 제2항에서는 "피고인은 유죄의 판결이 확정될 때까지는 무죄로 추정된다"라고 규정하여 1심과 2심에서 유죄가 선고되었다고 하더라도 대법원의 확정판결이 있기 전까지는 무죄로 추정된다. 헌법 제27조 제4항은 "피고인은 유죄가 확정될 때까지 무죄로 추정한다"라고 하여 무죄추정원칙을 천명하고 있다.

무죄가 추정되는 미결수용자의 자유와 권리에 대한 제한은 구금의 목적인 도망·증거인멸의 방지와 시설 내의 규율 및 안전 유지를 위한 필요최소한의 합리적인 범위를 벗어나서는 아니 된다.[1)]

1) 헌재 2001. 7. 19 2000헌마546.

Ⅱ. 참관금지 및 분리수용

미결수용자가 수용된 거실은 참관할 수 없다(법 제80조). 즉, 미결수용자는 무죄추정원칙을 통해 언제든지 무죄선고를 받을 수 있기 때문에 사실상 범죄자라고 할 수 없으므로 제3자가 참관을 하면서 얼굴 등을 보지 못하도록 하기 위한 취지라고 볼 수 있다. 소장은 미결수용자로서 사건에 서로 관련이 있는 사람은 분리수용하고 서로 간의 접촉을 금지하여야 한다(법 제81조).

Ⅲ. 사복착용

1. 사복착용 사유

미결수용자는 수사·재판·국정감사 또는 법률로 정하는 조사에 참석할 때에는 사복을 착용할 수 있다. 다만, 소장은 도주 우려가 크거나 특히 부적당한 사유가 있다고 인정하면 교정시설에서 지급하는 의류를 입게 할 수 있다(동법 제82조).

2. 관련 판례

1) 미결수용자가 수감되어 있는 동안 구치소 등 수용시설 안에서 사복을 입지 못하게 하고 재소자용 의류를 입게 한 행위로 인하여 기본권침해가 있는지 여부에 대하여 구치소 등 수용시설 안에서는 재소자용 의류를 입더라도 일반인의 눈에 띄지 않고, 수사 또는 재판에서 변해(辯解)·방어권을 행사하는데 지장을 주는 것도 아닌 반면에, 미결수용자에게 사복을

입도록 하면 의복의 수선이나 세탁 및 계절에 따라 의복을 바꾸는 과정에서 증거인멸 또는 도주를 기도하거나 흉기, 담배, 약품 등 소지금지품이 반입될 염려 등이 있으므로 미결수용자에게 시설 안에서 재소자용 의류를 입게 하는 것은 구금목적의 달성, 시설의 규율과 안전유지를 위한 필요최소한의 제한으로서 정당성·합리성을 갖춘 재량의 범위 내의 조치이다. 이에 반해 미결수용자가 수감되어 있는 동안 수사 또는 재판을 받을 때에도 사복을 입지 못하게 하고 재소자용 의류를 입게 한 행위로 인하여 기본권침해가 있는지 여부에 대하여 수사 및 재판단계에서 유죄가 확정되지 아니한 미결수용자에게 재소자용 의류를 입게 하는 것은 미결수용자로 하여금 모욕감이나 수치심을 느끼게 하고, 심리적인 위축으로 방어권을 제대로 행사할 수 없게 하여 실체적 진실의 발견을 저해할 우려가 있으므로, 도주 방지 등 어떠한 이유를 내세우더라도 그 제한은 정당화될 수 없어 헌법 제37조 제2항의 기본권 제한에서의 비례원칙에 위반되는 것으로서, 무죄추정의 원칙에 반하고 인간으로서의 존엄과 가치에서 유래하는 인격권과 행복추구권, 공정한 재판을 받을 권리를 침해하는 것이다.[2)]

2) 외부 재판에 출정할 때 운동화를 착용하게 해달라는 청구인의 신청에 대하여 이를 불허한 피청구인 경기북부제2교도소장의 행위(이하 '이 사건 운동화착용불허행위'라 한다)에 대한 헌법소원심판청구가 보충성 요건과 권리보호이익을 충족하는지 여부에 대하여 운동화착용불허행위는 이미 종료된 행위로서 헌법소원심판을 청구하는 외에는 달리 효과적인 구제방법이 있다고 보기 어려우므로 보충성의 원칙에 대한 예외에 해당하며, 수용자들이 외부 재판에 출정할 때 이와 같은 행위가 반복될 소지가 있어 그 헌법적 해명이 헌법질서의 수호·유지를 위하여 중요한 의미를 가지므로 심판청구의 이익을 인정할 수 있다. 또한 운동화착용불허행위가 기본권 제한에 관한 법률유보 원칙을 위반하여 청구인의 공정한 재판을 받을 권리 및 평등권을 침해한 것인지 여부에 대하여 운동화착용불허행위는 구

2) 헌재 1999. 5. 27. 97헌마137.

행형법 제20조의 위임과 구 행형법 시행령 제73조 제2항의 재위임에 따른 구 수용자 의류 및 침구급여에 관한 규칙과 수용자 피복관리 및 제작에 관한 지침에 근거를 둔 처분으로서 법률유보원칙에 위배되지 아니한다. 그리고 운동화착용불허행위가 청구인의 인격권과 행복추구권을 침해한 것인지 여부에 대하여 운동화착용불허행위는 시설 바깥으로의 외출이라는 기회를 이용한 도주를 예방하기 위한 것으로서 그 목적이 정당하고, 위와 같은 목적을 달성하기 위한 적합한 수단이라 할 것이다. 또한 신발의 종류를 제한하는 것에 불과하여 법익침해의 최소성과 균형성도 갖추었다 할 것이므로, 이 사건 운동화착용불허행위가 기본권제한에 있어서의 과잉금지원칙에 반하여 청구인의 인격권과 행복추구권을 침해하였다고 볼 수 없다.[3)]

Ⅳ. 이 발

미결수용자의 두발 또는 수염은 특히 필요한 경우가 아니면 본인의 의사에 반하여 짧게 깎지 못한다(동법 제83조).

Ⅴ. 변호인과의 접견 및 서신수수

1. 변호인 접견

미결수용자와 변호인(변호인이 되려고 하는 사람을 포함한다.)과의 접견에는 교도관이 참여하지 못하며, 그 내용을 청취 또는 녹취하지 못한다. 다만, 보이는 거리에서 미결수용자를 관찰할 수 있다(법 제84조 제1항). 미결수용자와 변호인 간의 접견은 시간과 횟수를 제한하지 아니한다(동조

3) 헌재 2011. 2. 24. 2009헌마209.

제2항). 이러한 규정으로 인해 재벌총수의 경우 변호인과의 접견이라는 명목으로 하루 종일 접견장소에서 변호인과 매일 시간을 보내고 있는 이른바 황제접견이 이루어지고 있다. 이러한 불합리한 부분을 시정하기 위해서는 일정한 시간적 제약을 가할 필요가 있다고 본다.

2. 미결수용자와 변호인 간 서신

미결수용자와 변호인 간의 서신은 교정시설에서 상대방이 변호인임을 확인할 수 없는 경우를 제외하고는 검열할 수 없다(동조 제3항).

3. 관련 판례

1) 미결수용자의 변호인 접견교통권에 대하여 제한가능성여부에 대하여 대화내용에 대하여 비밀이 보장되어야 하고, 어떠한 제한, 압력 또는 부당한 간섭이 없이 자유롭게 대화할 수 있는 '자유로운 접견'을 보장해야 하지만 국가안전보장, 질서유지, 공공복리를 위해 필요한 경우 법률로써 제할 수 있다고 하고 있다.[4)]

2) 변호인의 구속된 피고인 또는 피의자와의 접견교통권의 법적 성격 및 수사기관의 처분에 의하여 변호인의 접견교통권을 제한할 수 있는지 여부에 대하여 변호인의 구속된 피고인 또는 피의자와의 접견교통권은 피고인 또는 피의자 자신이 가지는 변호인과의 접견교통권과는 성질을 달리하는 것으로서 헌법상 보장된 권리라고는 할 수 없고, 형사소송법 제34조에 의하여 비로소 보장되는 권리이지만, 신체구속을 당한 피고인 또는 피의자의 인권보장과 방어준비를 위하여 필수불가결한 권리이므로, 수사기관의 처분 등에 의하여 이를 제한할 수 없고, 다만 법령에 의해서만 제한

4) 헌재 2011. 5. 26. 2009헌마341.

이 가능하다.[5)]

3) 임의동행된 피의자와 피내사자에게 변호인의 접견교통권이 인정되는지 여부 변호인의 조력을 받을 권리를 실질적으로 보장하기 위하여는 변호인과의 접견교통권의 인정이 당연한 전제가 되므로, 임의동행의 형식으로 수사기관에 연행된 피의자에게도 변호인 또는 변호인이 되려는 자와의 접견교통권은 당연히 인정된다고 보아야 하고, 임의동행의 형식으로 연행된 피내사자의 경우에도 이는 마찬가지이다.[6)]

4) 형사소송법 제34조의 변호인의 접견교통권이 재심청구절차에도 준용되는지 여부에 대해 형사소송법 제34조는 "변호인 또는 변호인이 되려는 자는 신체구속을 당한 피고인 또는 피의자와 접견하고 서류 또는 물건을 수수할 수 있으며 의사로 하여금 진료하게 할 수 있다."고 규정하고 있는바, 이 규정은 형이 확정되어 집행중에 있는 수형자에 대한 재심개시의 여부를 결정하는 재심청구절차에는 그대로 적용될 수 없다.[7)]

5) 피청구인이 접견횟수 초과를 이유로 청구인에 대하여 변호사와의 접견을 불허한 처분이 수형자의 재판청구권 등을 침해하는지 여부에 대하여 형이 확정되어 자유형의 집행을 위하여 수용되어 있는 수형자는 미결수용자의 지위와 구별되므로 접견의 빈도 등이 상당 정도 제한될 수밖에 없고, 수형자와 변호사와의 접견을 일반 접견에 포함시켜 제한하더라도 접견횟수에 대한 탄력적 운용, 서신 및 집필문서 발송, 전화통화에 의하여 소송준비 또는 소송수행을 할 수 있으므로 피청구인의 접견 불허 처분이 헌법 제27조의 재판청구권 등 청구인의 헌법상 보장된 권리를 침해하는 것이라고 보기는 어렵다.[8)]

6) 교도소장의 접견불허처분에 대한 헌법소원은 구제절차를 거친 후에 하여야 하는지 여부에 대하여 미결수용자 접견신청에 대한 교도소장의 불

5) 대판 2002. 05. 06. 2000모112.
6) 대판 1996. 06. 03. 96모18.
7) 대판 1998. 04. 28. 96다48831.
8) 헌재 2004. 12. 16. 2002헌마478.

허처분에 대하여는 행정심판법, 행정소송법에 의하여 행정심판, 행정소송이 가능할 것이므로 이러한 구제절차를 거치지 아니하고 제기한 헌법소원은 부적법하다.[9]

Ⅵ. 조사 등에서의 특칙

소장은 미결수용자가 징벌대상자로서 조사받고 있거나 징벌집행 중인 경우에도 소송서류의 작성, 변호인과의 접견·서신수수, 그 밖의 수사 및 재판 과정에서의 권리행사를 보장하여야 한다(동법 제85조).

Ⅶ. 작업과 교화

소장은 미결수용자에 대하여는 신청에 따라 교육 또는 교화프로그램을 실시하거나 작업을 부과할 수 있다(법 제86조 제1항). 미결수용자에게 교육 또는 교화프로그램을 실시하거나 작업을 부과하는 경우에는 수용자 규정을 준용한다(동조 제2항).

Ⅷ. 유치장

1. 미결수용실

경찰관서에 설치된 유치장은 교정시설의 미결수용실로 보아 이 법을 준용한다(동법 제88조). 유치장은 피의자의 증거인멸, 도주우려, 주소불명 등

9) 헌재 1998. 2. 27. 96헌마179.

의 사유가 있는 경우에 구속수사를 위하여 검사의 청구에 의해 관할법원의 판사에 의해 구속영장이 발부되어 10일정도 구속시키기 위하여 만들어진 장소이다. 경찰관서에 설치된 유치장에는 수형자를 30일 이상 수용할 수 없다(시행령 제107조). 그 이유는 목욕시설, 운동시설 등이 갖추어 있지 않아 장기간 수용했을 때 인권이 침해될 가능성이 상당히 높기 때문이다.

2. 관련 판례

1) 유치인으로 하여금 유치실 내 화장실을 사용하도록 강제한 피청구인의 행위가 헌법재판소법 제68조 제1항의 공권력의 행사 또는 불행사에 해당하는지 여부에 대하여 피청구인이 우월적 지위에서 일방적으로 강제하는 성격을 가진 것으로서 권력적 사실행위라 할 것이며, 이는 헌법소원심판청구의 대상이 되는 헌법재판소법 제68조 제1항의 공권력의 행사에 포함된다.[10)]

2) 현행범으로 체포된 청구인들을 경찰서 유치장에 수용하는 과정에서 흉기 등 위험물 및 반입금지물품의 소지·은닉 여부를 확인하기 위하여 실시한 피청구인의 청구인들에 대한 정밀신체수색이 헌법재판소법 제68조 제1항의 공권력의 행사에 해당하는지 여부에 대하여 유치장에 수용되는 자에게 실시하는 신체검사는 수용자의 생명·신체에 대한 위해를 방지하고 유치장 내의 안전과 질서를 유지하기 위하여 흉기 등 위험물이나 반입금지물품의 소지·은닉 여부를 조사하는 것으로서, 위 목적에 비추어 일정한 범위 내에서 신체수색의 필요성과 타당성은 인정된다 할 것이나, 이러한 행정목적을 달성하기 위하여 경찰청장이 일선 경찰서 및 그 직원에 대하여 그 직무권한 행사의 지침을 발한 「피의자 유치 및 호송규칙」에 따른 신체검사가 당연히 적법한 것이라고는 할 수 없고, 그 목적 달성을 위

10) 헌재 2001. 7. 19. 2000헌마546.

하여 필요한 최소한도의 범위 내에서 또한 수용자의 명예나 수치심을 포함한 기본권이 침해되는 일이 없도록 충분히 배려한 상당한 방법으로 이루어져야 한다. 이를 위반해서 신체수색을 했다면 헌법소원심판청구의 대상의 되는 헌법재판소법 제68조 제1항의 공권력의 행사에 포함된다.11)

3) 기초생활보장제도의 보장단위인 개별가구에서 교도소 · 구치소에 수용 중인 자를 제외토록 규정한 '국민기초생활 보장법 시행령'(2008. 10. 29. 대통령령 제21095호로 개정된 것) 제2조 제2항 제3호 중 "'형의 집행 및 수용자의 처우에 관한 법률'에 의한 교도소 · 구치소에 수용 중인 자" 부분(이하 '이 사건 조항'이라 한다)이 교도소 · 구치소에 수용 중인 자를 기초생활보장급여의 지급 대상에서 제외시키는 행위가 무죄추정의 원칙에 위배되는지 여부에 대하여 「국민기초생활 보장법」 상의 수급권자가 구치소에 수감되어 형이 확정되지 않은 상황에서 개별가구에서 제외되는 것은 그 사람을 유죄로 취급하여 어떠한 불이익을 주기 위한 것이 아니라 「국민기초생활 보장법」 의 보충급여의 원칙에 따라 다른 법령에 의하여 생계유지의 보호를 받게 되는 경우, 중복적인 보장을 피하기 위해 개별가구에서 제외시키는 것으로 이를 '유죄인정의 효과'로서의 불이익이라고 볼 수 없는바, 이 사건 조항이 무죄추정의 원칙에 위반된다고 볼 수 없다. 또한 헌법 제10조의 인간의 존엄과 가치 및 행복추구권을 침해하는지 여부에 대하여 수용자의 생계보장과 관련하여 그 내용상 최소한의 필요한 보장수준을 제시하지 아니하여 인간으로서의 존엄이나 본질적 가치를 훼손하였다고 볼 수는 없으므로 헌법 제10조의 인간의 존엄과 가치를 침해한다고 할 수 없으며, 헌법 제10조의 행복추구권은 국민이 행복을 추구하기 위한 활동을 국가권력의 간섭 없이 자유롭게 할 수 있다는 포괄적인 의미의 자유권으로서의 성격을 가진다고 할 것이므로 자유권이나 자유권의 제한영역에 관한 규정이 아닌 이 사건 조항이 행복추구권을 침해하는 규정이라고 할 수도 없다.12)

---

11) 헌재 2002. 7. 18. 2000헌마327.

4) 유치인으로 하여금 유치실 내 화장실을 사용하도록 강제한 피청구인의 행위가 헌법재판소법 제68조 제1항의 공권력의 행사 또는 불행사에 해당하는지 여부에 대하여 심판대상행위는 피청구인이 우월적 지위에서 일방적으로 강제하는 성격을 가진 것으로서 권력적 사실행위라 할 것이며, 이는 헌법소원심판청구의 대상이 되는 「헌법재판소법」 제68조 제1항의 공권력의 행사에 포함된다.[13] 또한 차폐시설이 불충분하여 사용과정에서 신체부위가 다른 유치인들 및 경찰관들에게 관찰될 수 있고, 냄새가 유출되는 유치실 내 화장실을 사용하도록 강제한 피청구인의 행위로 인하여 기본권의 침해가 있는지 여부에 대해 보통의 평범한 성인인 청구인들로서는 내밀한 신체부위가 노출될 수 있고 역겨운 냄새, 소리 등이 흘러나오는 가운데 용변을 보지 않을 수 없는 상황에 있었으므로 그때마다 수치심과 당혹감, 굴욕감을 느꼈을 것이고 나아가 생리적 욕구까지도 억제해야만 했을 것임을 어렵지 않게 알 수 있다. 유치기간동안 위와 같은 구조의 화장실을 사용하도록 강제한 피청구인의 행위는 인간으로서의 기본적 품위를 유지할 수 없도록 하는 것으로서, 수인하기 어려운 정도라고 보여지므로 전체적으로 볼 때 비인도적·굴욕적일 뿐만 아니라 동시에 비록 건강을 침해할 정도는 아니라고 할지라도 헌법 제10조의 인간의 존엄과 가치로부터 유래하는 인격권을 침해하는 정도에 이르렀다고 판단된다.[14]

5) 유치장 수용자에 대한 신체검사가 허용되는 범위에 대하여 유치장에 수용되는 피체포자에 대한 신체검사를 허용하는 것은 유치의 목적을 달성하고, 수용자의 자살, 자해 등의 사고를 미연에 방지하며, 유치장 내의 질서를 유지하기 위한 것인 점에 비추어 보면, 이러한 신체검사는 무제한적으로 허용되는 것이 아니라 위와 같은 목적 달성을 위하여 필요한 최소한도의 범위 내에서 또한 수용자의 명예나 수치심을 포함한 기본권이 부당

---

12) 헌재 2011. 3. 31. 2009헌마617.
13) 헌재 2001. 7. 19. 2000헌마546.
14) 헌재 2001. 7. 19. 2000헌마546.

하게 침해되는 일이 없도록 충분히 배려한 상당한 방법으로 행하여져야만 할 것이고, 특히 수용자의 옷을 전부 벗긴 상태에서 앉았다 일어서기를 반복하게 하는 것과 같은 방법의 신체검사는 수용자의 명예나 수치심을 심하게 손상하므로 수용자가 신체의 은밀한 부위에 흉기 등 반입이나 소지가 금지된 물품을 은닉하고 있어서 다른 방법(외부로부터의 관찰, 촉진에 의한 검사, 겉옷을 벗고 가운 등을 걸치게 한 상태에서 속옷을 벗어서 제출하게 하는 등)으로는 은닉한 물품을 찾아내기 어렵다고 볼 만한 합리적인 이유가 있는 경우에 한하여 허용된다고 할 것이다.[15)]

6) 현행범으로 체포된 청구인들을 경찰서 유치장에 수용하는 과정에서 흉기 등 위험물 및 반입금지물품의 소지·은닉 여부를 확인하기 위하여 실시한 피청구인의 청구인들에 대한 정밀신체수색이 헌법재판소법 제68조 제1항의 공권력의 행사에 해당하는지 여부에 대하여 유치장 수용자에 대한 신체수색은 유치장의 관리주체인 경찰이 피의자 등을 유치함에 있어 피의자 등의 생명·신체에 대한 위해를 방지하고, 유치장 내의 안전과 질서유지를 위하여 실시하는 것으로서 그 우월적 지위에서 피의자 등에게 일방적으로 강제하는 성격을 가진 것이므로 권력적 사실행위라 할 것이며, 이는 헌법소원심판청구의 대상의 되는「헌법재판소법」제68조 제1항의 공권력의 행사에 포함된다.[16)]

Ⅸ. 미결수용자의 도주 및 사망통보

소장은 미결수용자가 도주하거나 도주한 미결수용자를 체포하거나, 사망하거나 위독한 경우에는 그 사실을 검사에게 통보하고, 기소된 상태인 경우에는 법원에도 지체 없이 통보하여야 한다(시행령 제104조. 105조).

---

15) 대판 2001. 10. 26. 2001다51466.
16) 헌재 2002. 7. 18. 2000헌마327.

Ⅹ. 공범의 분리

소장은 이송이나 출정, 그 밖의 사유로 미결수용자를 교정시설 밖으로 호송하는 경우에는 해당 사건에 관련된 사람과 호송 차량의 좌석을 분리하는 등의 방법으로 서로 접촉하지 못하게 하여야 한다(시행령 제100조). 이렇게 하는 가장 큰 이유는 공범자간의 증거인멸 가능성이 있고, 이로 인해 처벌이 불가능할 수도 있기 때문이다.

Ⅺ. 미결수용자의 시설 및 계호정도

미결수용자를 수용하는 시설의 설비 및 계호의 정도는 일반경비시설에 준한다(시행령 제98조).

Ⅻ. 법률구조지원

소장은 미결수용자가 빈곤하거나 무지하여 수사 및 재판 과정에서 권리를 충분히 행사하지 못한다고 인정하는 경우에는 법률구조에 필요한 지원을 할 수 있다(시행령 제99조). 형사소송법 제33조[17]의 규정에 따라 일정한 사유가 충족되면 국선변호인을 통해 법률적 조언을 받을 수 있다.

---

17) ① 다음 각 호의 어느 하나에 해당하는 경우에 변호인이 없는 때에는 법원은 직권으로 변호인을 선정하여야 한다.

1. 피고인이 구속된 때
2. 피고인이 미성년자인 때
3. 피고인이 70세 이상인 때
4. 피고인이 농아자인 때
5. 피고인이 심신장애의 의심이 있는 때
6. 피고인이 사형, 무기 또는 단기 3년 이상의 징역이나 금고에 해당하는 사건으로 기소된 때

② 법원은 피고인이 빈곤 그 밖의 사유로 변호인을 선임할 수 없는 경우에 피고인의 청구가 있는 때에는 변호인을 선정하여야 한다.

③ 법원은 피고인의 연령·지능 및 교육 정도 등을 참작하여 권리보호를 위하여 필요하다고 인정하는 때에는 피고인의 명시적 의사에 반하지 아니하는 범위 안에서 변호인을 선정하여야 한다.

제 2 장　사형확정자의 처우

Ⅰ. 사형확정자의 수용

사형확정자는 독거수용한다. 다만, 자살방지, 교육・교화프로그램, 작업, 그 밖의 적절한 처우를 위하여 필요한 경우에는 법무부령으로 정하는 바에 따라 혼거수용할 수 있다(법 제89조 제1항). 사형확정자가 수용된 거실은 참관할 수 없다(동조 제2항).

사형확정자를 수용하는 시설의 설비 및 계호의 정도는 일반경비시설 또는 중(重)경비시설에 준한다(시행령 제108조).

Ⅱ. 사형확정자의 작업

소장은 사형확정자가 작업을 신청하면 교도관회의의 심의를 거쳐 교정시설 안에서 실시하는 작업을 부과할 수 있다. 이 경우 부과하는 작업은 심리적 안정과 원만한 수용생활을 도모하는 데 적합한 것이어야 한다(시행규칙 제153조 제1항).

소장은 작업이 부과된 사형확정자에 대하여 교도관회의의 심의를 거쳐 제150조 제4항(사형확정자의 번호표 및 거실표의 색상은 붉은색으로 한다)을 적용하지 아니할 수 있다(동조 제2항).

소장은 작업이 부과된 사형확정자가 작업의 취소를 요청하면 사형확정자의 의사(意思)・건강, 담당교도관의 의견 등을 고려하여 작업을 취소할 수 있다(동조 제3항).

Ⅲ. 상담 및 교화프로그램

소장은 사형확정자의 심리적 안정 및 원만한 수용생활을 위하여 교육 또는 교화프로그램을 실시하거나 신청에 따라 작업을 부과할 수 있다(법 제90조 제1항). 사형확정자에 대한 교육·교화프로그램, 작업, 그 밖의 처우에 필요한 사항은 법무부령으로 정한다(동조 제2항). 소장은 사형확정자의 심리적 안정 및 원만한 수용생활을 위하여 소속 교도관으로 하여금 지속적인 상담을 하게 하여야 한다(시행규칙 제152조 제1항).

소장은 사형확정자에 대하여 심리상담, 종교상담, 심리치료 등의 교화프로그램을 실시하는 경우에는 전문가에 의하여 집중적이고 지속적으로 이루어질 수 있도록 계획을 수립·시행하여야 한다(시행규칙 제154조).

Ⅳ. 전담교정시설 수용

사형확정자에 대한 교육·교화프로그램, 작업 등의 처우를 위하여 법무부장관이 정하는 전담교정시설에 수용할 수 있다(시행규칙 제155조). 소장은 사형확정자의 교육·교화프로그램, 작업 등을 위하여 필요하거나 교정시설의 안전과 질서유지를 위하여 특히 필요하다고 인정하는 경우에는 법무부장관의 승인을 받아 사형확정자를 다른 교정시설로 이송할 수 있다(시행규칙 제151조).

Ⅴ. 접견

사형확정자의 접견횟수는 매월 4회로 한다(시행령 제109조). 소장은 사형확정자의 교화나 심리적 안정을 도모하기 위하여 특히 필요하다고 인정하면 접견 시간대 외에도 접견을 하게 할 수 있고, 접견시간을 연장하거나 접견 횟수를 늘릴 수 있으며, 접촉차단시설이 없는 장소에서 접견하게 할 수 있다(시행령 제110조).

Ⅵ. 전화통화

소장은 사형확정자의 심리적 안정과 원만한 수용생활을 위하여 필요하다고 인정하는 경우에는 월 3회 이내의 범위에서 전화통화를 허가할 수 있다(시행규칙 제156조).

Ⅶ. 사형의 집행

1. 사형장 집행

사형은 교정시설의 사형장에서 집행한다(법 제91조 제1항). 공휴일과 토요일에는 사형을 집행하지 아니한다(동조 제2항). 소장은 사형을 집행하였을 경우에는 시신을 검시(檢屍)한 후 5분이 지나지 아니하면 교수형에 사용한 줄을 풀지 못한다(시행령 제111조).

2. 관련 판례

1) 헌법 제37조 제2항에 의하여 생명권을 제한할 수 있는지 여부 및 생명권의 제한이 곧 생명권의 본질적 내용에 대한 침해인지 여부에 대하여 헌법은 절대적 기본권을 명문으로 인정하고 있지 아니하며, 헌법 제37조 제2항에서는 국민의 모든 자유와 권리는 국가안전보장·질서유지 또는 공

공복리를 위하여 필요한 경우에 한하여 법률로써 제한할 수 있도록 규정하고 있어, 비록 생명이 이념적으로 절대적 가치를 지닌 것이라 하더라도 생명에 대한 법적 평가가 예외적으로 허용될 수 있다고 할 것이므로 생명권 역시 헌법 제37조 제2항에 의한 일반적 법률유보의 대상이 될 수밖에 없다. 나아가 생명권의 경우, 다른 일반적인 기본권 제한의 구조와는 달리, 생명의 일부 박탈이라는 것을 상정할 수 없기 때문에 생명권에 대한 제한은 필연적으로 생명권의 완전한 박탈을 의미하게 되는바, 위와 같이 생명권의 제한이 정당화될 수 있는 예외적인 경우에는 생명권의 박탈이 초래된다 하더라도 곧바로 기본권의 본질적인 내용을 침해하는 것이라 볼 수는 없다. 또한 사형제도가 인간의 존엄과 가치를 규정한 헌법 제10조에 위반되는지 여부에 대해여 사형제도는 형벌의 경고기능을 무시하고 극악한 범죄를 저지른 자에 대하여 그 중한 불법 정도와 책임에 상응하는 형벌을 부과하는 것으로서 범죄자가 스스로 선택한 잔악무도한 범죄행위의 결과인바, 범죄자를 오로지 사회방위라는 공익 추구를 위한 객체로만 취급함으로써 범죄자의 인간으로서의 존엄과 가치를 침해한 것으로 볼 수 없다[18]

2) 사형제도에 대한 위헌심사의 범위에 대하여 사형제도가 위헌인지 여부의 문제는 성문 헌법을 비롯한 헌법의 법원을 토대로 헌법규범의 내용을 밝혀 사형제도가 그러한 헌법규범에 위반하는지 여부를 판단하는 것으로서 헌법재판소에 최종적인 결정권한이 있는 반면, 사형제도를 법률상 존치시킬 것인지 또는 폐지할 것인지의 문제는 사형제도의 존치가 필요하거나 유용한지 또는 바람직한지에 관한 평가를 통하여 민주적 정당성을 가진 입법부가 결정할 입법정책적 문제이지 헌법재판소가 심사할 대상은 아니다.[19]

18) 헌재 2010. 2. 25. 2008헌가23.
19) 헌재 2010. 2. 25. 2008헌가23.

Chap. 5

안전과 질서

제 5 편

안전과 질서

제1장 금지물품 및 신체검사

Ⅰ. 금지물품

1. 금지물품의 종류

1) 마약 · 총기 · 도검 · 폭발물 · 흉기 · 독극물, 그 밖에 범죄의 도구로 이용될 우려가 있는 물품

2) 주류 · 담배 · 화기 · 현금 · 수표, 그 밖에 시설의 안전 또는 질서를 해칠 우려가 있는 물품

3) 음란물, 사행행위에 사용되는 물품, 그 밖에 수형자의 교화 또는 건전한 사회복귀를 해칠 우려가 있는 물품 등의 물품을 수용자는 소지하여서는 아니 된다(법 제92조).

2. 관련 판례

교도관과 재소자가 상호 공모하여 재소자가 교도관으로부터 담배를 교부받아 이를 흡연한 행위 및 휴대폰을 교부받아 외부와 통화한 행위 등에 대하여 교도소 수용자에게는 흡연하거나 담배를 소지 · 수수 · 교환하거나

허가 없이 전화 등의 방법으로 다른 사람과 연락하는 등의 규율위반행위를 하여서는 아니될 금지의무가 부과되어 있고, 교도관은 수용자의 규율위반행위를 감시, 단속, 적발하여 상관에게 보고하고 징벌에 회부되도록 하여야 할 일반적인 직무상 권한과 의무가 있다고 할 것인바, 구체적이고 현실적으로 감시, 단속업무를 수행하는 교도관에 대하여 위계를 사용하여 그 업무집행을 못하게 한다면 이에 대하여 위계에 의한 공무집행방해죄가 성립한다고 할 것이지만, 수용자가 교도관의 감시, 단속을 피하여 규율위반행위를 하는 것만으로는 단순히 금지규정에 위반되는 행위를 한 것에 지나지 아니할 뿐 이로써 위계에 의한 공무집행방해죄가 성립한다고는 할 수 없다.[1)]

Ⅱ. 신체검사

1. 수용자에 대한 각종 검사

1) 교도관은 시설의 안전과 질서유지를 위하여 필요하면 수용자의 신체 · 의류 · 휴대품 · 거실 및 작업장 등을 검사할 수 있다(법 제93조 제1항). 소장은 교도관에게 작업장이나 실외에서 수용자거실로 돌아오는 수용자의 신체 · 의류 및 휴대품을 검사하게 하여야 한다. 다만, 교정성적 등을 고려하여 그 검사가 필요하지 아니하다고 인정되는 경우에는 예외로 할 수 있다(시행령 제113조).

2) 수용자의 신체를 검사하는 경우에는 불필요한 고통이나 수치심을 느끼지 아니하도록 유의하여야 하며, 특히 신체를 면밀하게 검사할 필요가 있으면 다른 수용자가 볼 수 없는 차단된 장소에서 하여야 한다(동조 제2항).

1) 대판 2003. 11. 13. 2001도7045.

3) 교도관은 시설의 안전과 질서유지를 위하여 필요하면 교정시설을 출입하는 수용자 외의 사람에 대하여 의류와 휴대품을 검사할 수 있다. 이 경우 출입자가 금지물품을 소지하고 있으면 교정시설에 맡기도록 하여야 하며, 이에 응하지 아니하면 출입을 금지할 수 있다(동조 제3항).

4) 여성의 신체·의류 및 휴대품에 대한 검사는 여성교도관이 하여야 한다(동조 제4항).

2. 관련판례

1) 교도소장이 수용자가 없는 상태에서 실시한 거실 및 작업장 검사행위(이하 '이 사건 검사행위'라 한다)가 수용자의 사생활의 비밀 및 자유를 침해하는지 여부에 대하여 검사행위는 교도소의 안전과 질서를 유지하고, 수형자의 교화·개선에 지장을 초래할 수 있는 물품을 차단하기 위한 것으로서 그 목적이 정당하고, 수단도 적절하며, 검사의 실효성을 확보하기 위한 최소한의 조치로 보이고, 달리 덜 제한적인 대체수단을 찾기 어려운 점 등에 비추어 보면 이 사건 검사행위가 과잉금지원칙에 위배하여 사생활의 비밀 및 자유를 침해하였다고 할 수 없다.[2)]

2) 교도소장이 수용자의 입회 및 동의 없이 거실 검사를 한 행위 및 수용자에 대한 금치처분을 위한 조사 수용 및 금치 수용기간 동안 텔레비전 시청을 금지한 행위에 대하여 교도소장의 거실 검사 행위 및 텔레비전 시청 금지 행위가 이미 종료하여 그에 대한 심판청구는 더 이상 수용자의 권리구제에 도움이 된다고 볼 수 없으므로 주관적 권리보호이익이 인정되지 아니하고, 헌법재판소는 전자의 행위에 대하여 2009헌마691결정으로, 후자의 행위에 대하여 2004헌마571결정으로 이미 합헌판단을 한 바 있으므로 이에 관하여 헌법적 해명이 긴요하다고 보기도 어렵다. 따라서 위와 같은

2) 헌재 2011. 10. 25. 2009헌마691.

행위들에 대한 헌법소원심판청구는 심판의 이익이 없어 부적법하다.[3)]

3) 8회에 걸쳐 거실 검사를 하면서 청구인을 거실에서 내보낸 후 거실 반대쪽 벽을 보고 쪼그려 앉아 있도록 명한 후 거실 문을 닫고 청구인을 수검장소로부터 격리한 채 검사를 실시하거나 청구인이 운동, 목욕 등으로 부재중에 검사를 실시하였는바, 위와 같은 피청구인의 행위로 인하여 청구인의 기본권이 침해되었다고 주장하면서 헌법소원심판을 청구한 사안에서 '교도소장이 수용자가 없는 상태에서 실시한 거실 검사 행위는 교도소의 안전과 질서를 유지하고, 수형자의 교화·개선에 지장을 초래할 수 있는 물품을 차단하기 위한 것으로서 과잉금지원칙에 위배하여 청구인의 사생활의 비밀과 자유를 침해하였다고 할 수 없고, 나아가 교도소장의 거실 검사행위가 추구하는 목적의 중대성, 검사행위의 불가피성과 은밀성이 요구되는 특성, 이에 비하여 수형자의 부담이 크지 아니한 점, 수형자의 이의나 불복이 있을 경우 그 구제를 위해 일정한 절차적 장치를 두고 있는 점 등을 종합해 볼 때 적법절차원칙에 위배되지 아니한다.[4)]

4) 마약류 관련 수형자에 대하여 마약류반응검사를 위하여 소변을 받아 제출하게 한 것이 헌법재판소법 제68조 제1항의 공권력의 행사에 해당하는지 여부에 대하여 수형자에게 소변을 받아 제출하게 한 것은, 형을 집행하는 우월적인 지위에서 외부와 격리된 채 형의 집행에 관한 지시, 명령을 복종하여야 할 관계에 있는 자에게 행해진 것으로서 그 목적 또한 교도소 내의 안전과 질서유지를 위하여 실시하였고, 일방적으로 강제하는 측면이 존재하며, 응하지 않을 경우 직접적인 징벌 등의 제재는 없다고 하여도 불리한 처우를 받을 수 있다는 심리적 압박이 존재하리라는 것을 충분히 예상할 수 있는 점에 비추어, 권력적 사실행위로서 헌법재판소법 제68조 제1항의 공권력의 행사에 해당한다. 또한 청구인이 출소하여 소변채취의 침해행위가 종료되었다고 하더라도, 마약류 수형자에 대한 정기적인 소변채취는

3) 헌재 2013. 5. 30. 2012헌마719.
4) 헌재 2013. 11. 26. 2013헌마749; 헌재 2011. 10. 25. 2009헌마691 참조.

현재 및 앞으로 계속하여 반복적으로 행하여질 것이므로, 헌법적으로 그 해명이 중대한 의미를 가지고 있어 심판청구의 이익을 인정할 수 있다.[5)]

3. 검사결과 금지물품 발견

소장은 검사한 결과 금지물품이 발견되면 형사 법령으로 정하는 절차에 따라 처리할 물품을 제외하고는 수용자에게 알린 후 폐기한다. 다만, 폐기하는 것이 부적당한 물품은 교정시설에 영치하거나 수용자로 하여금 자신이 지정하는 사람에게 보내게 할 수 있다(동조 제5항).

Ⅲ. 외부와 차단

교정시설의 바깥문, 출입구, 거실, 작업장, 그 밖에 수용자를 수용하고 있는 장소는 외부와 차단하여야 한다. 다만, 필요에 따라 일시 개방하는 경우에는 그 장소를 경비하여야 한다(시행령 제116조 제1항).

교도관은 접견 · 상담 · 진료, 그 밖에 수용자의 처우를 위하여 필요한 경우가 아니면 수용자와 외부인이 접촉하게 해서는 아니 된다(동조 제2항).

Ⅳ. 거실개문 제한

교도관은 수사 · 재판 · 운동 · 접견 · 진료 등 수용자의 처우 또는 자살방지, 화재진압 등 교정시설의 안전과 질서유지를 위하여 필요한 경우가 아니면 수용자거실의 문을 열거나 수용자를 거실 밖으로 나오게 해서는 아니 된다(시행령 제117조).

5) 헌재 2006. 7. 27. 2005헌마277.

제 2 장 교정장비

Ⅰ. 교정장비

교정장비의 종류는 전자장비, 보호장비, 보안장비, 무기 등이 있다(시행규칙 제157조). 소장은 교정장비의 보관 및 관리를 위하여 관리책임자와 보조자를 지정하여야 하고, 관리책임자와 보조자는 교정장비가 적정한 상태로 보관·관리될 수 있도록 수시로 점검하는 등 필요한 조치를 하여야 하며, 특정 장소에 고정식으로 설치되는 장비 외의 교정장비는 별도의 장소에 보관·관리하여야 한다(시행규칙 제158조 제1항~3항). 교정장비의 교정시설별 보유기준 및 관리방법 등에 관하여 필요한 사항은 법무부장관이 정한다(시행규칙 제159조).

1. 전자장비

1) 전자장비의 종류

① 영상정보처리기기 : 일정한 공간에 지속적으로 설치되어 사람 또는 사물의 영상 및 이에 따르는 음성·음향 등을 수신하거나 이를 유·무선망을 통하여 전송하는 장치

② 전자감지기 : 일정한 공간에 지속적으로 설치되어 사람 또는 사물의 움직임을 빛·온도·소리·압력 등을 이용하여 감지하고 전송하는 장치

③ 전자경보기 : 전자파를 발신하고 추적하는 원리를 이용하여 사람의 위치를 확인하거나 이동경로를 탐지하는 일련의 기계적 장치

④ 물품검색기(고정식 물품검색기와 휴대식 금속탐지기로 구분한다)

⑤ 증거수집장비 : 디지털카메라, 녹음기, 비디오카메라, 음주측정기 등

증거수집에 필요한 장비

⑥ 그 밖에 법무부장관이 정하는 전자장비 등이다(시행규칙 제160조).

2) 중앙통제실의 운영

소장은 전자장비의 효율적인 운용을 위하여 각종 전자장비를 통합적으로 관리할 수 있는 시스템이 설치된 중앙통제실을 설치하여 운영하고, 중앙통제실에 대한 외부인의 출입을 제한하여야 한다. 다만, 시찰, 참관, 그 밖에 소장이 특별히 허가한 경우에는 그러하지 아니하다(시행규칙 제161조 제1항~2항). 전자장비의 통합관리시스템, 중앙통제실의 운영·관리 등에 관하여 필요한 사항은 법무부장관이 정한다(동조 제3항).

3) 전자장비를 이용한 계호

① 교도관은 자살·자해·도주·폭행·손괴, 그 밖에 수용자의 생명·신체를 해하거나 시설의 안전 또는 질서를 해하는 행위를 방지하기 위하여 필요한 범위에서 전자장비를 이용하여 수용자 또는 시설을 계호할 수 있다. 다만, 전자영상장비로 거실에 있는 수용자를 계호하는 것은 자살 등의 우려가 큰 때에만 할 수 있다(법 제94조 제1항).[6] 구치소장이 수용자의 거실에 폐쇄회로 텔레비전(이하 'CCTV'라 한다)을 설치하여 계호한 행위가 과잉금지원칙에 위배하여 수용자의 사생활의 비밀 및 자유를 침해하는지 여부에 대하여 교도관의 시선에 의한 감시만으로는 자살·자해 등의 교정사고 발생을 막는 데 시간적·공간적 공백이 있으므로 CCTV 계호행위는 피해의 최소성에 대한 요건을 갖추었다 할 것이고, 이로 인하여 청구인의

6) 교도소 내에서 수용자가 자살한 사안에서, 담당 교도관은 급성정신착란증의 증세가 있는 망인의 자살사고의 발생위험에 대비하여 계구(보호장비)의 사용을 그대로 유지하거나 또는 계구의 사용을 일시 해제하는 경우에는 CCTV상으로 보다 면밀히 관찰하여야 하는 등의 직무상 주의의무가 있음에도 이를 위반하여 망인이 사망에 이르렀다고 보았다(대판 2010. 01. 28. 2008다75768).

사생활에 상당한 제약이 가하여진다고 하더라도, 청구인의 행동을 상시적으로 관찰함으로써 그의 생명·신체를 보호하고 교정시설 내의 안전과 질서를 보호하려는 공익 또한 그보다 결코 작다고 할 수 없으므로, 법익의 균형성도 갖추었다. 따라서 CCTV 계호행위가 과잉금지원칙을 위배하여 청구인의 사생활의 비밀 및 자유를 침해하였다고는 볼 수 없다.[7]

교도관이 거실에 있는 수용자를 계호하는 경우에는 거실수용자 영상계호부에 피계호자의 인적사항 및 주요 계호내용을 개별적으로 기록하여야 한다. 다만, 중경비시설의 거실에 있는 수용자를 전자장비를 이용하여 계호하는 경우에는 중앙통제실 등에 비치된 현황표에 피계호인원 등 전체 현황만을 기록할 수 있다(시행규칙 제163조 제1항). 교도관이 전자장비를 통한 거실을 계호하는 과정에서 수용자의 처우 및 관리에 특히 참고할만한 사항을 알게 된 경우에는 그 요지를 수용기록부에 기록하여 소장에게 지체 없이 보고하여야 한다(동조 제2항).

② 거실에 있는 수용자를 전자영상장비로 계호하는 경우에는 계호직원·계호시간 및 계호대상 등을 기록하여야 한다. 이 경우 수용자가 여성이면 여성교도관이 계호하여야 한다(동조 제2항).

③ 계호하는 경우에는 피계호자의 인권이 침해되지 아니하도록 유의하여야 한다(동조 제3항).

④전자장비의 종류·설치장소·사용방법 및 녹화기록물의 관리 등에 관하여 필요한 사항은 법무부령으로 정한다(동조 제4항).

4) 물품검색기 설치 및 사용

① 고정식 물품검색기는 정문, 수용동 입구, 작업장 입구, 그 밖에 수용자 또는 교정시설을 출입하는 수용자 외의 사람에 대한 신체·의류·휴대품의 검사가 필요한 장소에 설치한다(시행규칙 제166조 제1항).

---

7) 헌재 2011. 9. 29. 2010헌마413.

② 교도관이 수용자의 신체·의류·휴대품을 검사하는 경우에는 특별한 사정이 없으면 고정식 물품검색기를 통과하게 한 후 휴대식 금속탐지기 또는 손으로 이를 확인한다(동조 제2항).

③ 교도관이 교정시설을 출입하는 수용자 외의 사람의 의류와 휴대품을 검사하는 경우에는 고정식 물품검색기를 통과하게 하거나 휴대식 금속탐지기로 이를 확인한다(동조 제3항).

2. 보호장비

1) 보호장비의 종류

보호장비의 종류에는 ① 수갑, ② 머리보호장비, ③ 발목보호장비, ④ 보호대(帶), ⑤ 보호의자, ⑥ 보호침대, ⑦ 보호복, ⑧ 포승 등이다(법 제98조 제1항).

세부적 종류를 살펴보면 ① 수갑 : 양손수갑,[8] 일회용수갑,[9] 한손수갑,[10] ② 머리보호장비,[11] ③ 발목보호장비 : 양발목보호장비,[12] 한발목보호장비,[13] ④ 보호대: 금속보호대,[14] 벨트보호대,[15] ⑤ 보호의자,[16] ⑥ 보호침대,[17] ⑦ 보호복,[18] ⑧ 포승: 일반포승, 개인포승[19] 등이 있다(시행규칙 제169조).

---

8) 양손수갑

9) 일회용수갑

10) 한손수갑

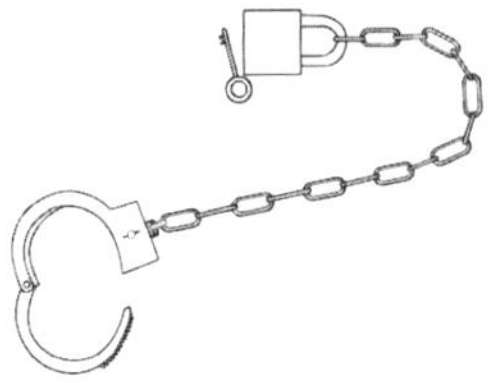

11) 머리보호장비

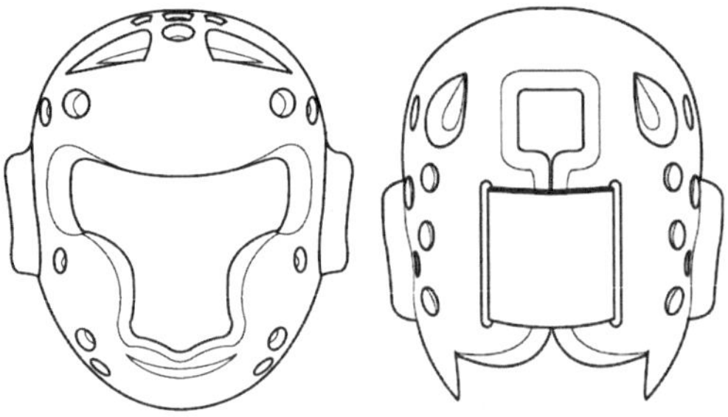

12) 양발목보호장비

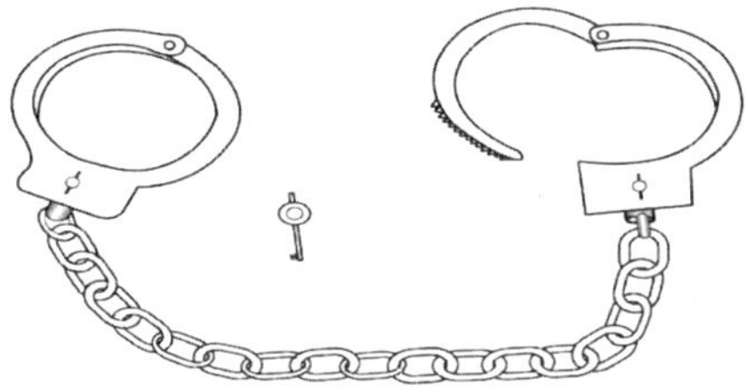

13) 한발목보호장비

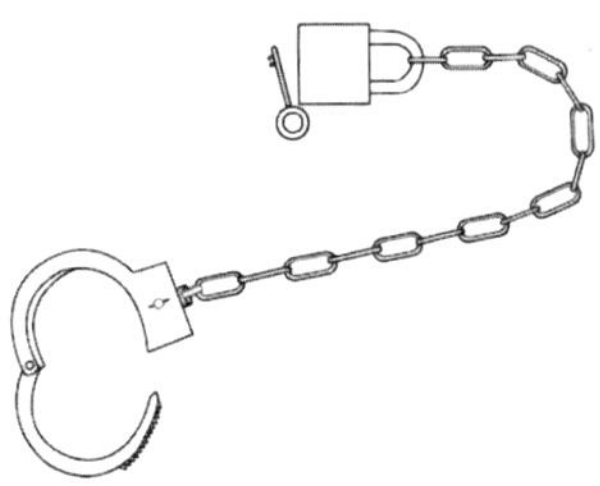

14) 금속보호대

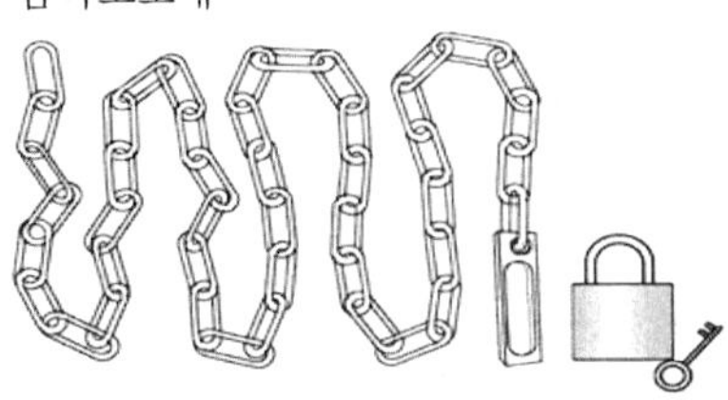

15) 벨트보호대

보호장비는 규격화되어야 하고, 교도관은 보호장비 규격에 맞지 아니한

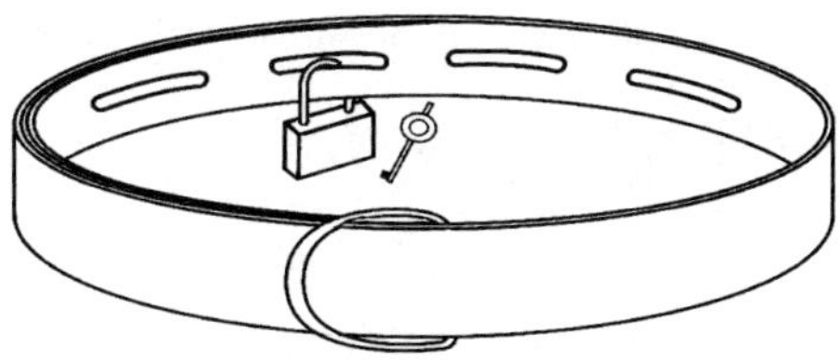

16) 보호의자

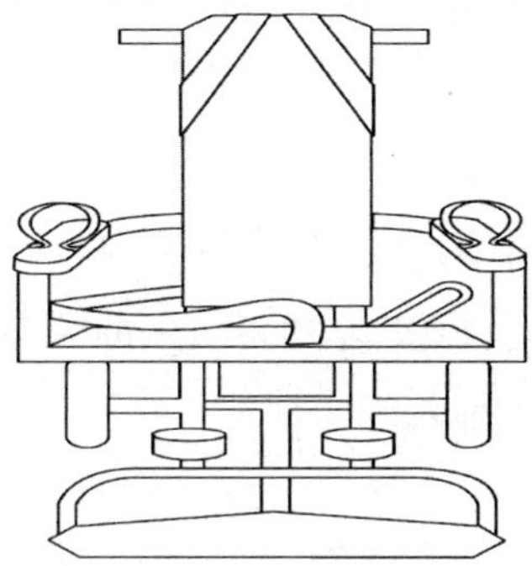

17) 보호침대

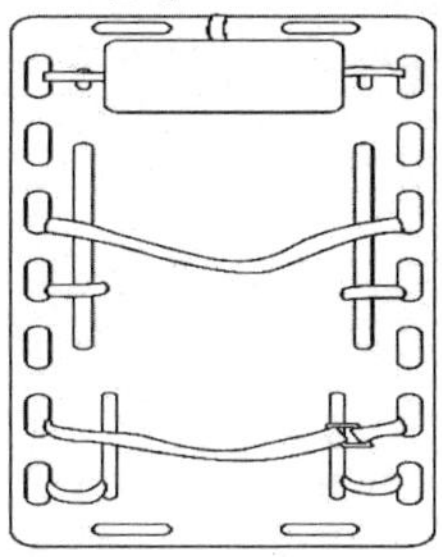

18) 보호복

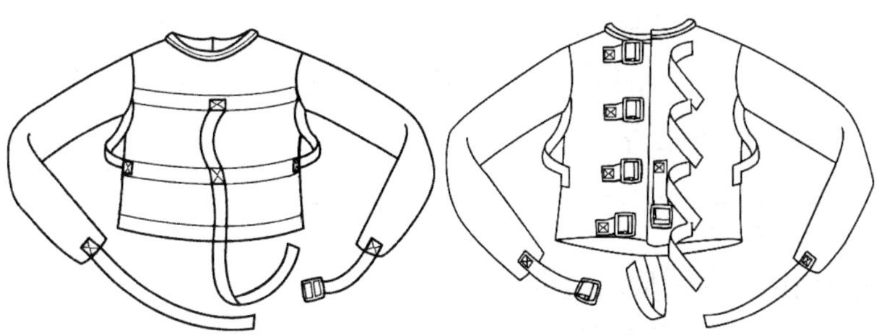

19) 포승

보호장비를 수용자에게 사용해서는 아니 된다(시행규칙 제170조). 소장은 보호장비 사용을 명령하거나 승인하는 경우에는 보호장비의 종류 및 사용방법을 구체적으로 지정하여야 하며, 이 규칙에서 정하지 아니한 방법으로 보호장비를 사용하게 해서는 아니 된다(시행규칙 제171조).

2) 보호장비 사용시기

보호장비를 사용하는 경우에는 수용자에게 그 사유를 알려주어야 한다(시행령 제122조). 교도관의 보호장비 사용시기는 다음과 같다(법 제97조 제1항).

① 송·출정, 그 밖에 교정시설 밖의 장소로 수용자를 호송하는 때

② 도주·자살·자해 또는 다른 사람에 대한 위해의 우려가 큰 때

③ 위력으로 교도관등의 정당한 직무집행을 방해하는 때

④ 교정시설의 설비·기구 등을 손괴하거나 그 밖에 시설의 안전 또는 질서를 해칠 우려가 큰 때

보호장비를 사용하는 경우에는 수용자의 나이, 건강상태 및 수용생활태도 등을 고려하여야 한다(동조 제2항). 교도관이 교정시설의 안에서 수용자에 대하여 보호장비를 사용한 경우 의무관은 그 수용자의 건강상태를 수시로 확인하여야 한다(동조 제3항).

교도관은 소장의 명령 없이 수용자에게 보호장비를 사용하여서는 아니 된다. 다만, 소장의 명령을 받을 시간적 여유가 없는 경우에는 사용 후 소장에게 즉시 보고하여야 한다(시행령 제120조 제1항).

보호장비의 규격과 사용방법 등에 관하여 필요한 사항은 법무부령으로 정한다(시행령 제120조 제2항).

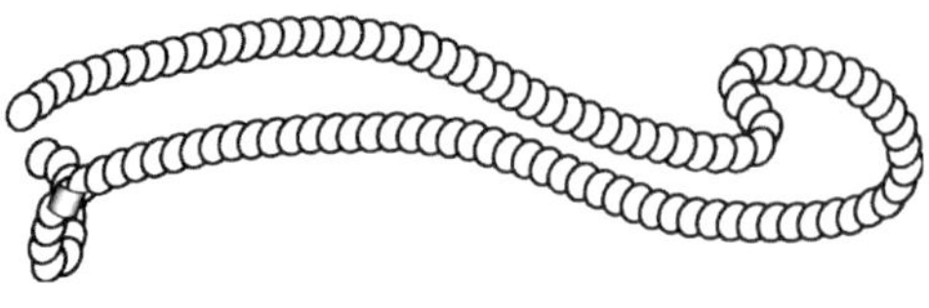

3) 보호장비의 사용방법

(1) 수갑의 사용방법

수갑의 사용방법은 다음 각 호와 같다(시행규칙 제172조 제1항).

① 법 제97조 제1항 각 호[20]의 어느 하나에 해당하는 경우에는 별표 6의 방법[21]으로 할 것

② 법 제97조 제1항 제2호부터 제4호까지[22]의 규정의 어느 하나에 해당하는 경우 위의 별표 6의 방법으로는 사용목적을 달성할 수 없다고 인정되면 별표 7의 방법[23]으로 할 것

20) 1호: 이송·출정, 그 밖에 교정시설 밖의 장소로 수용자를 호송하는 때, 2호: 도주·자살·자해 또는 다른 사람에 대한 위해의 우려가 큰 때, 3호: 위력으로 교도관등의 정당한 직무집행을 방해하는 때, 4호: 교정시설의 설비·기구 등을 손괴하거나 그 밖에 시설의 안전 또는 질서를 해칠 우려가 큰 때

21) 【별표 6】 수갑의 사용방법

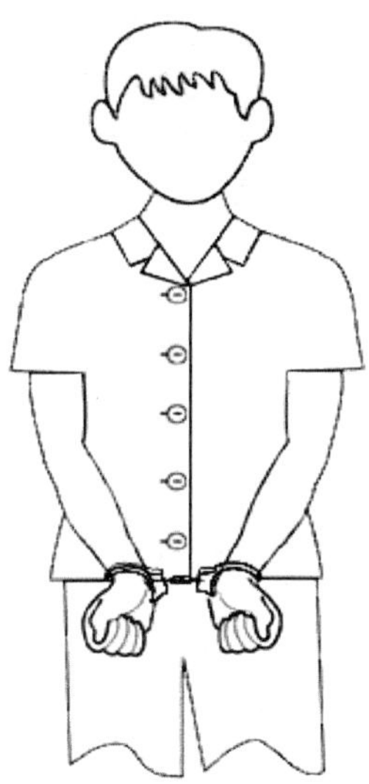

앞으로 사용

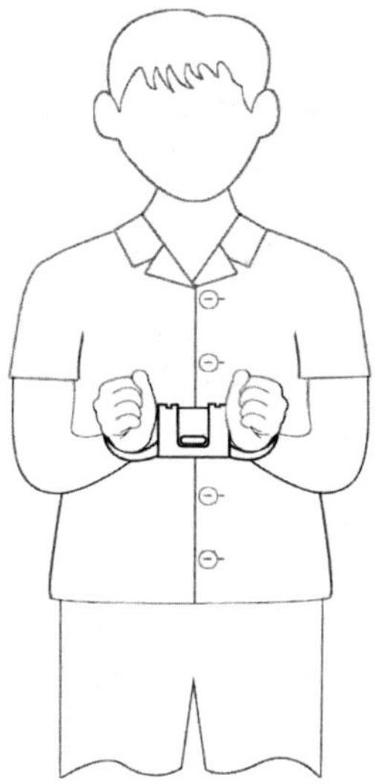

수갑보호기 부가

22) 2호: 도주·자살·자해 또는 다른 사람에 대한 위해의 우려가 큰 때, 3호: 위력으로 교도관등의 정당한 직무집행을 방해하는 때, 4호: 교정시설의 설비·기구 등을 손괴하거나 그 밖에 시설의 안전 또는 질서를 해칠 우려가 큰 때

23) 【별표 7】 수갑 사용방법(뒤로사용)

③ 진료를 받거나 입원 중인 수용자에 대하여 한손수갑을 사용하는 경우에는 별표 8의 방법[24)]으로 할 것

④ 수갑을 사용하는 경우에는 수갑보호기를 함께 사용할 수 있다.

⑤ 수갑은 구체적 상황에 적합한 종류를 선택하여 사용할 수 있다. 다만, 일회용수갑은 일시적으로 사용하여야 하며, 사용목적을 달성한 후에는 즉시 사용을 중단하거나 다른 보호장비로 교체하여야 한다. 수갑은 구체적 상황에 적합한 종류를 선택하여 사용할 수 있다. 다만, 일회용수갑은

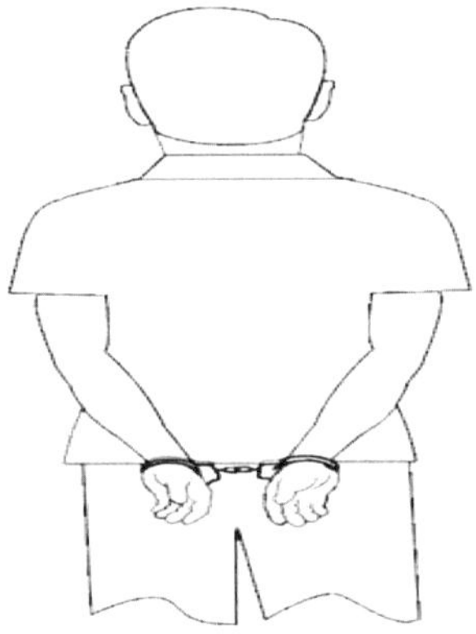

24) 【별표 8】 한손수갑 사용방법

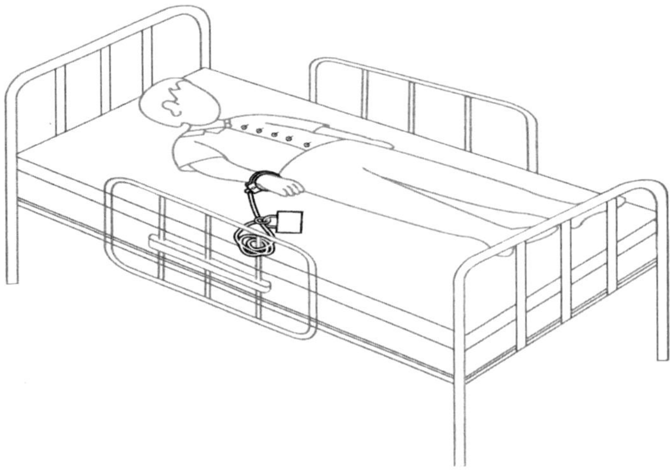

일시적으로 사용하여야 하며, 사용목적을 달성한 후에는 즉시 사용을 중단하거나 다른 보호장비로 교체하여야 한다(시행규칙 제172조 제4항).

(2) 머리보호장비 사용방법

머리보호장비는 별표 9의 방법[25]으로 사용하며, 수용자가 머리보호장비를 임의로 해제하지 못하도록 다른 보호장비를 함께 사용할 수 있다(시행규칙 제173조).

(3) 발목보호장비 사용방법

① 양발목보호장비의 사용은 별표 10의 방법[26]으로 한다. ② 진료를 받거나 입원 중인 수용자에 대하여 한발목보호장비를 사용하는 경우에는 별표 11의 방법[27]으로 한다.

(4) 보호대 사용방법

금속보호대는 수갑과 수갑보호기를 보호대에 연결하여 별표 12의 방법[28]으로 한다.

---

25) 【별표 9】 머리보호장비 사용방법

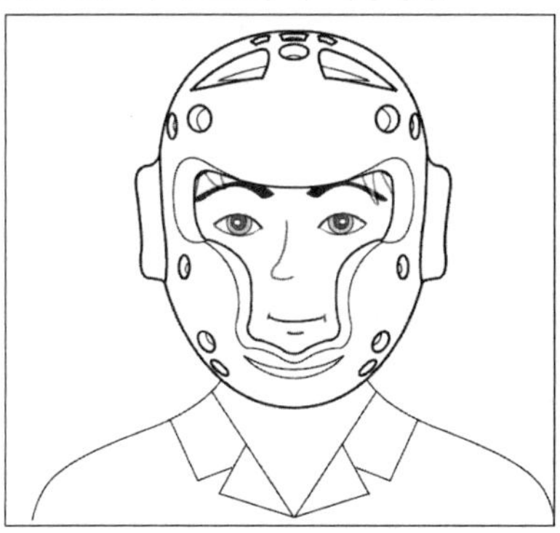

(앞면)

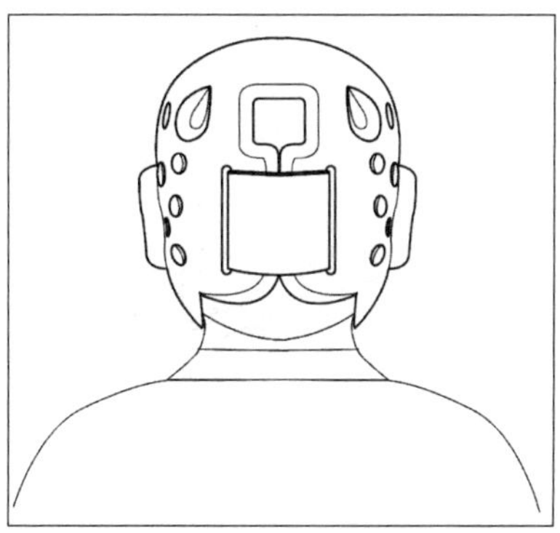

(뒷면)

26) 【별표 10】 발목보호장비 사용방법

벨트보호대는 보호대에 부착된 고리에 수갑을 연결하여 별표 13의 방법[29]으로 한다.

(5) 보호의자

보호의자는 별표 14의 방법[30]으로 사용하며. 다른 보호장비로는 법 제97조 제1항 제2호부터 제4호까지[31]의 규정의 어느 하나에 해당하는 행위를 방지하기 어려운 특별한 사정이 있는 경우에만 사용하여야 하고, 그 사용을 일시 중지하거나 완화하는 경우를 포함하여 8시간을 초과하여 사

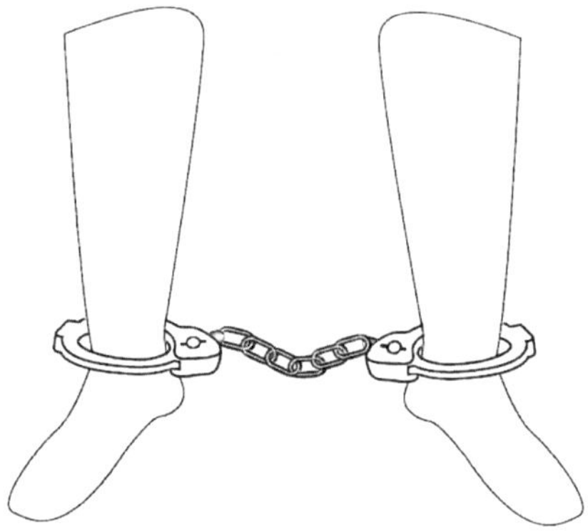

27) 【별표 11】 한발목보호장비 사용방법

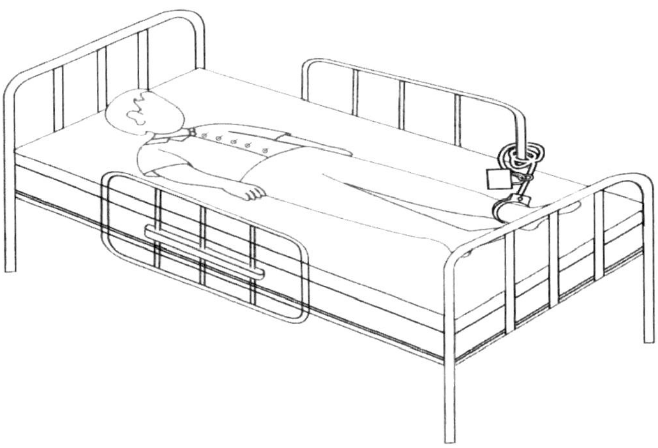

28) 【별표 12】 금속보호대 사용방법

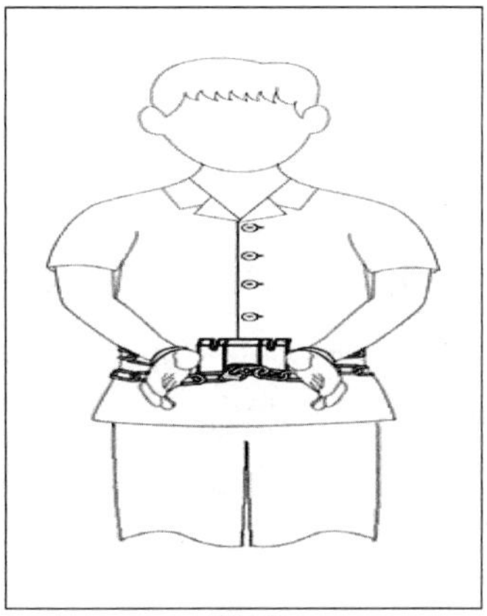

(앞면)

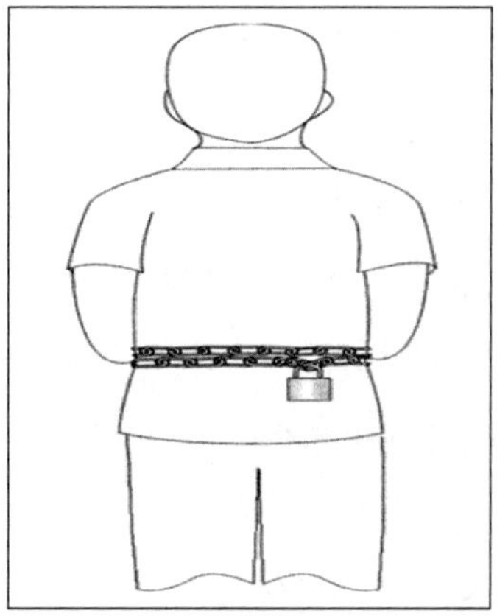

(뒷면)

29) 【별표 13】 벨트보호대 사용방법

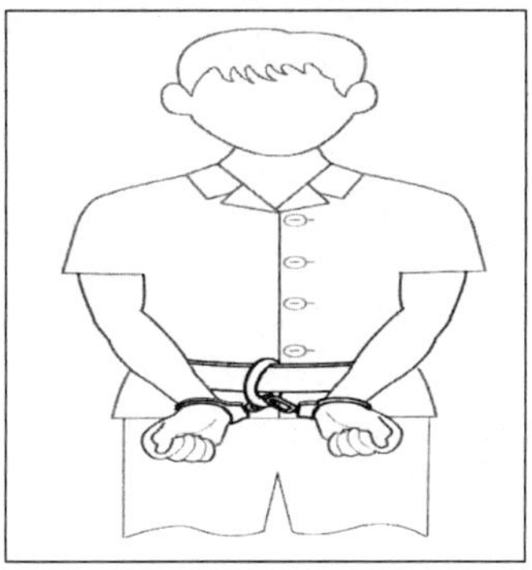

(앞면)

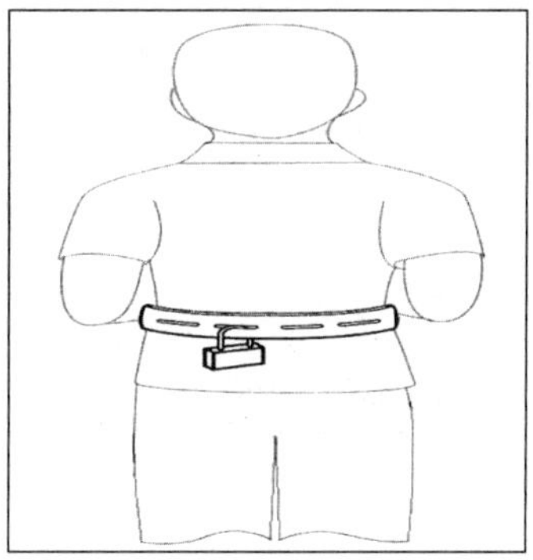

(뒷면)

30) 【별표 14】 보호의자 사용방법

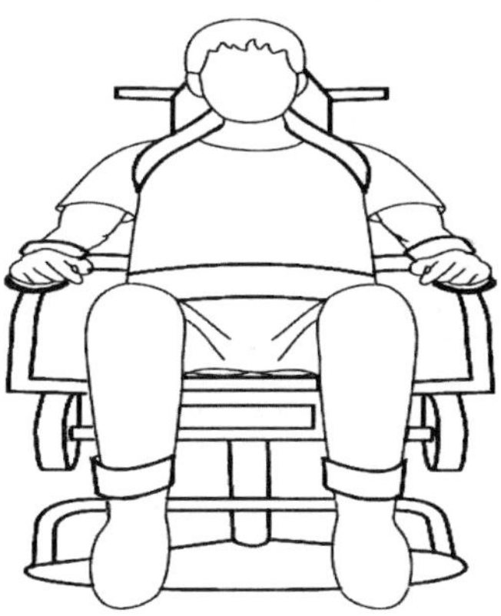

31) 2호 : 도주·자살·자해 또는 다른 사람에 대한 위해의 우려가 큰 때

용할 수 없으며, 사용 중지 후 4시간이 경과하지 아니하면 다시 사용할 수 없다(시행규칙 제176조 제1～2항).

(6) 보호침대 사용방법

보호침대는 별표 15의 방법[32]으로 사용하며, 다른 보호장비로는 자살·자해를 방지하기 어려운 특별한 사정이 있는 경우에만 사용하여야 한다(시행규칙 제177조).

(7) 보호복 사용방법

보호복은 별표 16의 방법[33]으로 사용한다(시행규칙 제178조 제1항).

(8) 포승 사용방법

포승은 고령자·환자 등 도주의 위험성이 크지 아니하다고 판단되는 수용자를 개별 호송하는 경우에는 별표 17의 방법[34]으로 할 수 있다(시행규칙 제179조 제1항 1호).

위의 수용자 외의 수용자를 호송하는 경우 또는 법 제97조 제1항 제2호

3호 : 위력으로 교도관등의 정당한 직무집행을 방해하는 때
4호 : 교정시설의 설비·기구 등을 손괴하거나 그 밖에 시설의 안전 또는 질서를 해칠 우려가 큰 때

32) 【별표 15】 보호침대 사용방법

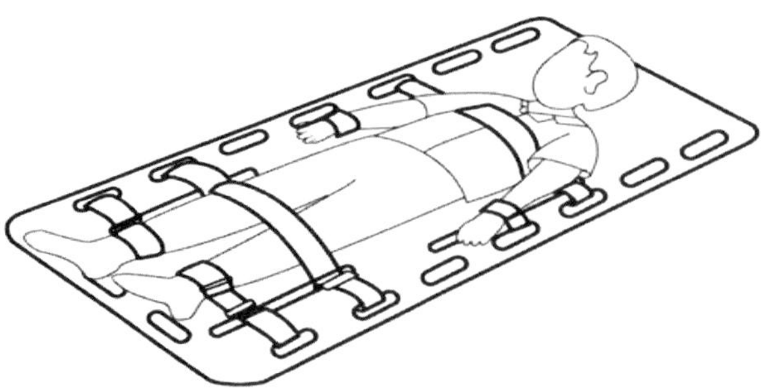

33) 【별표 16】 보호복 사용방법

부터 제4호까지의 규정의 어느 하나에 해당하는 경우에는 별표 18의 방법[35]으로 한다(동조 제2호).

법 제97조 제1항 제2호부터 제4호까지의 규정의 어느 하나에 해당하는 경우 위의 별표 18의 방법으로는 사용목적을 달성할 수 없다고 인정되면 별표 19의 방법[36]으로 한다. 이 경우 2개의 포승을 연결하여 사용할 수 있다(동조 제3호).

포승을 사용하여 2명 이상의 수용자를 호송하는 경우에는 수용자 간에 포승을 연결하여 사용할 수 있다(시행규칙 제179조 제2항). 개인포승은 일시적으로 사용하여야 하며, 계속하여 사용할 필요가 있는 경우에는 일반

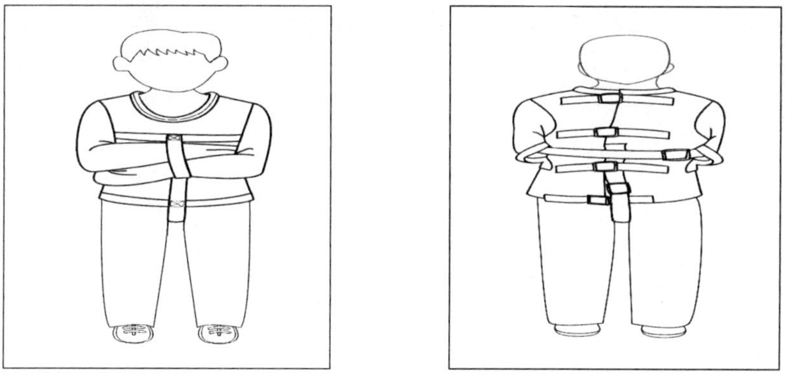

(앞면) (뒷면)

34) 【별표 17】 포승 사용방법

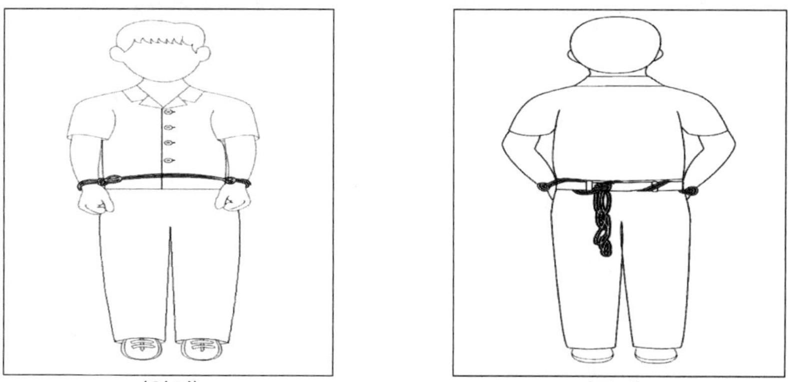

(앞면) (뒷면)

35) 【별표 18】 포승 사용방법

포승으로 교체하여야 한다(동조 제3항).

4) 보호장비의 종류별 사용요건

보호장비의 종류별 사용요건은 ① 수갑·포승 : 제97조 제1항 제1호부터 제4호까지[37]의 어느 하나에 해당 하는 때, ② 머리보호장비 : 머리부분을

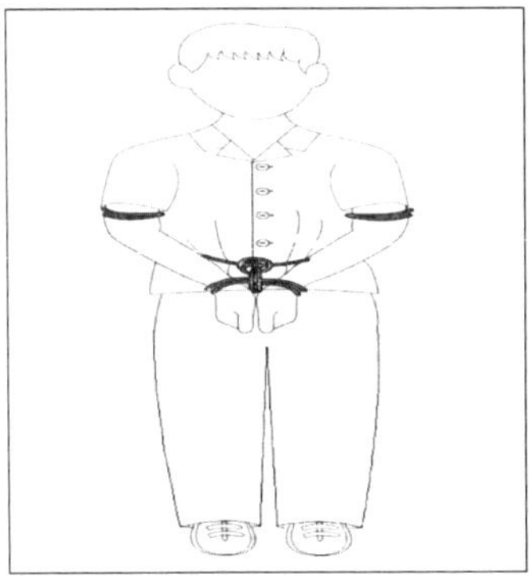
(앞면)

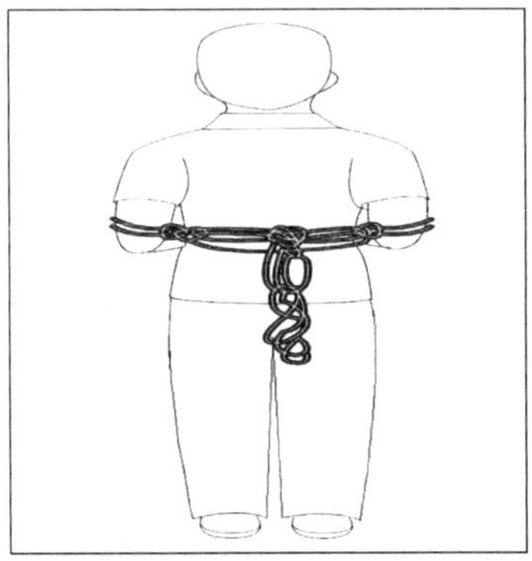
(뒷면)

36) 【 별표 19】 포승 사용방법

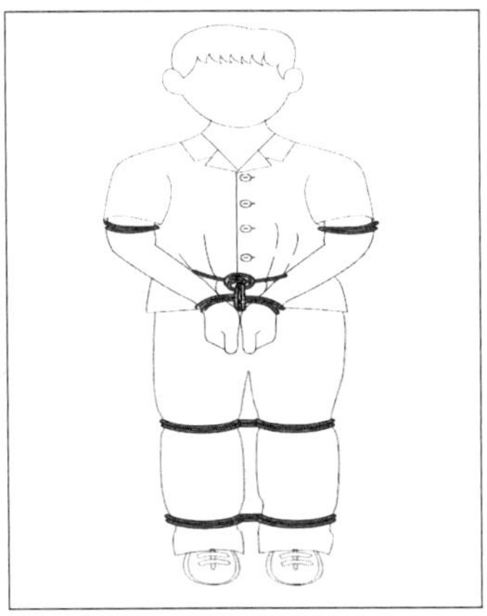
(앞면)

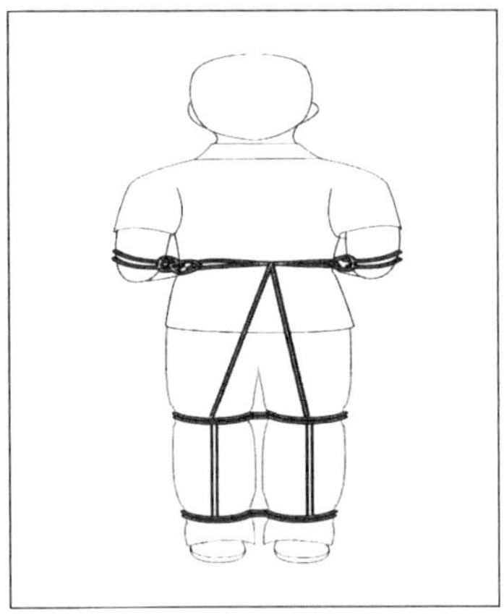
(뒷면)

37) 1호 : 이송·출정, 그 밖에 교정시설 밖의 장소로 수용자를 호송하는 때
2호 : 도주·자살·자해 또는 다른 사람에 대한 위해의 우려가 큰 때
3호 : 위력으로 교도관등의 정당한 직무집행을 방해하는 때
4호 : 교정시설의 설비·기구 등을 손괴하거나 그 밖에 시설의 안전 또는 질서를 해칠 우려가 큰 때

자해할 우려가 큰 때, ③ 발목보호장비·보호대·보호의자 : 제97조 제1항 제2호부터 제4호까지의 어느 하나에 해당하는 때, ④ 보호침대·보호복 : 자살·자해의 우려가 큰 때 등이다(법 제98조 제2항).

5) 둘 이상의 보호장비 사용

하나의 보호장비로 사용목적을 달성할 수 없는 경우에는 둘 이상의 보호장비를 사용할 수 있다. 다만, ① 보호의자를 사용하는 경우, ② 보호침대를 사용하는 경우에는 다른 보호장비와 같이 사용할 수 없다(시행규칙 제180조).

교도관은 보호장비를 사용하는 경우에는 보호장비 사용 심사부에 기록하여야 한다. 다만, 보호장비를 사용하거나 중경비시설 안에서 수용자의 동행계호를 위하여 양손수갑을 사용하는 경우에는 호송계획서나 수용기록부의 내용 등으로 그 기록을 갈음할 수 있다(시행규칙 제181조).

6) 의무관의 건강 확인

보호장비 착용 수용자의 건강상태를 확인한 결과 특이사항을 발견한 경우에는 보호장비 사용 심사부에 기록하여야 한다(시행규칙 제182조).

7) 보호장비의 계속사용

① 소장은 보호장비를 착용 중인 수용자에 대하여 보호장비 사용 심사부 및 보호장비 착용자 관찰부 등의 기록과 관계직원의 의견 등을 토대로 보호장비의 계속사용 여부를 매일 심사하여야 한다(시행규칙 제183조 제1항).

② 소장은 의무관 또는 의료관계 직원으로부터 보호장비의 사용 중지 의견을 보고받았음에도 불구하고 해당 수용자에 대하여 보호장비를 계속하여 사용할 필요가 있는 경우에는 의무관 또는 의료관계 직원에게 건강

유지에 필요한 조치를 취할 것을 명하고 보호장비를 사용할 수 있다. 이 경우 소장은 보호장비 사용 심사부에 보호장비를 계속 사용할 필요가 있다고 판단하는 근거를 기록하여야 한다(동조 제2항).

8) 보호장비의 남용금지

교도관은 필요한 최소한의 범위에서 보호장비를 사용하여야 하며, 그 사유가 소멸하면 사용을 지체 없이 중단하여야 한다(동법 제99조 제1항). 보호장비는 징벌의 수단으로 사용되어서는 아니 된다(동조 제2항).

9) 관련 판례

① 보호장비의 사용요건과 한계는 수용자에 대한 직접강제로 작용하므로 이것이 사용되면 수용자는 팔·다리 등 신체의 움직임에 큰 지장을 받게 되고 육체적·정신적 건강을 해칠 가능성이 높다. 따라서 계구(보호장비)의 사용은 무엇보다 수용자들의 육체적·정신적 건강 상태가 유지되는 범위 내에서 이루어져야 하고 시설의 안전과 구금생활의 질서에 대한 구체적이고 분명한 위험이 임박한 상황에서 이를 제거하기 위하여 제한적으로 필요한 만큼만 이루어져야 한다. 그 경우에도 가능한 한 인간으로서의 기본적인 품위를 유지할 수 있도록 하여야 한다.[38]

② 보호장비의 사용은 사용 목적과 필요성, 그 사용으로 인한 기본권의 침해 정도, 목적 달성을 위한 다른 방법의 유무 등 제반 사정에 비추어 상당한 이유가 있는 경우에 한하여 그 목적 달성에 필요한 최소한의 범위 내에서만 허용되어야 하지만(대법원 1998. 11. 27. 선고 98다17374 판결 등 참조), 보호장비 사용에 상당한 이유가 있었는지 여부를 판단할 때에는 교정시설의 특수성을 충분히 감안하여 보호장비 사용 당시를 전후한 수용자의 구체적 행태는 물론이고 수용자의 나이, 기질, 성행, 건강상태, 수용생

---

38) 헌재 2003. 12. 18. 2001헌마163.

활 태도, 교정사고의 전력, 교정사고 유발의 위험성 등까지 종합적으로 고려하여 보호장비 사용의 적정성을 객관적 · 합리적으로 평가하여야 한다.[39]

③ 청구인을 경북북부제1교도소로 이송함에 있어 4시간 정도에 걸쳐 포승과 수갑 2개를 채운 행위가 청구인의 신체의 자유 및 인격권을 침해하는지 여부에 대하여 보호장비 사용행위는 도주 등의 교정사고를 예방하기 위한 것으로서 그 목적이 정당하고, 상체승의 포승과 앞으로 사용한 수갑은 이송하는 경우의 보호장비로서 적절하다. 그리고 피청구인은 청구인에 대하여 이동 시간에 해당하는 시간 동안에만 보호장비를 사용하였고, 수형자를 장거리 호송하는 경우에는 도주 등 교정사고 발생 가능성이 높아지는 만큼 포승이나 수갑 등 어느 하나의 보호장비만으로는 계호에 불충분하며, 장시간 호송하는 경우에 수형자가 수갑을 끊거나 푸는 것을 최대한 늦추거나 어렵게 하기 위하여 수갑 2개를 채운 행위가 과하다고 보기 어렵고, 청구인과 같이 강력범죄를 범하고 중한 형을 선고받았으며 선고형량에 비하여 형집행이 얼마 안 된 수형자의 경우에는 좀 더 엄중한 계호가 요구된다고 보이므로, 최소한의 범위 내에서 보호장비가 사용되었다고 할 수 있다. 또한 이 사건 보호장비 사용행위로 인하여 제한되는 신체의 자유 등에 비하여 도주 등의 교정사고를 예방함으로써 수형자를 이송함에 있어 안전과 질서를 보호할 수 있는 공익이 더 크다 할 것이므로 법익의 균형성도 갖추었다.[40]

④ 9일 동안 계속 보호장비를 사용하거나,[41] 소년 수용자에 대해 27시간 동안 보호장비를 사용하거나,[42] 1년 동안 소송서류작성, 목욕, 세탁 등을 위해서만 수갑을 채우지 않고 그 외는 수갑을 채운 경우[43] 등은 위법한 보호장비 사용으로 보고 국가배상책임을 인정하였다.

---

39) 대판 2012. 06. 28. 2011도15990.
40) 헌재 2012. 7. 6. 2011헌마426.
41) 대판 1998. 1. 20. 96다18922.
42) 대판 1998. 11. 27. 98다17374.
43) 헌재 2003. 12. 18, 2001헌마163 결정.

⑤ 헌법소원심판 청구 후 계구사용행위가 종료된 경우 동종의 기본권 침해가 반복될 위험이 있고 그 해명이 헌법질서의 수호·유지를 위하여 긴요한 사항으로 중대한 의미가 있어 심판청구의 이익을 인정할 수 있는지 여부에 대하여 각종 수용시설 내에서 질서유지 및 수용자의 보호를 위한 금속수갑 및 가죽수갑의 사용은 행형법상 허용되고 있으므로 계구사용행위와 같은 종류의 조치는 많은 수용자들에게 계속하여 반복될 가능성이 크고 청구인의 경우에도 계속하여 구금되어 있으므로 앞으로 다시 계구사용이 행해질 가능성이 있다. 그리고 이미 수용시설 내에 구금되어 기본권이 제한되고 있는 수용자들에게 계구의 사용으로 신체의 자유 등 기본권을 부가적으로 제한하는 것은 기본적 처우와 관련된 매우 중요한 문제로서 그 한계에 대한 헌법적 해명은 헌법질서 수호를 위하여 중대한 의미를 가지므로 이 사건 계구사용행위에 대한 헌법소원심판청구는 심판의 이익이 인정된다.[44]

⑥ 광주교도소장이 2000. 3. 7.부터 2001. 4. 2.까지 총 392일(가죽수갑 388일)동안 광주교도소에 수용되어 있는 청구인에게 상시적으로 양팔을 사용할 수 없도록 금속수갑과 가죽수갑을 착용하게 한 것이 청구인의 신체의 자유 등 기본권을 침해하였다고 판시하였다.[45]

⑦ 검사조사실에 소환되어 피의자신문을 받을 때 계호교도관이 포승으로 청구인의 팔과 상반신을 묶고 양손에 수갑을 채운 상태에서 피의자조사를 받도록 한 이 사건 계구사용행위가 과잉금지원칙에 어긋나게 청구인의 신체의 자유를 침해하여 위헌인 공권력행사인지 여부에 대해 형사피고인뿐만 아니라 피의자에게도 무죄추정의 원칙과 방어권보장의 원칙이 적용되므로, 피의자에 대한 계구사용은 도주 또는 증거인멸의 우려가 있거나 검사조사실 내의 안전과 질서를 유지하기 위하여 꼭 필요한 목적을 위하여만 허용될 수 있다. 이적단체인 한총련에 가입하여 활동하고 국가보

---

44) 헌재 2003. 12. 18. 2001헌마163.
45) 헌재 2003. 12. 18. 2001헌마163.

안법 철폐를 위한 집회 및 시위에 참여하였다는 이유로 국가보안법위반, 일반교통방해, 집회 및 시위에 관한 법률 위반으로 구속되어 조사를 받게 되었는바, 기록상 경찰조사 단계에서나 검찰조사 단계에서도 자해나 소란 등 특이한 행동을 보인 정황이 엿보이지 아니하고 혐의사실을 대부분 시인하였으며 다만 시위를 주도하거나 돌을 던지는 등 과격한 행위를 한 사실은 없다고 진술하였음에도 불구하고 수갑 및 포승을 계속 사용한 채 피의자조사를 받도록 하였는바, 이로 말미암아 청구인은 신체의 자유를 과도하게 제한당하였고 이와 같은 계구의 사용은 무죄추정원칙 및 방어권행사 보장원칙의 근본취지에도 반한다고 할 것이다.[46)]

⑧ 검사조사실에서의 계구사용을 원칙으로 정한 위 계호근무준칙조항과 도주, 폭행, 소요, 자해 등의 위험이 구체적으로 드러나거나 예견되지 않음에도 여러 날 장시간 피의자신문을 하면서 계구로 피의자를 속박한 행위가 신체의 자유를 침해하는지 여부에 대하여 검사실에서의 계구사용을 원칙으로 하면서 심지어는 검사의 계구해제 요청이 있더라도 이를 거절하도록 규정한 계호근무준칙의 이 사건 준칙조항은 원칙과 예외를 전도한 것으로서 신체의 자유를 침해하므로 헌법에 위반된다.[47)]

⑨ 교도소 내 엄중격리대상자에 대하여 이동 시 계구를 사용하고 교도관이 동행계호하는 행위 및 1인 운동장을 사용하게 하는 처우가 신체의 자유를 과도하게 제한하는 것인지의 여부에 대하여 수형자는 형벌의 집행을 위하여 격리된 구금시설에서 강제적인 공동생활을 하게 되므로 헌법이 보장하는 신체활동의 자유 등 기본권이 제한되기 마련이나, 제한되는 기본권은 형의 집행과 도망의 방지라는 구금의 목적과 관련된 기본권에 한정되어야 하고, 특히 수용시설 내의 질서 및 안전 유지를 위하여 행해지는 기본권의 제한은 다른 방법으로는 그 목적을 달성할 수 없는 경우에만 예외적으로 허용되어야 한다.[48)]

---

46) 헌재 2005. 5. 26. 2001헌마728.
47) 2005. 5. 26. 2004헌마49.

10) 보호장비 사용의 해제

① 교도관은 보호장비 사용 사유가 소멸한 경우에는 소장의 허가를 받아 지체 없이 보호장비 사용을 중단하여야 한다. 다만, 소장의 허가를 받을 시간적 여유가 없을 때에는 보호장비 사용을 중단한 후 지체 없이 소장의 승인을 받아야 한다(시행규칙 제184조 제1항).

② 교도관은 보호장비 착용 수용자의 목욕, 식사, 용변, 치료 등을 위하여 필요한 경우에는 보호장비 사용을 일시 중지하거나 완화할 수 있다(동조 제2항).

11) 보호장비의 착용 및 수용자의 관찰

소장은 제169조 제5호부터 제7호까지[49]의 규정에 따른 보호장비를 사용하거나 같은 조 제8호[50]의 보호장비를 사용하게 하는 경우에는 교도관으로 하여금 수시로 해당 수용자의 상태를 확인하고 매 시간마다 보호장비 착용자 관찰부에 기록하게 하여야 한다. 다만, 소장은 보호장비 착용자를 전자영상장비로 계호할 때에는 거실수용자 영상계호부에 기록하게 할 수 있다(시행규칙 제185조).

12) 보호장비 착용 수용자 거실지정

보호장비를 착용 중인 수용자는 특별한 사정이 없으면 계호상 독거수용한다(시행령 제123조).

---

48) 헌재 2008. 5. 29. 2005헌마137.
49) 5호 : 보호의자, 6호 : 보호침대, 7호 : 보호복
50) 8호 : 포승에는 일반포승과 개인포승이 있다.

3. 보안장비

1) 보안장비의 종류

교도관 및 경비교도(이하 '교도관등'이라 한다)가 법 제100조에 따라 강제력을 행사하는 경우 사용할 수 있는 보안장비는 ① 교도봉(접이식을 포함한다. 이하 같다), ② 전기교도봉, ③ 가스분사기, ④ 가스총(고무탄 발사겸용을 포함한다), ⑤ 최루탄 : 투척용, 발사용(그 발사장치를 포함한다. 이하 같다), ⑥ 전자충격기, ⑦ 그 밖에 법무부장관이 정하는 보안장비 등이다(시행규칙 제186조).

교도관과 경비교도는 소장의 명령 없이 강제력을 행사해서는 아니 된다. 다만, 그 명령을 받을 시간적 여유가 없는 경우에는 강제력을 행사한 후 소장에게 즉시 보고하여야 한다(시행령 제125조).

2) 보안장비의 필요성

(1) 수용자

교도관등은 수용자가 ① 도주하거나 도주하려고 하는 때, ② 자살하려고 하는 때, ③ 자해하거나 자해하려고 하는 때, ④ 다른 사람에게 위해를 끼치거나 끼치려고 하는 때, ⑤ 위력으로 교도관등의 정당한 직무집행을 방해하는 때, ⑥ 교정시설의 설비·기구 등을 손괴하거나 손괴하려고 하는 때, ⑦ 그 밖에 시설의 안전 또는 질서를 크게 해치는 행위를 하거나 하려고 하는 때에 해당하면 강제력을 행사할 수 있다(법 제100조 제1항).

(2) 수용자 이외의 자

교도관등은 수용자 외의 사람이 ① 수용자를 도주하게 하려고 하는 때, ② 교도관등 또는 수용자에게 위해를 끼치거나 끼치려고 하는 때, ③ 위력으로 교도관등의 정당한 직무집행을 방해하는 때, ④ 교정시설의 설비·기구 등을 손괴하거나 하려고 하는 때, ⑤ 교정시설에 침입하거나 하려고 하는 때, ⑥ 교정시설의 안(교도관이 교정시설의 밖에서 수용자를 계호하고 있는 경우 그 장소를 포함한다)에서 교도관등의 퇴거요구를 받고도 이에 응하지 아니하는 때에 해당하면 강제력을 행사할 수 있다(동조 제2항). 강제력을 행사하는 경우에는 보안장비를 사용할 수 있다(동조 제3항). '보안장비'란 교도봉·가스분사기·가스총·최루탄 등 사람의 생명과 신체의 보호, 도주의 방지 및 시설의 안전과 질서유지를 위하여 교도관등이 사용하는 장비와 기구를 말한다(동조 제4항). 강제력을 행사하려면 사전에 상대방에게 이를 경고하여야 한다. 다만, 상황이 급박하여 경고할 시간적인 여유가 없는 때에는 그러하지 아니하다(동조 제5항). 강제력의 행사는 필요한 최소한도에 그쳐야 한다(동조 제6항).

3) 보안장비의 종류별 사용요건

(1) 수용자

교도관등이 수용자에 대하여 사용할 수 있는 보안장비의 종류별 사용요건은 ① 교도봉·가스분사기·가스총·최루탄 : 법 제100조 제1항 각 호[51]의 어느 하나에 해당하는 경우, ② 전기교도봉·전자충격기 : 법 제100조 제1항 각 호의 어느 하나에 해당하는 경우로서 상황이 긴급하여 교도봉·가스분사기·가스총·최루탄의 장비만으로는 그 목적을 달성할 수 없는 때 사용할 수 있다(시행규칙 제187조 제1항).

---

51) 교도관등은 수용자가 다음 각 호의 어느 하나에 해당하면 강제력을 행사할 수 있다.
1. 도주하거나 도주하려고 하는 때
2. 자살하려고 하는 때
3. 자해하거나 자해하려고 하는 때
4. 다른 사람에게 위해를 끼치거나 끼치려고 하는 때

(2) 수용자 이외의 자

교도관등이 수용자 외의 사람에 대하여 사용할 수 있는 보안장비의 종류별 사용요건은 다음과 같다(시행규칙 제187조 제2항).

① 교도봉 · 가스분사기 · 가스총 · 최루탄 : 법 제100조 제2항 각 호[52]의 어느 하나에 해당하는 경우

② 전기교도봉 · 전자충격기 : 법 제100조 제2항 각 호의 어느 하나에 해당하는 경우로서 상황이 긴급하여 교도봉 · 가스분사기 · 가스총 · 최루탄의 장비만으로는 그 목적을 달성할 수 없는 때

제186조 제7호(그 밖에 법무부장관이 정하는 보안장비)에 해당하는 보안장비의 사용은 법무부장관이 정하는 바에 따른다(동조 제3항).

4) 보안장비의 종류별 사용기준

보안장비의 종류별 사용기준은 다음과 같다(시행규칙 제188조).

① 교도봉 · 전기교도봉은 얼굴이나 머리부분에 사용해서는 아니 되며, 전기교도봉은 타격 즉시 떼어야 한다.

② 가스분사기 · 가스총은 1미터 이내의 거리에서는 상대방의 얼굴을 향하여 발사해서는 안 된다.

③ 최루탄에 있어서 투척용 최루탄은 근거리용으로 사용하고, 발사용 최루탄은 50미터 이상의 원거리에서 사용하되, 30도 이상의 발사각을 유지하여야 한다.

---

52) 교도관등은 수용자 외의 사람이 다음 각 호의 어느 하나에 해당하면 강제력을 행사할 수 있다.
1. 수용자를 도주하게 하려고 하는 때
2. 교도관등 또는 수용자에게 위해를 끼치거나 끼치려고 하는 때
3. 위력으로 교도관등의 정당한 직무집행을 방해하는 때
4. 교정시설의 설비 · 기구 등을 손괴하거나 하려고 하는 때
5. 교정시설에 침입하거나 하려고 하는 때
6. 교정시설의 안(교도관이 교정시설의 밖에서 수용자를 계호하고 있는 경우 그 장소를 포함한다)에서 교도관등의 퇴거요구를 받고도 이에 응하지 아니하는 때

④ 전자충격기 : 전극침 발사장치가 있는 전자충격기를 사용할 경우 전극침을 상대방의 얼굴을 향해 발사해서는 안 된다.

4. 무 기

1) 무기의 종류

무기의 종류에는 ① 권총, ② 소총, ③ 기관총, ④ 그 밖에 법무부장관이 정하는 무기 등이다(시행규칙 제189조).

2) 무기의 사용

(1) 무기사용 시기

◉ 교도관등은 다음 사유가 있으면 수용자에 대하여 무기를 사용할 수 있다(법 제101조 제1항).

① 수용자가 다른 사람에게 중대한 위해를 끼치거나 끼치려고 하여 그 사태가 위급한 때

② 수용자가 폭행 또는 협박에 사용할 위험물을 소지하여 교도관등이 버릴 것을 명령하였음에도 이에 따르지 아니하는 때

③ 수용자가 폭동을 일으키거나 일으키려고 하여 신속하게 제지하지 아니하면 그 확산을 방지하기 어렵다고 인정되는 때

④ 도주하는 수용자에게 교도관등이 정지할 것을 명령하였음에도 계속하여 도주하는 때

⑤ 수용자가 교도관등의 무기를 탈취하거나 탈취하려고 하는 때

⑥ 그 밖에 사람의 생명 · 신체 및 설비에 대한 중대하고도 뚜렷한 위험을 방지하기 위하여 무기의 사용을 피할 수 없는 때

◉ 교도관등은 교정시설의 안(교도관이 교정시설의 밖에서 수용자를 계

호하고 있는 경우 그 장소를 포함한다)에서 자기 또는 타인의 생명·신체를 보호하거나 수용자의 탈취를 저지하거나 건물 또는 그 밖의 시설과 무기에 대한 위험을 방지하기 위하여 급박하다고 인정되는 상당한 이유가 있으면 수용자 외의 사람에 대하여도 무기를 사용할 수 있다(동조 제2항).

(2) 무기의 사용 전 조치

교도관등은 소장 또는 그 직무를 대행하는 사람의 명령을 받아 무기를 사용한다. 다만, 그 명령을 받을 시간적 여유가 없으면 그러하지 아니하다(법 제101조 제3항). 무기를 사용하려면 공포탄을 발사하거나 그 밖에 적당한 방법으로 사전에 상대방에 대하여 이를 경고하여야 한다(동조 제4항).

무기의 사용은 필요 최소한에 그쳐야 하며, 그 사용은 최후의 수단이어야 한다(동조 제5항).

사용할 수 있는 무기의 종류, 무기의 종류별 사용요건 및 사용절차 등에 관하여 필요한 사항은 법무부령으로 정한다(동조 제6항).

(3) 무기사용 후 조치

교도관과 경비교도는 무기를 사용한 경우에는 소장에게 즉시 보고하고, 보고를 받은 소장은 그 사실을 법무부장관에게 즉시 보고하여야 한다(시행령 제126조).

3) 종류별 무기사용 요건

① 교도관등이 수용자에 대하여 사용할 수 있는 무기의 종류별 사용요건은 첫째, 권총·소총 : 법 제101조 제1항 각 호[53]의 어느 하나에 해당하

53) 1호: 수용자가 다른 사람에게 중대한 위해를 끼치거나 끼치려고 하여 그 사태가 위급한 때
2호: 수용자가 폭행 또는 협박에 사용할 위험물을 소지하여 교도관등이 버릴 것을 명령하였음에도 이에 따르지 아니하는 때
3호: 수용자가 폭동을 일으키거나 일으키려고 하여 신속하게 제지하지 아니하면 그 확산을

는 경우, 둘째, 기관총 : 법 제101조 제1항 제3호에 해당하는 경우에 사용한다(시행규칙 제190조 제1항).

② 교도관등이 수용자 외의 사람에 대하여 사용할 수 있는 무기의 종류별 사용요건은 첫째, 권총·소총 : 법 제101조 제2항[54]에 해당하는 경우, 둘째, 기관총: 법 제101조 제2항에 해당하는 경우로서 권총의 무기만으로는 그 목적을 달성할 수 없다고 인정하는 경우에 사용한다(동조 제2항).

③ 제189조 제4호(그 밖에 법무부장관이 정한 무기)에 해당하는 무기의 사용은 법무부장관이 정하는 바에 따른다(동조 제3항).

4) 총기의 사용절차

교도관등이 총기를 사용하는 경우에는 구두경고, 공포탄 발사, 위협사격, 조준사격의 순서에 따라야 한다. 다만, 상황이 긴급하여 시간적 여유가 없을 때에는 예외로 한다(시행규칙 제192조).

5) 총기교육

소장은 소속 교도관에 대하여 연 1회 이상 총기의 조작·정비·사용에 관한 교육을 한다. 만약 교육을 받지 아니하였거나 총기 조작이 미숙한 사람, 그 밖에 총기휴대가 부적당하다고 인정되는 사람에 대하여는 총기휴대를 금지하고, 총기휴대 금지자 명부에 그 명단을 기록한 후 총기를

방 지하기 어렵다고 인정되는 때

4호: 도주하는 수용자에게 교도관등이 정지할 것을 명령하였음에도 계속하여 도주하는 때

5호: 수용자가 교도관등의 무기를 탈취하거나 탈취하려고 하는 때

6호: 그 밖에 사람의 생명·신체 및 설비에 대한 중대하고도 뚜렷한 위험을 방지하기 위하여 무기의 사용을 피할 수 없는 때

54) 교도관등은 교정시설의 안(교도관이 교정시설의 밖에서 수용자를 계호하고 있는 경우 그 장소를 포함한다)에서 자기 또는 타인의 생명·신체를 보호하거나 수용자의 탈취를 저지하거나 건물 또는 그 밖의 시설과 무기에 대한 위험을 방지하기 위하여 급박하다고 인정되는 상당한 이유가 있으면 수용자 외의 사람에 대하여도 무기를 사용할 수 있다.

지급할 때마다 대조·확인하여야 한다(시행규칙 제193조 제1항~2항).

총기휴대 금지자에 대하여 금지사유가 소멸한 경우에는 그 사유를 총기휴대 금지자 명부에 기록하고 총기휴대금지를 해제하여야 한다(동조 제3항).

Ⅱ. 격리수용

1. 보호실 수용

1) 보호실 수용 사유

소장은 수용자가 ① 자살 또는 자해의 우려가 있는 때, ② 신체적·정신적 질병으로 인하여 특별한 보호가 필요한 때에 해당하면 의무관의 의견을 고려하여 보호실(자살 및 자해 방지 등의 설비를 갖춘 거실을 말한다. 이하 같다)에 수용할 수 있다(법 제95조 제1항). 수용자의 보호실 수용기간은 15일 이내로 한다. 다만, 소장은 특히 계속하여 수용할 필요가 있으면 의무관의 의견을 고려하여 연장할 수 있다(동조 제2항).

2) 보호실 수용의 기간연장

기간연장은 7일 이내로 하되, 계속하여 3개월을 초과할 수 없다(법 제95조 제3항). 소장은 수용자를 보호실에 수용하거나 수용기간을 연장하는 경우에는 그 사유를 본인에게 알려 주어야 한다(동조 제4항).

3) 보호실 수용자의 건강상태 확인

의무관은 보호실 수용자의 건강상태를 수시로 확인하여야 한다(법 제95조 제5항). 소장은 보호실 수용사유가 소멸한 경우에는 보호실 수용을 즉시 중단하여야 한다(동조 제6항).

2. 진정실 수용

1) 개 념

진정실은 일반 수용거실로부터 격리되어 있고 방음설비 등을 갖춘 거실을 말한다. 따라서 난동이나 소란을 피운다고 하더라도 다른 수용자에게 피해를 주지 못하도록 하기 위함이다. 진정실에 수용하더라도 1인 운동시설을 통해 운동할 수 있도록 해야 한다. 판례에 의하면 교도소 내 엄중격리대상자에 대하여 이동 시 보호장비를 사용하고 교도관이 동행계호하는 행위 및 1인 운동장을 사용하게 하는 처우가 신체의 자유를 과도하게 제한하는 것인지의 여부에 대하여 교정사고의 위험성이 높은 엄중격리대상자들에 대한 보호장비 사용행위, 동행계호행위 및 1인 운동장을 사용하게 하는 처우는 그 목적의 정당성 및 수단의 적정성이 인정되며, 필요한 경우에 한하여 부득이한 범위 내에서 실시되고 있다고 할 것이고, 이로 인하여 수형자가 입게 되는 자유 제한에 비하여 교정사고를 예방하고 교도소 내의 안전과 질서를 확보하는 공익이 더 크다고 할 것이므로 신체의 자유를 과도하게 제한하는 것은 아니라고 하고 있다.[55)]

〈그림 2〉 진정실 및 1인 운동실

55) 헌재 2008. 5. 29 2005헌마137.

2) 진정실 수용사유

소장은 수용자가 첫째, 교정시설의 설비 또는 기구 등을 손괴하거나 손괴하려고 하는 때, 둘째, 교도관 및 경비 교도(이하 이 장에서“교도관등”이라 한다)의 제지에도 불구하고 소란행위를 계속하여 다른 수용자의 평온한 수용생활을 방해하는 때에 해당하는 경우로서 강제력을 행사하거나 보호장비를 사용하여도 그 목적을 달성할 수 없는 경우에만 진정실에 수용할 수 있다(법 제96조 제1항).

3) 진정실 수용기간 및 연장

수용자의 진정실 수용기간은 24시간 이내로 한다. 다만, 소장은 특히 계속하여 수용할 필요가 있으면 의무관의 의견을 고려하여 연장할 수 있다(동조 제2항). 기간연장은 12시간 이내로 하되, 계속하여 3일을 초과할 수 없다(동조 제3항).

3. 보호실 및 진정실 수용의 중지

의무관이 보호실이나 진정실 수용자의 건강을 확인한 결과 보호실 또는 진정실에 계속 수용하는 것이 부적당하다고 인정하는 경우에는 소장에게 즉시 보고하여야 한다. 이 경우 소장은 특별한 사유가 없으면 보호실 또는 진정실 수용을 즉시 중지하여야 한다(시행령 제119조 제1항).

소장은 의무관이 출장·휴가, 그 밖의 부득이한 사유로 직무를 수행할 수 없을 때에는 그 교정시설에 근무하는 의료관계 직원에게 대행하게 할 수 있다(동조 제2항).

Ⅲ. 재난 시의 조치

1. 재난 시 피해복구

천재지변이나 그 밖의 재해가 발생하여 시설의 안전과 질서유지를 위하여 긴급한 조치가 필요하면 소장은 수용자로 하여금 피해의 복구나 그 밖의 응급용무를 보조하게 할 수 있다(법 제102조 제1항).

2. 재난 시 다른 장소 이송

소장은 교정시설의 안에서 천재지변이나 그 밖의 사변에 대한 피난의 방법이 없는 경우에는 수용자를 다른 장소로 이송할 수 있다(동조 제2항). 만약 소장은 다른 장소로 이송이 불가능하면 수용자를 일시 석방할 수 있다(동조 제3항). 석방된 자는 석방 후 24시간 이내에 교정시설 또는 경찰관서에 출석하여야 한다(동조 제4항).

Ⅳ. 수용을 위한 체포

1. 도주 및 출석기한 도과 시 체포

교도관은 수용자가 도주 또는 정당한 사유 없이 일시석방 후 24시간 이내에 교정시설 또는 경찰관서에 출석하지 아니하거나 귀휴·외부통근, 그 밖의 사유로 소장의 허가를 받아 교도관의 계호 없이 교정시설 밖으로 나간 후에 정당한 사유 없이 기한 내에 돌아오지 아니하는 행위(이하 '도주 등'이라 한다)를 한 경우에는 도주 후 또는 출석기한이 지난 후 72시간 이내에만 그를 체포할 수 있다(법 제103조 제1항).

2. 긴급체포

1) 교도관은 체포를 위하여 긴급히 필요하면 도주 등을 하였다고 의심할 만한 상당한 이유가 있는 사람 또는 도주 등을 한 사람의 이동경로나 소재를 안다고 인정되는 사람을 정지시켜 질문할 수 있다(법 제103조 제2항).

2) 교도관은 질문을 할 때에는 그 신분을 표시하는 증표를 제시하고 질문의 목적과 이유를 설명하여야 한다(동조 제3항).

3) 교도관은 체포를 위하여 영업시간 내에 흥행장 · 여관 · 음식점 · 역, 그 밖에 다수인이 출입하는 장소의 관리자 또는 관계인에게 그 장소의 출입이나 그 밖에 특히 필요한 사항에 관하여 협조를 요구할 수 있다(동조 제4항).

4) 교도관은 필요한 장소에 출입하는 경우에는 그 신분을 표시하는 증표를 제시하여야 하며, 그 장소의 관리자 또는 관계인의 정당한 업무를 방해하여서는 아니 된다(동조 제5항).

제 3 장 엄중관리

Ⅰ. 엄중관리 대상자

1. 엄중관리 대상자 구분

교정시설의 안전과 질서유지를 위하여 다른 수용자와의 접촉을 차단하거나 계호를 엄중히 하여야 하는 수용자는 첫째, 조직폭력수용자, 둘째, 마약류수용자 셋째, 관심대상수용자 등이다(시행규칙 제194조).

2. 번호표 표시

엄중관리대상자의 번호표 및 거실표의 색상은 관심대상수용자와 조직폭력수용자는 노란색으로 하고, 마약류수용자는 파란색으로 한다(시행규칙 제195조). 만약 엄중관리대상자 구분이 중복되는 수용자의 경우 그 번호표 및 거실표의 색상은 둘 다 붙일 수 있다.

3. 상 담

소장은 엄중관리대상자 중 지속적인 상담이 필요하다고 인정되는 사람에 대하여는 상담책임자를 지정하고, 상담책임자는 감독교도관 또는 상담관련 전문교육을 이수한 교도관을 우선하여 지정하여야 하며, 상담대상자는 상담책임자 1명당 10명 이내로 하여야 한다. 상담책임자는 해당 엄중관리대상자에 대하여 수시로 개별상담을 함으로써 신속한 고충처리와 원만한 수용생활 지도를 위하여 노력하여야 한다(시행규칙 제196조 제1항~3항).

상담책임자가 상담을 하였을 때에는 그 요지와 처리결과 등을 교정정보시스템에 입력하여야 한다. 이 경우 엄중관리대상자의 처우를 위하여 필요하면 엄중관리대상자 상담결과 보고서를 작성하여 소장에게 보고하여야 한다(동조 제4항).

Ⅱ. 엄중관리 대상자 관리

1. 조직폭력수용자

1) 지정기준

조직폭력수용자 지정기준은 다음과 같다(시행규칙 제198조).

① 체포영장, 구속영장, 공소장 또는 판결문에 조직폭력사범으로 명시된 수용자

② 공소장 또는 판결문에 조직폭력사범으로 명시되어 있지는 아니하나 「폭력행위 등 처벌에 관한 법률」 제4조(단체 등의 구성·활동), 제5조(단체 등의 이용·지원), 「형법」 제114조(범죄단체 등의 조직)가 적용된 수용자

③ 공범·피해자 등의 구속영장·공소장 또는 판결문에 조직폭력사범으로 명시된 수용자

2) 지정 및 해제

① 소장은 조직폭력수용자 지정기준에 해당하는 수용자에 대하여는 조직폭력수용자로 지정한다. 현재의 수용생활 중 집행되었거나 집행할 형이 조직폭력 관련 기준에 해당하는 경우에도 또한 같다(시행규칙 제199조 제1항).

② 소장은 조직폭력수용자 지정기준에 따라 조직폭력수용자로 지정된 자가 공소장 변경 또는 재판 확정에 따라 지정사유가 해소되었다고 인정하는 경우에는 교도관회의의 심의 또는 분류처우위원회의 의결을 거쳐 지정을 해제한다(동조 제2항).

3) 수용자를 대표하는 직책부여 금지

소장은 조직폭력수용자에게 거실 및 작업장 등의 봉사원, 반장, 조장, 분임장, 그 밖에 수용자를 대표하는 직책을 부여해서는 아니 된다(시행규칙 제(200조).

4) 처우상 유의사항

① 소장은 조직폭력수용자가 다른 사람과 접견할 때에는 외부 폭력조직과의 연계가능성이 높은 점등을 고려하여 접촉차단시설이 있는 장소에서 하게 하여야 하며, 귀휴나 그 밖의 특별한 이익이 되는 처우를 결정하는 경우에는 해당 처우의 허용 요건에 관한 규정을 엄격히 적용하여야 한다(시행규칙 제202조).

② 수형자 간 연계활동 차단을 위해 소장은 조직폭력수형자가 작업장 등에서 다른 수형자와 음성적으로 세력을 형성하는 등 집단화할 우려가 있다고 인정하는 경우에는 법무부장관에게 해당 조직폭력수형자의 이송을 지체 없이 신청하여야 한다(시행규칙 제201조).

③ 소장은 조직폭력수용자의 서신 및 접견의 내용 중 특이사항이 있는 경우에는 검찰청, 경찰서 등 관계기관에 통보할 수 있다(시행규칙 제203조).

2. 마약류사범 등의 관리

1) 지정기준

마약류사범의 지정관리 기준은 ① 구속영장, 공소장 또는 판결문에 「마약류관리에 관한 법률」, 「마약류 불법거래방지에 관한 특례법」, 그 밖에 마약류에 관한 형사 법률이 적용된 수용자, ② 마약류에 해당하는 형사 법률을 적용받아 집행유예가 선고되어 그 집행유예 기간 중에 별건으로 수용된 수용자 등이다(시행규칙 제204조).

2) 마약반응검사

① 마약류수용자에 대하여 다량 또는 장기간 복용할 경우 환각증세를 일으킬 수 있는 의약품을 투약할 때에는 특히 유의하여야 한다(시행규칙 제206조 제1항).

② 소장은 교정시설에 마약류를 반입하는 것을 방지하기 위하여 필요하면 강제에 의하지 아니하는 범위에서 수용자의 소변을 채취하여 마약반응검사를 할 수 있다(동조 제2항). 판례에 의하면 마약류사범인 청구인에게 마약류반응검사를 위하여 소변을 받아 제출하게 한 것이 청구인의 일반적인 행동자유권, 신체의 자유를 침해하였는지 여부에 대하여 헌법 제12조 제3항의 영장주의는 법관이 발부한 영장에 의하지 아니하고는 수사에 필요한 강제처분을 하지 못한다는 원칙으로 소변을 받아 제출하도록 한 것은 교도소의 안전과 질서유지를 위한 것으로 수사에 필요한 처분이 아닐 뿐만 아니라 검사대상자들의 협력이 필수적이어서 강제처분이라고 할 수도 없어 영장주의의 원칙이 적용되지 않는다고 하고 있다.[56]

③ 소장은 마약반응에 대한 검사 결과 양성반응이 나타난 수용자에 대

56) 헌재 2006. 7. 27. 2005헌마277.

하여는 관계기관에 혈청검사, 모발검사, 그 밖의 정밀검사를 의뢰하고 그 결과에 따라 적절한 조치를 하여야 한다(동조 제3항).

교도관이 마약류사범에게 검사의 취지와 방법을 설명하고 반입금지품을 제출하도록 안내한 후 외부와 차단된 검사실에서 같은 성별의 교도관 앞에 돌아서서 하의속옷을 내린 채 상체를 숙이고 양손으로 둔부를 벌려 항문을 보이는 방법으로 실시한 정밀신체검사가 마약류 사범인 청구인의 기본권을 침해하였는지 여부에 대하여 교도관이 마약류사범에게 검사의 취지와 방법을 설명하고 반입금지품을 제출하도록 안내한 후 외부와 차단된 검사실에서 같은 성별의 교도관 앞에 돌아서서 하의속옷을 내린 채 상체를 숙이고 양손으로 둔부를 벌려 항문을 보이는 방법으로 실시한 정밀신체검사는 수용자에 대한 생명·신체에 대한 위해를 방지하고 구치소 내의 안전과 질서를 유지하기 위한 것이고(목적의 정당성), 청구인은 메스암페타민(일명 필로폰)을 음용한 전과가 있고, 이번에 수감된 사유도 마약류 음용이며, 마약류 등이 항문에 은닉될 경우 촉수검사, 속옷을 벗고 가운을 입은 채 쪼그려 앉았다 서기를 반복하는 방법 등에 의하여는 은닉물을 찾아내기 어려우며(수단의 적절성), 다른 사람이 볼 수 없는 차단막이 쳐진 공간에서 같은 성별의 교도관과 1 대 1의 상황에서 짧은 시간 내에 손가락이나 도구를 사용하지 않고 시각적으로 항문의 내부를 보이게 한 후 검사를 마쳤고, 그 검사 전에는 검사를 하는 취지와 방법등 을 설명하면서 미리 소지한 반입금지품을 자진 제출하도록 하였으며(최소침해성), 청구인이 수인하여야 할 모욕감이나 수치심에 비하여 반입금지품을 차단함으로써 얻을 수 있는 수용자들의 생명과 신체의 안전, 구치소 내의 질서유지 등의 공익이 보다 크므로(법익 균형성), 과잉금지의 원칙에 위배되었다고 할 수 없다.[57]

---

57) 헌재 2006. 6. 29. 2004헌마826.

3) 지정 및 해제

소장은 마약류 범죄에 해당하는 수용자에 대하여는 마약류수용자로 지정하여야 한다. 현재의 수용생활 중 집행되었거나 집행할 형이 마약류 관련 범죄에 해당하는 경우에도 또한 같다(시행규칙 제205조 제1항).

소장은 마약류수용자로 지정된 사람에 대하여는 석방할 때까지 지정을 해제할 수 없다. 다만, 마약류에 관한 형사 법률 외의 법률이 같이 적용된 마약류수용자로서 지정 후 5년이 지난 마약류수용자에 대하여는 수용생활 태도, 교정성적 등을 고려하여 분류처우위원회의 의결을 거쳐 지정을 해제할 수 있다(동조 제2항).

4) 물품교부 제한

소장은 수용자 외의 사람이 마약류수용자에게 물품을 교부하려고 신청하는 경우에는 마약류 반입 등을 차단하기 위하여 신청을 허가하지 아니한다. 다만, ① 법무부장관이 정하는 바에 따라 교정시설 안에서 판매되는 물품, ② 그 밖에 마약류 반입을 위한 도구로 이용될 가능성이 없다고 인정되는 물품 등의 교부 신청에 대하여는 예외로 할 수 있다(시행규칙 제207조).

담당교도관은 마약류수용자의 영치품 및 소지물의 변동 상황을 수시로 점검하고, 특이사항이 있는 경우에는 감독교도관에게 보고하여야 한다(시행규칙 제208조).

5) 다른 수용자와 접촉 차단

소장은 마약류사범 등 법무부령으로 정하는 수용자에 대하여는 시설의 안전과 질서유지를 위하여 필요한 범위에서 다른 수용자와의 접촉을 차단하거나 계호를 엄중히 하는 등 법무부령으로 정하는 바에 따라 다른 수용자와 달리 관리할 수 있다(법 제104조 제1항). 소장은 마약류사범에 대해 관리하는 경우에도 기본적인 처우를 제한하여서는 아니 된다(동조 제2항).

6) 재활교육

소장은 마약류수용자가 마약류 근절(根絶) 의지를 갖고 이를 실천할 수 있도록 해당 교정시설의 여건에 적합한 마약류수용자 재활교육계획을 수립하여 시행하여야 한다(시행규칙 제209조 제1항).

소장은 마약류수용자의 마약류 근절 의지를 북돋울 수 있도록 마약 퇴치 전문강사, 성직자 등과 자매결연을 주선할 수 있다(동조 제2항).

3. 관심대상수용자

1) 관심대상자 지정

소장은 제210조 각 호[58]의 어느 하나에 해당하는 수용자에 대하여는 분

---

58) 1. 다른 수용자에게 상습적으로 폭력을 행사하는 수용자
2. 교도관을 폭행하거나 협박하여 징벌을 받은 전력(前歷)이 있는 사람으로서 같은 종류의 징벌대상행위를 할 우려가 큰 수용자
3. 수용생활의 편의 등 자신의 요구를 관철할 목적으로 상습적으로 자해를 하거나 각종 이물질을 삼키는 수용자
4. 다른 수용자를 괴롭히거나 세력을 모으는 등 수용질서를 문란하게 하는 조직폭력수용자(조직폭력사범으로 행세하는 경우를 포함한다)
5. 조직폭력수용자로서 무죄 외의 사유로 출소한 후 5년 이내에 교정시설에 다시 수용된 사람
6. 상습적으로 교정시설의 설비·기구 등을 파손하거나 소란행위를 하여 공무집행을 방해하는 수용자
7. 도주(음모, 예비 또는 미수에 그친 경우를 포함한다)한 전력이 있는 사람으로서 도주의 우려가 있는 수용자
8. 중형선고 등에 따른 심적 불안으로 수용생활에 적응하기 곤란하다고 인정되는 수용자
9. 자살을 기도한 전력이 있는 사람으로서 자살할 우려가 있는 수용자
10. 사회적 물의를 일으킨 사람으로서 죄책감 등으로 인하여 자살 등 교정사고를 일으킬 우려가 큰 수용자
11. 징벌집행이 종료된 날부터 1년 이내에 다시 징벌을 받는 등 규율 위반의 상습성이 인

류처우위원회의 의결을 거쳐 관심대상수용자로 지정한다. 다만, 미결수용자나 분류처우위원회의 의결 전이라도 관심대상수용자로 지정할 필요가 있다고 인정되는 수용자에 대하여는 교도관회의의 심의를 거쳐 관심대상수용자로 지정할 수 있다(시행규칙 제211조 제1항). 관심대상수용자로 지정할 경우에는 담당교도관 또는 감독교도관의 의견을 고려하여야 한다(동조 제3항).

2) 관심대상자 해제

소장은 관심대상수용자의 수용생활태도 등이 양호하여 지정사유가 해소되었다고 인정하는 경우에는 그 절차에 따라 그 지정을 해제한다(시행규칙 제211조 제2항). 관심대상수용자로 지정을 해제하는 경우에는 담당교도관 또는 감독교도관의 의견을 고려하여야 한다(동조 제3항).

정되는 수용자

12. 상습적으로 법령에 위반하여 연락을 하거나 금지물품을 반입하는 등의 방법으로 부조리를 기도하는 수용자
13. 그 밖에 교정시설의 안전과 질서유지를 위하여 엄중한 관리가 필요하다고 인정되는 수용자

제 4 장 규율과 상벌

Ⅰ. 규 율

수용자는 교정시설의 안전과 질서유지를 위하여 법무부장관이 정하는 규율을 준수하여야 한다(법 제105조 제1항). 규율에 대한 내용을 살펴보면 ① 교정시설의 안전 또는 질서를 해칠 목적으로 다중(多衆)을 선동하는 행위, ② 허가되지 아니한 단체를 조직하거나 그에 가입하는 행위, ③ 교정장비, 도주방지시설, 그 밖의 보안시설의 기능을 훼손하는 행위, ④ 음란한 행위를 하거나 다른 사람에게 성적(性的) 언동 등으로 성적 수치심 또는 혐오감을 느끼게 하는 행위, ⑤ 다른 사람에게 부당한 금품을 요구하는 행위, ⑥ 작업 · 교육 · 접견 · 집필 · 전화통화 · 운동, 그 밖에 교도관의 직무 또는 다른 수용자의 정상적인 일과 진행을 방해하는 행위, ⑦ 문신을 하거나 이물질을 신체에 삽입하는 등 의료 외의 목적으로 신체를 변형시키는 행위, ⑧ 허가 없이 지정된 장소를 벗어나거나 금지구역에 출입하는 행위, ⑨ 허가 없이 다른 사람과 만나거나 연락하는 행위, ⑩ 수용생활의 편의 등 자신의 요구를 관철할 목적으로 이물질을 삼키는 행위, ⑪ 인원점검을 회피하거나 방해하는 행위, ⑫ 교정시설의 설비나 물품을 고의로 훼손하거나 낭비하는 행위, ⑬ 고의로 수용자의 번호표, 거실표 등을 지정된 위치에 붙이지 아니하거나 그 밖의 방법으로 현황파악을 방해하는 행위, ⑭ 큰 소리를 내거나 시끄럽게 하여 다른 수용자의 평온한 수용생활을 현저히 방해하는 행위, ⑮ 허가 없이 물품을 반입 · 제작 · 소지 · 변조 · 교환 또는 주고받는 행위, ⑯ 도박이나 그 밖에 사행심을 조장하는 놀이나 내기를 하는 행위, ⑰ 지정된 거실에 입실하기를 거부하는 등 정당한 사유 없이 교도관의 직무상 지시나 명령을 따르지 아니하는 행위 등이다(시행규칙 제214조). 수용자는 소장이 정하는 일과시간표를 준수하여야 한다(동조 제2항). 수용자는 교도관의 직무상 지시에 복종하여야 한다(동조 제3항). 따라서 교도관은 직무상 관계가 없는 내용에 대해서는 지시를 해서는 안 되고, 설령 지시를 한다고 하더라도 위법·부당한 경우에는 복종하지 않아도 된다.

Ⅱ. 포 상

소장은 수용자가 다음 사유가 있는 경우에는 법무부령으로 정하는 바에 따라 포상할 수 있다(법 제106조).

◉ 사람의 생명을 구조하거나 도주를 방지한 때

◉ 응급용무에 따른 공로가 있는 때

◉ 시설의 안전과 질서유지에 뚜렷한 공이 인정되는 때

◉ 수용생활에 모범을 보이거나 건설적이고 창의적인 제안을 하는 등 특히 포상할 필요가 있다고 인정되는 때

Ⅲ. 징 벌

1. 징벌의 개념

징벌이란 수용자가 교정시설 내에서 법률에서 규정한 규율을 위반하면 소장의 제청에 의해 징벌위원회의 의결을 거쳐 징벌의 종류에 따라 징벌을 부과하는 것을 말한다. 징벌이 일사부재리의 원칙에 위배되는지 여부에 대해 판례는 질서위반자에 대한 징계행위로 행정질서벌에 해당하기 때문에 위배되지 않는 것으로 보고 있다.[59] 즉 징벌은 형법에서 규정한 형

59) 대판 2000. 10. 27 선고, 2000도3874.

벌이 아니기 때문에 형벌이 부과된 상태에서 징벌이 부과된다고 하더라도 일사부재리의 원칙에 반하지 않는다. 여기서 일사부재리의 원칙이란 유·무죄의 실체판결이나 면소판결이 난 사건에서 또 다시 동일한 사건을 공소제기하여 심판을 구할 수 없다는 원칙이다. 만약 확정판결이 난 사건을 또 다시 공소제기를 한다면 소송조건의 흠결로 이유로 판결로써 면소의 선고를 하여야 한다(형사소송법 제326조 제1호). 또한 헌법 제13조 제1항에 의하면 "모든 국민은 동일한 범죄에 대하여 거듭 처벌받지 아니한다"라고 규정하여 일사부재리의 원칙을 천명하고 있다.

2. 징벌의 사유

1) 규율위반행위

소장은 수용자가 다음 사항을 위반하면 징벌위원회의 의결에 따라 징벌을 부과할 수 있다(법 제107조).

1) 「형법」, 「폭력행위등 처벌에 관한 법률」, 그 밖의 형사 법률에 저촉되는 행위

2) 수용생활의 편의 등 자신의 요구를 관철할 목적으로 자해하는 행위

3) 정당한 사유없이 작업·교육 등을 거부하거나 태만히 하는 행위

4) 금지물품을 반입·제작·소지·사용·수수·교환 또는 은닉하는 행위

5) 다른 사람을 처벌받게 하거나 교도관의 직무집행을 방해할 목적으로 거짓 사실을 신고하는 행위

6) 그 밖에 시설의 안전과 질서유지를 위하여 법무부령으로 정하는 규율을 위반하는 행위

2) 규율위반에 따른 징벌처분 대상 현황

징벌처분 대상 행위를 한 인원은 2013년 14,652명 대비 2017년에는 18,271명으로 15.4% 증가한 것으로 나타났다.

〈표 21〉 징벌처분 대상 인원 단위 : 명

구 분	2013	2014	2015	2016	2017
대상자	14,652 (100%)	15,541 (100%)	17,055 (100%)	16,626 (100%)	18,271 (100%)

출처 : 2018 교정통계연보

3) 입건 송치현황

정도가 심한 규율 위반 행위에 대한 형사사법 기관에 송치한 현황을 살펴보면 2017년 기준 ① 상해가 251명(33.9%)로 가장 많고, ② 폭력행위등 처벌 위반이 169명(22.9%), ③ 공무집행방해가 62명(8.4%), ④ 폭행치상이 44명(5.9%), 순으로 나타났다.

〈표 22〉 입건 송치 사유별 현황 단위 : 명

구분	계	도주 미수	상해	폭행 치상	폭행 치사	공무 방해	폭력 행위 등	뇌물 공여	기타
2013	576 (100%)	2 (0.3%)	222 (38.5%)	40 (6.9%)	1 (0.2%)	47 (8.2%)	73 (12.7%)	2 (0.3%)	189 (32.8%)
2014	642 (100%)	2 (0.3%)	236 (36.7%)	61 (9.5%)	-	50 (7.8%)	120 (18.7%)	-	173 (27.0%)
2015	753 (100%)	1 (0.1%)	224 (29.7%)	100 (13.3%)	-	48 (6.4%)	167 (22.2%)	-	213 (28.3%)
2016	709 (100%)	3 (0.4%)	234 (33.1%)	78 (11.0%)	-	42 (5.9%)	168 (23.7%)	1 (0.1%)	183 (25.8%)
2017	740 (100%)	-	251 (33.9%)	44 (5.9%)	-	62 (8.4%)	169 (22.9%)	-	214 (28.9%)

출처 : 2018 교정통계연보

3. 징벌의 종류

1) 우리나라

징벌의 종류는 다음과 같다(법 제108조).

① 경고

② 50시간 이내의 근로봉사

③ 3개월 이내의 작업장려금 삭감

④ 30일 이내의 공동행사 참가 정지

⑤ 30일 이내의 신문열람 제한

⑥ 30일 이내의 텔레비전 시청 제한

⑦ 30일 이내의 자비구매물품(의사가 치료를 위하여 처방한 의약품을 제외한다)사용 제한

⑧ 30일 이내의 작업 정지

⑨ 30일 이내의 전화통화 제한

⑩ 30일 이내의 집필 제한

⑪ 30일 이내의 서신수수 제한

⑫ 30일 이내의 접견 제한

⑬ 30일 이내의 실외운동 정지

⑭ 30일 이내의 금치(禁置)

2) 일 본

형사수용시설 및 피수용자 등의 처우에 관한 법률(이하 형사수용자처우법이라 한다)에 따라 수형자의 징벌과 수용자의 징벌로 나누어져 있다. 먼저 제151조에 의한 수형자에게 부과하는 형벌의 종류는 다음과 같다.

① 경고

② 10일 이내의 작업 정지

③ 자비의 물품사용 또는 섭취의 일부 또는 전부의 15일 이내의 정지

④ 서적 열람의 일부 또는 전부의 30일 이내의 정지(피고인 혹은 피의자의 권리보호 또는 소송의 준비, 그 밖의 권리보호를 인정할 필요가 있다고 인정되는 경우에는 제외)

⑤ 작업장려금의 1/3 이내의 삭감

⑥ 30일 이내(징벌을 과할 때에는 20세 이상의 자에 대해서, 특히 정상이 무거운 경우에는 60일 이내)의 독거 등이 있다.[60)]

②~⑤까지는 두 개 이상 병과할 수 있고, 30일 이내의 독거를 부과할 경우에는 작업장려금의 1/3 이내의 삭감과 동시에 부과할 수 있다.

다음으로 수형자 이외의 피수용자에 대한 징벌의 종류에는 다음과 같다.

① 경고

② 자비의 물품사용 또는 섭취의 일부 또는 전부의 15일 이내의 정지

③ 서적 열람의 일부 또는 전부의 30일 이내의 정지

④ 독거 등이 있다.[61)]

여기서 ②와 ③은 병과해서 부과할 수 있다.

(1) 징벌의 부과절차

형사시설의 장은 피수용자에 징벌을 과할 경우에는 법무성령에 따라 그 청취를 행하는 3인 이상의 직원을 지명하고, 그 피수용자에 대해 변론의 기회를 부여하지 않으면 안 된다. 징벌을 부과함에 있어 피징벌자에 대한

60) 독거는 독거벌이라 칭하고 있으며, 그 내용은 법무성령에 따라 실내에서 근신하는 것을 말하며, 독거벌을 부과받는 수형자에 대해서는 근신의 취지에 반하지 않는 한도에서 교정처우 등을 행할 수 있다.

61) 독거의 내용은 ①자비의 물품의 사용 또는 섭취를 정지하고, ②서적을 열람할 수 없으며, ③종교상의 행사에 참여하거나, 다른 피수용자와 같이 종교상의 교회를 받지 못한다. ④자기계약의 작업을 하지 못하며, ⑤면회 및 서신수발을 하지 못한다. 독거벌을 부과받는 수용에 대해서는 건강을 해치지 않는 범위 내에서 법무성령의 기준에 따라 운동을 제한한다.

진술할 기회를 부여하여 부당한 징벌이 이루어지지 않도록 해야 한다.[62] 이 경우 그 피수용자에 대해 사전에 서면으로 변론의 일시 또는 기한 및 징벌의 원인이 되는 사실의 취지를 통지하며, 피수용자를 보좌하는 자를 형사시설의 직원 중에 지명하지 않으면 안 된다. 지명을 받은 직원은 징벌을 과하는 것이 적합한지 여부와 징벌의 내용에 대해 협의하고, 이 사항에 대하여 의견 및 피수용자의 변론의 내용을 기재한 보고서를 형사시설의 장에게 제출해야 한다(형사수용자처우법 제155조).

(2) 징벌의 집행

형사시설의 장은 징벌을 과할 때 피수용자에 대하여 징벌의 내용 및 징벌의 원인으로 해서 인정한 사실의 요지를 고지하고, 직접 그 집행을 행한다. 단 반성이 현저하거나 다른 상당한 이유가 있는 경우에는 그 집행을 연기하거나 그 집행을 일부 혹은 전부를 면제할 수 있다. 형사시설의 장은 독거벌의 집행에 있어 그 피수용자의 건강상태에 대해 형사시설 내의 직원인 의사의 의견을 청취해야 한다(형사수용자 처우법 제156조).

3) 영 국

① 경고

② Rule 제18조에 의한 특권 중 42일을 초과하지 않는 기간의 몰수(청년수용자는 21일)

③ 21일을 초과하지 않는 기간의 공동작업 제외

④ 최장 84일 이하 기간의 임금지급 중지 및 삭감(청년 수용자 42일)

⑤ 최장 21일간 독거실 수용(청년수용자 16일),

⑥구금일 최대 42일 추가 등이다.

---

62) 末廣 哲, "刑確定後の弁護活動(3)監獄内の違法な懲罰を争う-適正手続の保障を求めて", 刑事弁護 32巻, 現代人文社, 2002, 123頁.

4) 독 일

독일의 경우 행형법 제103조에 의하면 징계의 종류는 다음과 같다.

① 견책

② 3개월간 자비구매의 제한 및 박탈

③ 3개월간 라디오 및 TV시청 제한

④ 2주간 도서열람 제한 및 박탈

⑤ 3개월간 여가활동을 위한 공동행사 참여 제한 및 박탈

⑥ 4주 동안 여가시간 격리수용

⑦ 4주간 법률의 규정에 따른 임금지급의 중단 및 작업의 박탈

⑧ 4개월간 외부교통 제한

(1) 가중적 징계조치

행형법 제103조 제9호에 의하면 가중적 징계조치로 4주 이내의 금치가 있다. 이는 행형법 제103조 제2항에 따라 금치는 최후의 수단으로 중대한 위반이나 반복된 위반행위가 있을 경우에만 집행된다. 여기서 중대한 위반행위는 사람이나 물건에 대한 폭력행위나 시설의 안전을 침해하는 행위를 말한다.[63] 행형법 제104조 제1항에 의하면 징계처분은 징계처분을 유예하거나 다른 특별한 사유가 없으면 신속히 집행된다. 그 이유는 징계처분을 통한 학습과정이 실현될 수 있기 때문이다.[64]

(2) 징벌편의주의

징계처분은 반드시 행할 필요가 없다고 판단되는 경우에는 교육적 효과를 높이는 차원에서 행형법 제104조 제2항에 따라 출소 후 보호관찰처분으로 대체하고 있어 징벌편의주의를 채택하고 있다.

---

63) Calliess, R. P./Müller Diets, H., Strafovllzugsgesetz. 11. Aufl., München 2008, §102 Rn. 4.

64) OLG Hamburg, StrVert 2004, S. 276.

4. 징벌 대상자의 조사

1) 징벌대상자 분리수용

소장은 징벌사유에 해당하는 행위를 하였다고 의심할 만한 상당한 이유가 있는 수용자(이하 "징벌대상자"라 한다)가 ① 증거를 인멸할 우려가 있는 때, ② 다른 사람에게 위해를 끼칠 우려가 있거나 다른 수용자의 위해로부터 보호할 필요가 있는 때에 해당하면 조사기간 중 분리하여 수용할 수 있다(법 제110조 제1항). 소장은 징벌대상자가 증거를 인멸할 우려가 있거나, 다른 사람에게 위해를 끼칠 우려가 있거나 다른 수용자의 위해로부터 보호할 필요가 있는 때에 해당하면 접견 · 서신수수 · 전화통화 · 실외운동 · 작업 · 교육훈련 · 공동행사참가 등 다른 사람과의 접촉이 가능한 처우의 전부 또는 일부를 제한할 수 있다(동조 제2항). 접견 · 서신수수 또는 전화통화를 제한하는 경우에는 징벌대상자의 가족 등에게 그 사실을 알려야 한다. 다만, 징벌대상자가 통지를 원하지 아니하는 경우에는 그러하지 아니하다(시행규칙 제222조).

2) 징벌대상자 조사 시 준수사항

징벌대상행위에 대하여 조사하는 교도관이 징벌대상자 또는 참고인 등을 조사할 때에는 다음 사항을 준수하여야 한다(시행규칙 제219조).

① 인권침해가 발생하지 아니하도록 유의할 것

② 조사의 이유를 설명하고, 충분한 진술의 기회를 제공할 것

③ 공정한 절차와 객관적 증거에 따라 조사하고, 선입견이나 추측에 따라 처리하지 아니할 것

④ 형사 법률에 저촉되는 행위에 대하여 징벌 부과 외에 형사입건조치가 요구되는 경우에는 형사소송절차에 따라 조사대상자에게 진술을 거부

할 수 있다는 것과 변호인을 선임할 수 있다는 것을 알릴 것 등을 준수하여야 한다.

3) 조사기간

① 수용자의 징벌대상행위에 대한 조사기간(조사를 시작한 날부터 징벌위원회의 의결이 있는 날까지를 말한다)은 10일 이내로 한다. 다만, 특히 필요하다고 인정하는 경우에는 1회에 한하여 7일을 초과하지 아니하는 범위에서 그 기간을 연장할 수 있다(시행규칙 제220조 제1항).

② 소장은 조사기간 중 조사결과에 따라 징벌위원회로의 회부, 징벌대상자에 대한 무혐의 통고, 징벌대상자에 대한 훈계, 징벌위원회 회부 보류, 조사 종결 등의 조치를 할 수 있다(동조 제2항).

③ 조사기간 중 징벌대상자에 대하여 처우를 제한하는 경우에는 징벌위원회의 의결을 거쳐 처우를 제한한 기간의 전부 또는 일부를 징벌기간에 포함할 수 있다(동조 제3항).

④ 소장은 징벌대상행위가 징벌대상자의 정신병적인 원인에 따른 것으로 의심할 만한 충분한 사유가 있는 경우에는 징벌절차를 진행하기 전에 의사의 진료, 전문가 상담 등 필요한 조치를 하여야 한다(동조 제4항).

⑤ 소장은 징벌대상행위에 대한 조사 결과 그 행위가 징벌대상자의 정신병적인 원인에 따른 것이라고 인정하는 경우에는 그 행위를 이유로 징벌위원회에 징벌을 요구할 수 없다(동조 제5항).

4) 조사의 일시정지

소장은 징벌대상자의 질병이나 그 밖의 특별한 사정으로 인하여 조사를 계속하기 어려운 경우에는 조사를 일시 정지할 수 있으며, 정지된 조사기간은 그 사유가 해소된 때부터 다시 진행한다. 이 경우 조사가 정지된 다음 날부터 정지사유가 소멸한 전날까지의 기간은 조사기간에 포함되지 아니한다(시행규칙 제221조 제1항~2항).

5. 징벌위원회

1) 징벌위원회 구성

징벌대상자의 징벌을 결정하기 위하여 교정시설에 징벌위원회(이하 이 조에서 '위원회'라 한다)를 둔다(법 제111조 제1항). 위원회는 위원장을 포함한 5인 이상 7인 이하의 위원으로 구성하고, 위원장은 소장의 바로 다음 순위자가 되며,[65] 위원은 소장이 소속 기관의 과장(지소의 경우에는 7급 이상의 교도관) 및 교정에 관한 학식과 경험이 풍부한 외부인사 중에서 임명 또는 위촉한다. 이 경우 외부 위원은 3인 이상으로 한다(동조 제2항). 위촉된 위원의 임기는 2년으로 하며, 연임할 수 있다(시행규칙 제223조 제2항).

(1) 외부위원의 위촉 대상

① 변호사

② 대학에서 법률학을 가르치는 전임강사 이상의 직에 있는 사람

③ 교정협의회(교정위원 전원으로 구성된 협의체를 말한다) 또는 교정자문위원회에서 추천한 사람

④ 그 밖에 교정에 관한 학식과 경험이 풍부한 사람 등에서 위촉한다(시행규칙 제223조 제1항).

---

65) 이것은 징벌의 요구권자가 소장이기 때문에 타당성이 있다고 판단된다. 한편 위원장을 외부위원이 맡도록 주장하고 있다(곽병선, "형집행법상 수용자 징벌현황과 진단", 법학연구 제36집, 한국법학회, 2009, 183면).

(2) 외부위원의 위촉 해제

소장은 외부위원이 ① 직무를 게을리 하거나 품위를 손상하는 행위를 하였을 때, ② 특정 종파나 특정 사상에 편향되어 징벌의 공정성을 해칠 우려가 있을 때에는 임기 중이라도 위촉을 해제할 수 있다(동조 제3항).

(3) 위원장의 직무대행

위원회의 위원장이 불가피한 사정으로 그 직무를 수행하기 어려운 경우에는 위원장이 미리 지정한 위원이 그 직무를 대행한다(시행령 제130조). 즉 위원장이 직무를 수행하기 어려울 때 그 직무의 대행은 다음 순위자가 되는 것이 아니라 미리 지정한 위원이다.

2) 위원회의 의결

(1) 위원회의 개회

위원회는 소장의 징벌요구에 따라 개회하며, 징벌은 그 의결로써 정한다(법 제111조 제3항). 징벌위원회는 출석한 징벌대상자를 심문하고, 필요하다고 인정하는 경우에는 교도관이나 다른 수용자 등을 참고인으로 출석하게 하여 심문할 수 있다(시행규칙 제228조 제2항). 징벌위원회는 징벌대상자에게 출석통지서를 전달하였음에도 불구하고 징벌대상자가 출석포기서를 제출하거나 정당한 사유 없이 출석하지 아니한 경우에는 그 사실을 징벌위원회 회의록에 기록하고 서면심리만으로 징벌을 의결할 수 있다(동조 제2항).

(2) 의결정족수

징벌위원회는 재적위원 과반수의 출석으로 개의하고, 출석위원 과반수의 찬성으로 의결한다(동조 제3항). 이렇게 할 경우 외부위원이 한 명도 참석하지 않아도 개의 및 의결할 수 있기 때문에 징벌의 공정성을 기할 수 없는 한계가 발생할 수 있다. 따라서 외부위원은 반드시 참여해야 한다는 규정이 필요하다. 이호중 교수는 징벌위원회의 과반수를 외부위원으로 구성하고, 외부위원이 과반수 이상 참석하지 않으면 징벌의결이 불가능하도록 해야 한다고 주장하고 있다.[66]

외부위원 중 심리전문가를 포함시켜 참여토록 해야 한다.[67] 심리전문가가 참여해야 하는 이유는 징벌대상자의 심리를 파악하여 심리치료여부 및 상담의 필요여부 그리고 성격심리 등을 파악하여 규율위반의 본질적인 내용을 파악하여 적절한 해결방안을 모색할 필요가 있을 뿐 아니라, 이를 통한 징벌대상자의 적정한 징벌의 종류를 결정하는 데 도움을 줄 수 있기 때문이다.

징벌위원회가 작업장려금 삭감을 의결하려면 사전에 수용자의 작업장려금을 확인하여야 한다(동조 제4항). 징벌위원회의 회의에 참여한 사람은 직무상 알게 된 비밀을 누설하여서는 아니 된다(동조 제5항). 위촉된 위원이 징벌위원회에 참석한 경우에는 예산의 범위에서 수당, 여비, 그 밖에 필요한 경비를 지급할 수 있다(시행규칙 제223조 제4항).

3) 위원에 대한 기피신청

위원이 징벌대상자의 친족이거나 그 밖에 공정한 심의·의결을 기대할 수 없는 특별한 사유가 있는 경우에는 위원회에 참석할 수 없다(법 제111조 제4항). 징벌대상자는 위원에 대하여 기피신청을 할 수 있다. 이 경우 위원회의 의결로 기피 여부를 결정하여야 한다(동조 제5항).

---

66) 이호중, "수형자의 권리 제한 : 보안조치와 징벌", 형사정책 제18권 제1호, 한국형사정책학회, 2006, 155면.

67) 천정환·이동임, "징벌제도와 천정환의 회복적 징벌론", 교정연구 제61호, 한국교정학회, 2013, 164면.

4) 위원에 대한 제척

위원회의 위원이 해당 징벌대상 행위의 조사를 담당한 경우에는 해당 위원회에 참석할 수 없다(시행령 제131조). 즉, 징벌의 공정성을 해할 가능성을 배제시키기 위한 제도이다.

5) 징벌대상자에 대한 진술권 부여

위원회는 징벌대상자가 위원회에 출석하여 충분한 진술을 할 수 있는 기회를 부여하여야 하며, 징벌대상자는 서면 또는 말로써 자기에게 유리한 사실을 진술하거나 증거를 제출할 수 있다(동조 제6항). 징벌대상자진술권을 인정하여 규율위반사실에 대한 자신의 견해를 충분히 진술할 수 있도록 하고 있어 부당한 징벌로부터 다소나마 자유롭게 하고 있다.

6. 징벌의 부과

1) 징벌의 부과기준

수용자가 징벌대상행위[68]를 한 경우 부과하는 징벌의 기준은 다음과 같다.

① 법 제107조 제1호 · 제4호[69] 및 이 규칙 제214조 제1호부터 제3호까지[70]의 규정 중 어느 하나에 해당하는 행위는 21일 이상 30일 이하의 금

68) ① 다른 수용자를 교사(敎唆)하여 징벌대상행위를 하게 한 수용자에게는 그 징벌대상행위를 한 수용자에게 부과되는 징벌과 같은 징벌을 부과한다(시행규칙 제217조 제1항). ② 다른 수용자의 징벌대상행위를 방조(幇助)한 수용자에게는 그 징벌대상행위를 한 수용자에게 부과되는 징벌과 같은 징벌을 부과하되, 그 정황을 고려하여 2분의 1까지 감경할 수 있다(시행규칙 제217조 제2항).

69) 1호 : 「형법」, 「폭력행위 등 처벌에 관한법률」, 그 밖의 형사 법률에 저촉되는 행위, 4호 : 제92조의 금지물품을 반입 · 제작 · 소지 · 사용 · 수수 · 교환 또는 은닉하는 행위

70) 1호 : 교정시설의 안전 또는 질서를 해칠 목적으로 다중(多衆)을 선동하는 행위, 2호 : 허가되지 아니한 단체를 조직하거나 그에 가입하는 행위, 3호 : 교정장비, 도주방지시설, 그 밖의 보안시설의 기능을 훼손하는 행위

치(禁置)에 처한다. 다만, 위반의 정도가 경미한 경우 그 기간의 2분의 1의 범위에서 감경할 수 있다(시행규칙 제215조 제1호).

② 법 제107조 제5호[71] 및 이 규칙 제214조 제4호부터 제8호까지[72]의 규정 중 어느 하나에 해당하는 행위는 16일 이상 20일 이하의 금치, 다만, 위반의 정도가 경미한 경우 그 기간의 2분의 1의 범위에서 감경할 수 있고, 3개월의 작업장려금 삭감에 처한다(동조 제2호).

③ 법 제107조 제2호 · 제3호[73] 및 이 규칙 제214조 제9호부터 제14호까지[74]의 규정 중 어느 하나에 해당하는 행위는 10일 이상 15일 이하의 금치, 2개월의 작업장려금 삭감에 처한다(동조 제3호).

④ 시행규칙 제214조 제15호부터 제17호까지[75]의 규정 중 어느 하나에 해당하는 행위는 9일 이하의 금치, 30일 이내의 실외운동 및 공동행사참가 정지, 30일 이내의 접견 · 서신수수 · 집필 및 전화통화 제한, 30일 이내의 텔레비전시청 및 신문열람 제한, 1개월의 작업장려금 삭감에 처한다(동조 제4호).

---

71) 다른 사람을 처벌받게 하거나 교도관의 직무집행을 방해할 목적으로 거짓 사실을 신고하는 행위

72) 4호 : 음란한 행위를 하거나 다른 사람에게 성적(性的) 언동 등으로 성적 수치심 또는 혐오감을 느끼게 하는 행위, 5호 : 다른 사람에게 부당한 금품을 요구하는 행위, 6호 : 작업 · 교육 · 접견 · 집필 · 전화통화 · 운동, 그 밖에 교도관의 직무 또는 다른 수용자의 정상적인 일과 진행을 방해하는 행위, 7호 : 문신을 하거나 이물질을 신체에 삽입하는 등 의료 외의 목적으로 신체를 변형시키는 행위, 8호 : 허가 없이 지정된 장소를 벗어나거나 금지구역에 출입하는 행위

73) 2호: 수용생활의 편의 등 자신의 요구를 관철할 목적으로 자해하는 행위, 3호: 정당한 사유 없이 작업 · 교육 등을 거부하거나 태만히 하는 행위

74) 9호 : 허가 없이 다른 사람과 만나거나 연락하는 행위, 10호 : 수용생활의 편의 등 자신의 요구를 관철할 목적으로 이물질을 삼키는 행위, 11호 : 인원점검을 회피하거나 방해하는 행위, 12호 : 교정시설의 설비나 물품을 고의로 훼손하거나 낭비하는 행위, 13호 : 고의로 수용자의 번호표, 거실표 등을 지정된 위치에 붙이지 아니하거나 그 밖의 방법으로 현황파악을 방해하는 행위, 14호 : 큰 소리를 내거나 시끄럽게 하여 다른 수용자의 평온한 수용생활을 현저히 방해하는 행위

75) 15호 : 허가 없이 물품을 반입 · 제작 · 소지 · 변조 · 교환 또는 주고받는 행위, 16호 : 도박이나 그 밖에 사행심을 조장하는 놀이나 내기를 하는 행위, 17호 : 지정된 거실에 입실하기를 거부하는 등 정당한 사유 없이 교도관의 직무상 지시나 명령을 따르지 아니하는 행위

⑤ 징벌대상행위를 하였으나 그 위반 정도가 경미한 경우에는 제1호부터 제4호까지의 규정에도 불구하고 30일 이내의 접견 제한, 30일 이내의 서신수수 제한, 30일 이내의 집필 제한, 30일 이내의 전화통화 제한, 30일 이내의 작업정지, 30일 이내의 자비구매물품 사용 제한, 30일 이내의 텔레비전 시청 제한, 30일 이내의 신문 열람 제한, 30일 이내의 공동행사 참가 정지, 50시간 이내의 근로봉사, 경고에 처한다(동조 제5호).

2) 징벌의 병과

30일 이내의 공동행사 참가 정지, 30일 이내의 신문열람 제한, 30일 이내의 텔레비전 시청 제한, 30일 이내의 자비구매물품(의사가 치료를 위하여 처방한 의약품을 제외한다) 사용 제한, 30일 이내의 작업 정지, 30일 이내의 전화통화 제한, 30일 이내의 집필 제한, 30일 이내의 서신수수 제한, 30일 이내의 접견 제한, 30일 이내의 실외운동 정지의 처분은 함께 부과할 수 있다(법 제109조 제1항).

3) 징벌의 가중사유

① 두 개 이상의 징벌사유가 경합하는 때

② 징벌이 집행 중에 있거나 징벌의 집행이 끝난 후 또는 집행이 면제된 후 6개월 내에 다시 징벌사유에 해당하는 행위를 한 때에 해당하면 제108조 제②호부터 제⑭호까지의 규정에서 정한 징벌의 장기의 2분의 1까지 가중할 수 있다(동조 제2항).

4) 이중징벌 금지원칙

징벌은 동일한 행위에 관하여 거듭하여 부과할 수 없으며, 행위의 동기 및 경중, 행위 후의 정황, 그 밖의 사정을 고려하여 수용목적을 달성하는 데에 필요한 최소한도에 그쳐야 한다(동조 제3항).

5) 징벌의 소멸시효

징벌사유가 발생한 날부터 2년이 지나면 이를 이유로 징벌을 부과하지 못한다(동조 제4항). 이러한 규정은 규율위반행위가 발생하면 빠른 시간 내에 빠짐없이 징벌이 부과되도록 강제하고 있다고 할 수 있다.

6) 징벌의 부과 시 고려사항

징벌부과 시에 다음 사항을 고려하여야 한다(시행규칙 제216조).

① 징벌대상행위를 하였다고 의심할 만한 상당한 이유가 있는 수용자의 나이 · 성격 · 지능 · 성장환경 및 건강

② 징벌대상행위의 동기 · 수단 및 결과

③ 자수 등 징벌대상행위 후의 정황

④ 교정성적 또는 그 밖의 수용생활태도 등을 징벌부과 시에 고려해야 한다(시행규칙 제216조).

7. 징벌의 집행

징벌은 소장이 집행하며(법 제112조 제1항), 징벌집행을 위하여 필요하다고 인정하면 수용자를 분리하여 수용할 수 있다(동조 제2항). 제108조제14호의 처분을 받은 사람에게는 그 기간 중 같은 조 제4호부터 제13호까지의 처우제한이 함께 부과된다.[76] 다만, 소장은 수용자의 권리구제, 수형자의 교화 또는 건전한 사회복귀를 위하여 특히 필요하다고 인정하면 집

76) 1호: 경고, 2호: 50시간 이내의 근로봉사, 3호: 3개월 이내의 작업장려금 삭감, 4호: 30일 이내의 공동행사 참가 정지, 5호: 30일 이내의 신문열람 제한, 6호: 30일 이내의 텔레비전 시청 제한, 7호: 30일 이내의 자비구매물품(의사가 치료를 위하여 처방한 의약품을 제외한다)사용 제한, 8호: 30일 이내의 작업 정지, 9호: 30일 이내의 전화통화 제한, 10호: 30일 이내의 집필 제한, 11호: 30일 이내의 서신수수 제한, 12호: 30일 이내의 접견 제한, 13호: 30일 이내의 실외운동 정지, 14호: 30일 이내의 금치(禁置)

필·서신수수·접견 또는 실외운동을 허가할 수 있다(동조 제3항). 소장은 제108조 제13호(30일 이내의 실외운동 정지) 또는 제14호(30일 이내의 금치)의 처분을 집행하는 경우에는 의무관으로 하여금 사전에 수용자의 건강을 확인하도록 하여야 하며, 집행 중인 경우에도 수시로 건강상태를 확인하여야 한다(동조 제4항).

1) 집행절차

징벌위원회는 소장에게 징벌의결 내용을 통고하는 경우에는 징벌의결서 정본(正本)을 첨부하여야 한다(시행규칙 제229조 제1항). 소장은 징벌을 집행하려면 징벌의결의 내용과 징벌처분에 대한 불복방법 등을 기록한 징벌집행통지서에 징벌의결서 부본(副本)을 첨부하여 해당 수용자에게 전달하여야 한다(동조 제2항).

2) 징벌의 집행순서

금치와 그 밖의 징벌을 집행할 경우에는 금치를 우선하여 집행한다. 다만, 작업장려금의 삭감과 경고는 금치와 동시에 집행할 수 있고, 같은 종류의 징벌은 그 기간이 긴 것부터 집행하며, 금치를 제외한 두 가지 이상의 징벌을 집행할 경우에는 함께 집행할 수 있다(시행규칙 제230조 제1항~3항). 30일 이내의 금치(禁置)처분을 집행하는 경우에도 수용자의 기본적인 건강유지를 위하여 특히 필요하다고 인정하면 실외운동을 허가할 수 있다(시행령 제133조 제3항).

3) 징벌의 집행

(1) 징벌의 집행 방법

① 작업장려금의 삭감은 징벌위원회가 해당 징벌을 의결한 날이 속하는

달의 작업장려금부터 이미 지급된 작업장려금에 대하여 역순으로 집행한다(시행규칙 제231조 제1항).

② 소장은 금치를 집행하는 경우에는 징벌집행을 위하여 별도로 지정한 거실(이하 "징벌거실"이라 한다)에 해당 수용자를 수용하여야 한다(동조 제2항).

③ 소장은 금치 외의 징벌을 집행하는 경우 그 징벌의 목적을 달성하기 위하여 필요하다고 인정하면 해당 수용자를 징벌거실에 수용할 수 있다(동조 제3항).

④ 소장은 징벌집행을 받고 있거나 집행을 앞둔 수용자가 같은 행위로 형사 법률에 따른 처벌이 확정되어 징벌을 집행할 필요가 없다고 인정하면 징벌집행을 감경하거나 면제할 수 있다(동조 제4항).

(2) 징벌의 집행시기 및 제한통고

소장은 제132조의 통고를 받은 경우에는 징벌을 지체 없이 집행하여야 한다(시행령 제133조 제1항). 소장은 수용자가 징벌처분을 받아 접견, 서신수수 및 전화통화가 제한된 경우에는 그의 가족에게 그 사실을 알려야 한다. 다만, 수용자가 통지를 원하지 아니하면 그러하지 아니하다(동조 제2항).

(3) 징벌집행의 계속

징벌집행 중인 수용자가 다른 교정시설로 이송되거나 법원 또는 검찰청 등에 출석하는 경우에는 징벌집행이 계속되는 것으로 본다(시행령 제134조). 수용자가 이송 중에 징벌대상 행위를 하거나 다른 교정시설에서 징벌대상 행위를 한 사실이 이송된 후에 발각된 경우에는 그 수용자를 인수한 소장이 징벌을 부과한다(시행령 제136조).

4) 징벌집행 중 수용자 상담

소장은 징벌집행 중인 수용자에 대하여 교도관, 교정위원, 자원봉사자 등 전문가로 하여금 상담을 하게 하여 징벌대상행위의 재발방지에 노력하여야 한다(시행규칙 제233조). 징벌만 부과하고 어떠한 행위도 하지 않는다면 규율위반이 재수 없이 걸려서 징벌을 받고 있다고 생각할 수 있다. 따라서 상담을 통해 진정한 뉘우침이 이루어질 수 있도록 하고 또 다시 규율위반행위가 일어나지 않도록 해야 한다.

5) 징벌기록부 기록

소장은 수용자의 징벌에 관한 사항을 수용기록부 및 징벌집행부에 기록하여야 한다(시행령 제137조). 이러한 기록은 나중에 어떠한 문제가 발생했을 때 근거자료가 될 수 있고, 정확한 징벌의 통계로 이어질 수 있다.

6) 징벌집행 후 건강 확인

징벌집행을 마친 경우에는 의무관에게 해당 수용자의 건강을 지체 없이 확인하게 하여야 한다(시행령 제133조 제4항). 그 이유는 징벌로 인해 건강을 해친다면 오히려 징벌의 실효성을 담보하기 어렵기 때문이다. 건강한 육체에서 건강한 정신이 나오듯이 징벌을 받는 자가 건강이 악화된 상태임에도 불구하고 계속적인 징벌을 받는다면 반성은커녕 징벌은 징벌로써 그치고 말 것이다.

8. 징벌집행의 정지 · 면제

소장은 질병이나 그 밖의 사유로 징벌집행이 곤란하면 그 사유가 해소될 때까지 그 집행을 일시 정지할 수 있다(법 제113조 제1항). 징벌집행을 일시 정지한 경우 그 정지사유가 해소되었을 때에는 지체 없이 징벌집행을 재개하여야 한다. 이 경우 집행을 정지한 다음날부터 집행을 재개한 전날까지의 일수는 징벌기간으로 계산하지 아니한다(시행령 제135조). 소장은 징벌집행 중인 사람이 뉘우치는 빛이 뚜렷한 경우에는 그 징벌을 감경하거나 남은 기간의 징벌집행을 면제할 수 있다(법 제113조 제2항).

9. 징벌집행의 유예

1) 징벌위원회는 징벌을 의결하는 때에 행위의 동기 및 정황, 교정성적, 뉘우치는 정도 등 그 사정을 고려할 만한 사유가 있는 수용자에 대하여 2개월 이상 6개월 이하의 기간 내에서 징벌의 집행을 유예할 것을 의결할 수 있다(법 제114조 제1항).

2) 소장은 징벌집행의 유예기간 중에 있는 수용자가 다시 징벌대상행위를 하여 징벌이 결정되면 그 유예한 징벌을 집행한다(동조 제2항). 이 경우 유예한 징벌과 다시 규율위반으로 징벌을 부과받은 징벌을 함께 받아야 한다.

3) 수용자가 징벌집행을 유예받은 후 징벌을 받음이 없이 유예기간이 지나면 그 징벌의 집행은 종료된 것으로 본다(동조 제3항).

10. 징벌의 실효

1) 소장은 징벌의 집행이 종료되거나 집행이 면제된 수용자가 교정성적이 양호하고 법무부령으로 정하는 기간[77] 동안 징벌을 받지 아니하면 법

---

77) ① 제215조제1호부터 제4호까지의 징벌 중 금치의 경우에는 첫째, 21일 이상 30일 이하의 금치: 2년 6개월, 둘째, 16일 이상 20일 이하의 금치: 2년, 셋째, 10일 이상 15일 이하의 금치: 1년 6개월, 넷째, 9일 이하의 금치: 1년, ② 제215조제2호에 해당하는 금치 외의 징벌: 2년, ③ 제215조제3호에 해당하는 금치 외의 징벌: 1년 6개월, ④ 제215조제4호에 해당하는 금치 외의 징벌: 1년, ⑤ 제215조제5호에 해당하는 징벌: 6개월

무부장관의 승인을 받아 징벌을 실효시킬 수 있다(법 제115조 제1항).

2) 소장은 수용자가 교정사고 방지에 뚜렷한 공로가 있다고 인정되면 분류처우위원회의 의결을 거친 후 법무부장관의 승인을 받아 징벌을 실효시킬 수 있다(동조 제2항).

3) 징벌을 실효시킬 필요가 있으면 징벌실효기간이 지나거나 분류처우위원회의 의결을 거친 후에 지체 없이 법무부장관에게 그 승인을 신청하여야 한다(시행규칙 제234조 제2항).

11. 관련 판례

1) 행형법상 징벌의 일종인 금치처분을 받은 자에 대하여 금치기간 중 집필을 전면 금지한 행형법시행령 제145조 제2항 본문 중 '집필' 부분이 법률유보의 원칙에 위반되는지 여부에 대하여 행형법상 징벌의 일종인 금치처분을 받은 자에 대하여 금치기간 중 집필을 전면 금지한 행형법시행령 제145조 제2항 본문 부분(이하 '이 사건 시행령조항'이라 한다)은, 금치대상자의 자유와 권리에 관한 사항을 규율하는 것이므로 모법의 근거 및 위임이 필요하다. 행형법 제46조 제2항 제5호는 징벌의 일종으로 '2월 이내의 금치'를 규정하고 있으나, 금치의 개념 자체로부터는 그 사전적 의미가 제시하는 징벌실 수용이라는 특수한 구금형태만을 추단할 수 있을 뿐이고 거기에 집필의 전면적 금지와 같은 일정한 처우의 제한 내지 박탈이라는 금치의 효과 내지 집행방법까지 포함되어 있다거나 동 조항으로부터 곧바로 제한되는 처우의 내용이 확정된다고 볼 수 없다.[78]

2) 청송 제2교도소(현 경북북부 제2교도소) 징벌실에서 청구인에게 징벌처분을 받게 하면서 다른 일반거실에 비하여 너무 좁고 바닥이 경사진 화장실을 이용하게 함으로써 청구인의 헌법상 보장된 인간의 존엄과 가치,

78) 헌재 2005. 2. 24. 2003헌마289.

행복추구권, 평등권, 인간다운 생활을 할 권리 등을 침해하였다고 주장하며 2009. 2. 25. 이 사건 헌법소원심판을 청구한 사안에서 헌법소원은 주관적 권리구제뿐만 아니라 객관적인 헌법질서보장의 기능도 겸하고 있으므로 가사 청구인의 주관적 권리구제에는 도움이 되지 아니한다고 하더라도 같은 유형의 침해행위가 앞으로 반복될 위험이 있고, 헌법질서의 수호유지를 위하여 그에 대한 헌법적 해명이 긴요한 사항에 대하여는 심판청구의 이익을 인정하여야 한다.[79] 살피건대, 이 사건의 경우 심판대상인 개별적인 행위에 대한 당부판단을 넘어서 일반적인 헌법적 해명의 필요성이 인정된다고 보기 어렵고, 징벌실 수용 처우에 관한 이 사안을 통하여 독자적으로 헌법질서의 수호 유지를 위하여 특별히 헌법적 해명을 할 필요성은 크지 아니하다 할 것인바, 결국, 이 사건 심판청구는 주관적 권리보호이익이 없고 예외적으로 헌법적 해명의 필요성이 인정되는 사안도 아니므로 부적법하다.[80]

3) 금치 처분을 받은 수형자에 대하여 금치 기간 중 접견, 서신수발을 금지하고 있는 행형법시행령 제145조 제2항 중 접견, 서신수발 부분이 수형자의 통신의 자유 등을 침해하는지 여부에 대하여 금치 징벌의 목적 자체가 징벌실에 수용하고 엄격한 격리에 의하여 개전을 촉구하고자 하는 것이므로 접견 · 서신수발의 제한은 불가피하며, 행형법시행령 제145조 제2항은 금치 기간 중의 접견 · 서신수발을 금지하면서도, 그 단서에서 소장으로 하여금 "교화 또는 처우상 특히 필요하다고 인정되는 때"에는 금치 기간 중이라도 접견 · 서신수발을 허가할 수 있도록 예외를 둠으로써 과도한 규제가 되지 않도록 조치하고 있으므로, 금치 수형자에 대한 접견 · 서신수발의 제한은 수용시설 내의 안전과 질서유지라는 정당한 목적을 위하여 필요 · 최소한의 제한이다.[81]

---

79) 헌재 1997. 11. 27. 94헌마60.
80) 헌재 2009. 3. 17. 2009헌마113.
81) 헌재 2004. 12. 16. 2002헌마478.

4) 금치 처분을 받은 수형자에 대하여 금치 기간 중 운동을 금지하는 행형법시행령 제145조 제2항 중 운동 부분이 수형자의 인간의 존엄과 가치, 신체의 자유 등을 침해하는지 여부에 대하여 실외운동은 구금되어 있는 수형자의 신체적·정신적 건강 유지를 위한 최소한의 기본적 요청이라고 할 수 있는데, 금치 처분을 받은 수형자는 일반 독거 수용자에 비하여 접견, 서신수발, 전화통화, 집필, 작업, 신문·도서열람, 라디오청취, 텔레비전 시청 등이 금지되어 외부세계와의 교통이 단절된 상태에 있게 되며, 환기가 잘 안 되는 1평 남짓한 징벌실에 최장 2개월 동안 수용된다는 점을 고려할 때, 금치 수형자에 대하여 일체의 운동을 금지하는 것은 수형자의 신체적 건강뿐만 아니라 정신적 건강을 해칠 위험성이 현저히 높다. 따라서 금치 처분을 받은 수형자에 대한 절대적인 운동의 금지는 징벌의 목적을 고려하더라도 그 수단과 방법에 있어서 필요한 최소한도의 범위를 벗어난 것으로서, 수형자의 헌법 제10조의 인간의 존엄과 가치 및 신체의 안전성이 훼손당하지 아니할 자유를 포함하는 제12조의 신체의 자유를 침해하는 정도에 이르렀다고 판단된다.[82)]

5) 다른 수용자 등을 해칠 우려가 있는 징벌혐의자의 운동을 제한할 것인지가 교도소장의 재량에 속하는지 여부에 대하여 그에 대한 운동을 제한할 것인지 여부는 교도소장의 판단에 의하는 재량행위로서 사회통념상 현저하게 타당성을 결하고 이를 남용한 것이라고 인정되지 않는 한 위법하다고 보기는 어렵다.[83)]

6) '금치처분'을 받은 수형자에 대하여 그 기간 동안 일반 수형자에게 허여된 권리인 운동을 제한하는 것이 비례의 원칙에 어긋나는지 여부에 대하여 어긋나지 않는다고 보고 있다.[84)]

82) 헌재 2004. 12. 16. 2002헌마478.
83) 대판 2009. 06. 25. 2008다24050.
84) 대판 2009. 06. 25. 2008다24050.

Ⅳ. 교정사고

2017년 기준 교정사고 중 수용자간 폭행치사상이 455건(50.1%)로 가장 많이 발생하고, 다음으로 직원폭행이 73건(8.0%), 병사가 20건(2.2%), 자살이 2건(0.2%) 순으로 나타났다.

〈표 23〉 교정사고 현황 단위 : 건

구 분	계	도주	자살	병사	폭행 치사상	직원폭행	기타
2013	909 (100%)	1 (0.1%)	7 (0.8%)	19 (2.1%)	375 (41.3%)	77 (8.5%)	430 (47.3%)
2014	837 (100%)	-	4 (0.5%)	24 (2.9%)	385 (46.0%)	49 (5.8%)	375 (44.8%)
2015	940 (100%)	1 (0.1%)	4 (0.4%)	24 (2.6%)	491 (52.3%)	43 (4.5%)	377 (40.1%)
2016	894 (100%)	1 (0.1%)	7 (0.8%)	22 (2.5%)	480 (53.7%)	44 (4.9%)	340 (38.0%)
2017	908 (100%)	-	2 (0.2%)	20 (2.2%)	455 (50.1%)	73 (8.0%)	358 (39.4%)

출처 : 2018 교정통계연보

제 5 장 권리구제

Ⅰ. 소장 면담

1. 면담 거절 사유

수용자는 그 처우에 관하여 소장에게 면담을 신청할 수 있으며, 소장은 수용자의 면담신청이 다음 사유에 해당하는 경우에는 거절할 수 있다(법 제116조 제1항~제2항).

1) 정당한 사유 없이 면담사유를 밝히지 아니하는 때

2) 면담목적이 법령에 명백히 위배되는 사항을 요구하는 것인 때

3) 동일한 사유로 면담한 사실이 있음에도 불구하고 정당한 사유 없이 반복하여 면담을 신청하는 때

4) 교도관의 직무집행을 방해할 목적이라고 인정되는 상당한 이유가 있는 때 등이다.

이때 위의 사유로 인해 수용자의 면담신청을 받아들이지 아니하는 경우에는 그 사유를 해당 수용자에게 알려주어야 한다(시행령 제138조 제3항).

2. 면담 실시 및 처리결과 통지

수용자가 면담을 신청한 경우에는 그 인적사항을 면담부에 기록하고 특별한 사정이 없으면 신청한 순서에 따라 면담하여야 한다(시행령 제138조 제항). 소장은 특별한 사정이 있으면 소속 교도관으로 하여금 그 면담을 대리하게 할 수 있다. 이 경우 면담을 대리한 사람은 그 결과를 소장에게 지체 없이 보고하여야 한다(법 제116조 제3항). 소장은 면담한 결과 처리가 필요한 사항이 있으면 그 처리결과를 수용자에게 통지하여야 한다(동

조 제4항). 소장은 수용자를 면담한 경우에는 그 요지를 면담부에 기록하여야 한다(시행령 제138조 제2항).

Ⅱ. 청 원

1. 청원의 신청

수용자는 그 처우에 관하여 불복하는 경우 법무부장관 · 순회점검공무원 또는 관할 지방교정청장에게 청원할 수 있다(법 제117조 제1항). 이때 수용자가 순회점검공무원(법 제8조에 따라 법무부장관으로부터 순회점검의 명을 받은 법무부 또는 그 소속기관에 근무하는 공무원을 말한다)에게 청원하는 경우에는 그 인적사항을 청원부에 기록하여야 한다(시행령 제139조 제1항). 청원하려는 수용자는 청원서를 작성하여 봉한 후 소장에게 제출하여야 한다. 다만, 순회점검공무원에 대한 청원은 말로도 할 수 있다(법 제117조 제2항). 순회점검공무원은 수용자가 말로 청원하는 경우에는 그 요지를 청원부에 기록하여야 한다(시행령 제139조 제2항).

2. 청원서 개봉금지

소장은 청원서를 개봉하여서는 아니 되며, 이를 지체 없이 법무부장관 · 순회 점검공무원 또는 관할 지방교정청장에게 보내거나 순회점검공무원에게 전달하여야 한다(시행령 제139조 제3항). 순회점검공무원이 청원을 청취하는 경우에는 해당 교정시설의 교도관등이 참여하여서는 아니 된다(동조 제4항).

3. 청원의 결정

청원에 관한 결정은 문서로써 하여야 한다(동조 제5항). 구두로 결정한다면 향후 결정내용을 수용자가 듣지 못하였다고 하거나, 청원에 대한 명확성이 없어 신뢰하지 않을 가능성이 높다. 소장은 청원에 관한 결정서를 접수하면 청원인에게 지체 없이 전달하여야 한다(동조 제6항).

4. 청원 사유별 현황

청원사유 건수는 2013년부터 지속적으로 하락하고 있는데, 이는 바람직한 방향이라고 판단된다. 그 이유는 청원을 통해 해결하기보다는 가급적 당사자 간에 양보와 타협을 통해 해결하는 것이 진정한 해결책이 될 수 있기 때문이다.

〈표 24〉 청원사유별 현황 단위 : 건

구 분	계	가석방·분류	독거·거실	이송	의료처우	직원관련	부당처우	조사·징벌	부식·구매	작업	영치금품	기타
2013	1,071 (100%)	25 (2.3%)	72 (6.7%)	136 (12.7%)	138 (12.9%)	180 (16.8%)	162 (15.1%)	63 (5.9%)	9 (0.8%)	35 (3.3%)	33 (3.1%)	218 (20.4%)
2014	903 (100%)	29 (3.2%)	61 (6.8%)	98 (10.9%)	140 (15.5%)	118 (13.1%)	155 (17.2%)	79 (8.7%)	17 (1.9%)	33 (3.6%)	44 (4.9%)	129 (14.3%)
2015	957 (100%)	35 (3.7%)	70 (7.3%)	107 (11.2%)	115 (12.0%)	133 (13.9%)	114 (11.9%)	92 (9.6%)	28 (2.9%)	46 (4.8%)	17 (1.8%)	200 (20.9%)
2016	797 (100%)	39 (4.9%)	52 (6.5%)	98 (12.3%)	101 (12.7%)	129 (16.2%)	42 (5.2%)	81 (10.2%)	11 (1.4%)	24 (3.0%)	17 (2.1%)	203 (25.5%)
2017	744 (100%)	26 (3.5%)	39 (5.2%)	80 (10.8%)	84 (11.3%)	181 (24.3%)	21 (2.8%)	67 (9.0%)	10 (1.3%)	22 (3.0%)	28 (3.8%)	186 (25.0%)

출처 : 2018 교정통계연보

5. 관련 판례

청구인은 진주교도소 수용 중 교도소 당국이 법무부 예규인 「마약류관리에 관한 법률 위반 수용자 관리 지침」에 의거 마약류관리에 관한 법률 위반죄의 형기가 종료되고, 현재 폭력행위등 처벌에 관한 법률 위반죄의 형기로 수용생활을 하고 있는 청구인에 대해 계속 마약류사범으로 분류함으로써 가석방대상에서 제외하고 외부차입물품도 받지 못하도록 하는 것은 부당하다는 이유로 마약류사범 해제를 요망하는 청원을 법무부에 제기하였으나, 2003. 2. 19. 법무부장관은 이 청원을 기각하므로 인해 헌법소원을 제기한 사안에서 청구인의 청원에 대하여 국가기관인 피청구인은 이를 수리·심사하여 그 청원을 기각하는 결정을 하고 그 결과를 청구인에게 통보하여 준 사실을 인정할 수 있는바, 피청구인은 이와 같은 수리·심사·심사결과의 통보라는 일련의 조치로써 청구인의 청원에 대한 헌법 및 청원법상의 의무이행을 다하였다고 할 것이고, 그러한 조치가 헌법소원의 대상이 되는 구체적인 공권력의 행사 내지 불행사라고 볼 수는 없다고 할 것이다.[85)]

Ⅲ. 국가인권위원회 진정

1. 국가인권위원회 진정 청구

수용자가 교정공무원이나 동료 수용자로부터 인권침해를 당한 경우에는 「국가인권위원회법」에 따라 진정을 할 경우 시설에 소속된 공무원 또는 직원은 그 사람에게 즉시 진정서 작성에 필요한 시간과 장소 및 편의를 제공하여야 한다(법 제31조).

85) 헌재 2004. 10. 28. 2004헌마512.

2. 조사

국가인권위원회가 진정을 접수한 경우에는 조사관으로 하여금 조사를 하게 하여야 한다.[86] 조사결과 ① 진정의 내용이 위원회의 조사대상에 해당하지 아니하는 경우, ② 진정의 내용이 명백히 거짓이거나 이유 없다고 인정되는 경우, ③ 피해자가 아닌 사람이 한 진정에서 피해자가 조사를 원하지 아니하는 것이 명백한 경우, ④ 진정의 원인이 된 사실이 발생한 날부터 1년 이상 지나서 진정한 경우에는 각하할 수 있다(법 제32조).

3. 구제조치

위원회가 진정을 조사한 결과 인권침해나 차별행위가 일어났다고 판단할 때에는 피진정인, 그 소속 기관·단체 또는 감독기관의 장에게 구제조치이행 및 시정 또는 개선을 권고할 수 있다(법 제44조 제1항).

위원회는 진정을 조사한 결과 진정의 내용이 범죄행위에 해당하고 이에 대하여 형사상 처벌이 필요하다고 인정하면 검찰총장에게 그 내용을 고발할 수 있고(법 제45조 제1항), 인권침해 및 차별행위가 있다고 인정하면 피진정인 또는 인권침해에 책임이 있는 사람을 징계할 것을 소속기관등의 장에게 권고할 수 있다(법 제45조 제2항).

4. 국가인권위원회 진정 현황

수용자가 인권침해나 차별을 이유로 국가인권위원회에 진정을 많이 하

86) 위원회는 위원장 1명과 상임위원 3명을 포함한 11명의 인권위원으로 구성한다. 위원은 ① 국회가 선출하는 4명(상임위원 2명을 포함한다), ② 대통령이 지명하는 4명(상임위원 1명을 포함한다), ③ 대법원장이 지명하는 3명 등은 대통령이 임명한다(법 제5조 제1항~2항). 위원장과 위원의 임기는 3년으로 하고, 한 번만 연임할 수 있다(법 제7조 제1항). 위원회의 의결은 재적위원 과반수의 찬성으로 의결한다.

고 있지만 실제 인용되는 건수 너무나 미미한 수준이다. 이런 결과는 진정사유에 해당하지 않는 사유임에도 불구하고 일단 진정을 하고보자는 식의 형태로 이루어져 행정적 낭비를 초래하고 있는 실정이다. 이러한 형태는 앞으로 지양해야 할 부분이다.

〈표 25〉 국가인권위원회 진정 현황

구분	진정건수	권고		수용여부		
		건수	비율	수용	일부수용	불수용
2013	3,879	5	0.1%	1 (20.0%)	1 (20.0%)	3 (60.0%)
2014	3,745	3	0.1%	0 (0%)	2 (66.7%)	1 (33.3%)
2015	3,790	5	0.1%	3 (60.0%)	2 (40.0%)	0 (0.0%)
2016	3,716	7	0.2%	6 (85.7%)	1 (14.3%)	0 (0.0%)
2017	4,528	10	0.2%	10 (100.0%)	0 (0.0%)	0 (0.0%)

출처 : 2018 교정통계연보

Ⅳ. 형사 고소 · 고발

교정시설 수용자는 범죄로 인해 피해를 입었을 경우 수사기관에 고소할 수 있고, 범죄가 발생하였다고 판단되는 때에는 수사기관에 고발할 수 있다. 수용자가 수수기관에 고소 · 고발을 하더라도 실제 처벌되는 건수는 거의 없음을 알 수 있다.

〈표 26〉 형사 고소·고발 현황 단위 : 건, 명

연도	건수	피소인원	진행중	결과(피소인원기준)						
				계	무혐의	죄안됨	기소유예	공소권없음	각하	기타
2013	647	1,732	-	1,732 (100%)	463 (26.7%)	1 (0.1%)	1 (0.1%)	5 (0.3%)	938 (54.1%)	324 (18.7%)
2014	614	1,432	4	1,428 (100%)	297 (20.8%)	1 (0.1%)	1 (0.1%)	9 (0.6%)	918 (64.3%)	202 (14.1%)
2015	733	1,551	31	1,520 (100%)	275 (18.1%)	3 (0.2%)	4 (0.3%)	12 (0.8%)	1,179 (77.6%)	47 (3.0%)
2016	698	1,551	198	1,353 (100%)	413 (30.5%)	6 (0.4%)	-	27 (2.0%)	803 (59.4%)	104 (7.7%)
2017	783	1,586	286	1,300 (100%)	298 (22.9%)	-	-	18 (1.4%)	821 (63.2%)	163 (12.5%)

출처 : 2018 교정통계연보

Ⅴ. 행정심판 청구

행정청의 위법·부당한 처분이 있거나 공권력의 행사·불행사 등으로 권리가 침해된 경우에는 자신의 권리보호를 위해 행정심판위원회에 행정심판을 청구할 수 있다.

〈표 27〉 행정심판 청구 현황 단위 : 건, 명

구분	건수	진행중	결과					
			계	전부인용	일부인용	기각	각하	취하
2013	458	-	458 (100%)	1 (0.2%)	2 (0.4%)	85 (18.6%)	59 (12.9%)	311 (67.9%)
2014	369	-	369 (100%)	1 (0.3%)	2 (0.6%)	106 (28.7%)	90 (24.4%)	170 (46.0%)
2015	552	-	552 (100%)	-	-	94 (17.0%)	145 (26.3%)	313 (56.7%)
2016	347	-	347 (100%)	-	-	74 (21.3%)	160 (46.1%)	113 (32.6%)
2017	437	17	420 (100%)	-	2 (0.5%)	92 (21.9%)	193 (46.0%)	133 (31.6%)

출처 : 2018 교정통계연보

Ⅵ. 행정소송

행정청의 위법·부당한 처분이 있거나 공권력의 행사·불행사 등으로 권리가 침해된 경우에는 자신의 권리보호를 위해 법원에 행정소송을 제기할 수 있다.

〈표 28〉 행정소송 청구 현황 단위 : 건, 명

연도	건수	진행중	결 과				
			계	인용	기각	각하	취하
2013	74	-	74 (100%)	2 (2.7%)	13 (17.6%)	34 (45.9%)	25 (33.8%)
2014	61	-	61 (100%)	3 (4.9%)	21 (34.4%)	13 (21.4%)	24 (39.3%)
2015	74	3	71 (100%)	2 (2.8%)	13 (18.3%)	29 (40.8%)	27 (38.1%)
2016	56	14	42 (100%)	2 (4.8%)	9 (21.4%)	17 (40.5%)	11 (33.3%)
2017	70	35	35 (100%)	-	5 (14.3%)	19 (54.3%)	11 (31.4%)

출처 : 2018 교정통계연보

Ⅶ. 헌법소원

〈표 29〉 행정소송 청구 현황 단위 : 건, 명

연도	건수	진행 중	결 과				
			계	인용	기각	각하	취하
2013	44	-	44 (100%)	2 (4.6%)	6 (13.6%)	32 (72.7%)	4 (9.1%)
2014	27	-	27 (100%)	1 (3.7%)	2 (7.4%)	20 (74.1%)	4 (14.8%)
2015	23	-	23 (100%)	-	3 (13.0%)	18 (78.3%)	2 (8.7%)
2016	38	3	35 (100%)	-	1 (2.9%)	27 (77.1%)	7 (20.0%)
2017	70	14	56 (100%)	-	4 (7.1%)	42 (75.0%)	10 (17.9%)

출처 : 2018 교정통계연보

행정청의 위법·부당한 처분이 있거나 공권력의 행사·불행사 등으로 권리가 침해된 경우에는 자신의 권리보호를 위해 헌법재판소에 헌법소원을 제기할 수 있다.

Ⅷ. 손해배상청구

수용자 자신이 입은 손해에 대하여 민법 제750조, 751조가 적용되는 것이 아니라 국가가 피고가 되는 경우에는 국가배상법이 특칙으로 적용된다.

수용자가 국가를 상대로 손해배상을 청구하는 경우에 국가소송이라 부른다. 직원 개인을 대상으로 하는 경우에는 민사소송으로 분류하기도 한다. 하지만 개인이 피고가 되는 경우에도 개인적인 이해관계에 의한 것이 아니라면 직무집행상 책임을 묻는 형태이기 때문에 국가배상법이 적용된다.

2017년 기준 수용자가 국가를 피고로 손해배상을 청구한 건수는 총 92건이고, 이중 진행 중이 64건이며, 청구결과로 나타난 건수는 28건이다. 28건 중 원고 승소는 한 건도 없고, 일부승소는 1건(3.6%), 원고패소는 27건(96.4%)로 나타나 사실상 손해배상청구가 받아들여지는 건수는 극히 미미한 수준이다.

〈표 30〉 손해배상청구 현황 단위 : 건

연도	건수	진행 중	결 과			
			계	원고승소	원고일부승소	원고패소
2013	93	2	91 (100%)	1 (1.1%)	12 (13.2%)	78 (85.7%)
2014	92	3	89 (100%)	-	3 (3.4%)	86 (96.6%)
2015	111	17	94 (100%)	1 (1.1%)	4 (4.3%)	89 (94.7%)
2016	88	33	55 (100%)	-	4 (7.3%)	51 (92.7%)
2017	92	64	28 (100%)	-	1 (3.6%)	27 (96.4%)

출처 : 2018 교정통계연보

Ⅸ. 정보공개청구

1. 피청구권자

수용자는「공공기관의 정보공개에 관한 법률」에 따라 법무부장관, 지방교정청장 또는 소장에게 정보의 공개를 청구할 수 있다(법 제117조의2 제1항).

2. 비용의 예납

현재의 수용기간 동안 법무부장관, 지방교정청장 또는 소장에게 정보공개청구를 한 후 정당한 사유 없이 그 청구를 취하하거나「공공기관의 정보공개에 관한 법률」제17조에 따른 비용을 납부하지 아니한 사실이 2회 이상 있는 수용자가 정보공개청구를 한 경우에 법무부장관, 지방교정청장 또는 소장은 그 수용자에게 정보의 공개 및 우송 등에 들 것으로 예상되는 비용을 미리 납부하게 할 수 있다(동조 제2항). 이렇게 하는 이유는 정보공개청구를 통해 정보를 받았음에도 불구하고 그에 수반되는 비용을 지불하지 않을 가능성이 높기 때문이다.

3. 정보공개 결정의 유예

정보의 공개 및 우송 등에 들 것으로 예상되는 비용을 미리 납부하여야 하는 수용자가 비용을 납부하지 아니한 경우 법무부장관, 지방교정청장 또는 소장은 그 비용을 납부할 때까지「공공기관의 정보공개에 관한 법률」제11조에 따른 정보공개 여부의 결정을 유예할 수 있다(동조 제3항).

예상비용의 산정방법, 납부방법, 납부기간, 그 밖에 비용납부에 관하여 필요한 사항은 대통령령으로 정한다(동조 제4항).

Ⅳ. 불이익처우 금지

수용자는 청원, 진정, 소장과의 면담, 그 밖의 권리구제를 위한 행위를 하였다는 이유로 불이익한 처우를 받지 아니한다(법 제118조).

Ⅴ. 관련 판례

◉ 선거일 현재 금고 이상의 형의 선고를 받고 그 집행이 종료되지 아니한 자(이하 '수형자'라 한다)는 선거권이 없다고 규정하고 있는 공직선거법 제18조 제1항 중 제2호 전단 부분(이하 '이 사건 법률조항'이라 한다)이 과잉금지원칙에 위반함으로써 수형자인 청구인의 선거권 등 기본권을 침해하여 위헌인지 여부에 대하여 우리 헌법은 법관이 '금고 이상의 형'을 선고받을 경우에는 법관의 신분을 박탈할 수 있도록 규정하고 있고, 국가공무원법 역시 '금고 이상의 형'을 선고받은 일정한 경우 공무원 신분을 박탈할 수 있도록 규정하고 있고, 변호사 등 여러 전문자격의 경우에도 관련 법률에서 '금고 이상의 형'을 선고받은 자에 대한 일정한 결격사유를 규정하고 있다. 따라서 '금고 이상의 선고형'이라는 기준은 이러한 기본권 제한을 정당화할 만큼 중대한 기준이 된다고 할 것이다. 더구나 이 사건 법률조항은 집행유예 판결이 아닌 '금고 이상의 실형'을 선고받아 형집행 중인 수형자에 대하여 적용되는 것인바, 이러한 중한 형을 선고받은 수형자에 대하여 형집행기간 동안 선거권을 제한하는 것이 입법목적의 달성에 필요한 정도를 벗어난 과도한 것이라고 보기 어렵다. 또한 수형자가 입게 되는 선거권 제한이라는 불이익은 금고형보다 가벼운 형벌인 자격상실이나 자격정지의 한 효과에 불과한 점, 이 사건 법률조항에 따른 선거권 제한의 기간은 모든 수형자에게 일률적인 것이 아니라 각 수형자가 선고받은 형량, 즉 형사책임의 경중에 비례하는 점, 이 사건 법률조항으로써 달

성하고자 하는 '중대한 범죄자에 대한 형사적 제재 및 일반 국민들의 법치주의에 대한 존중의식 제고' 등의 공익이 수형자 개인의 형집행기간 동안의 선거권 제한이라는 불이익에 비하여 결코 작다고 할 수 없는 점 등에 비추어 보면, 이 사건 법률조항은 법익균형성을 갖추었다고 할 것이다.87)

◉ 법원이 행정기관의 정보공개거부처분의 위법 여부를 심리한 결과 공개를 거부한 정보에 비공개사유에 해당하는 부분과 그렇지 않은 부분이 혼합되어 있고, 공개청구의 취지에 어긋나지 않는 범위 안에서 두 부분을 분리할 수 있는 경우, 공개가 가능한 정보에 한하여 일부취소를 명할 수 있는지 여부에 대해 공개가 가능한 정보에 국한하여 일부취소를 명할 수 있다. 이러한 정보의 부분 공개가 허용되는 경우란 그 정보의 공개방법 및 절차에 비추어 당해 정보에서 비공개대상정보에 관련된 기술 등을 제외 혹은 삭제하고 나머지 정보만을 공개하는 것이 가능하고 나머지 부분의 정보만으로도 공개의 가치가 있는 경우를 의미한다.88)

◉ 재소자가 교도관의 가혹행위를 이유로 형사고소 및 민사소송을 제기하면서 그 증명자료 확보를 위해 '근무보고서'와 '징벌위원회 회의록' 등의 정보공개를 요청하였으나 교도소장이 이를 거부한 사안에서, 근무보고서는 비공개대상정보에 해당한다고 볼 수 없고, 징벌위원회 회의록 중 비공개 심사·의결 부분은 비공개사유에 해당하지만 징벌절차 진행 부분은 비공개사유에 해당하지 않는다고 보아 분리 공개가 허용된다.89)

◉ 피청구인 공주교도소장의 청구인에 대한 엄중격리대상자 지정처분과 경기북부제2교도소로의 이송처분, 경기북부제2교도소장이 청구인의 영치품 사용신청을 불허한 처분, 경기북부제2교도소장이 청구인의 정보공개청구에 대하여 한 비공개결정에 대한 각 헌법소원심판청구가 보충성 요건을 충족하는지 여부에 대하여 피청구인 공주교도소장의 청구인에 대한 엄중

87) 헌재 2009. 10. 29. 2007헌마1462.
88) 대판 2009. 12. 10. 2009두12785.
89) 대판 2009. 12. 10. 2009두12785.

격리대상자 지정처분과 경기북부제2교도소로의 이송처분, 경기북부제2교도소장이 청구인 의 영치품 사용신청을 불허한 처분, 경기북부제2 교도소장이 청구인의 정보공개청구에 대하여 한 비공개결정은 행정소송의 대상이 되는 '처분'에 해당하여 행정심판 및 행정소송이라는 구제절차를 거쳤어야 함에도 청구인은 이와 같은 구제절차를 거치지 아니하였으므로, 위 각 부분에 대한 심판청구는 보충성의 요건을 갖추지 못하여 부적법하다.[90)]

90) 헌재 2011. 2. 24. 2009헌마209.

Chap. 6

수용의 종료

제 6 편

수용의 종료

제1장 가석방

Ⅰ. 가석방의 의의

가석방이란 완전한 석방이 아닌 것으로 형기가 일정기간 경과되고, 교정성적이 우수한 수형자를 대상으로 일정한 심사를 거쳐 잔여형기가 남아있음에도 불구하고 잔여형기동안 금고 이상의 범죄를 행하지 않는 조건으로 조건부 석방하는 것을 말한다.

Ⅱ. 가석방 대상자 선정

1. 가석방 대상자

1) 가석방 요건

징역 또는 금고의 집행 중에 있는 자가 그 행상이 양호하여 개전의 정이 현저한 때에는 무기에 있어서는 20년, 유기에 있어서는 형기의 3분의 1을 경과한 후 행정처분으로 가석방을 할 수 있으며, 벌금 또는 과료의 병과가 있는 때에는 그 금액을 완납하여야 한다(형법 제72조 제1~2항).

가석방 요건을 고려할 때, 수개의 독립된 형이 선고된 경우에 어떤 형을 기준으로 해야 할지에 대해 논란이 제기될 수 있다. 이에 대해 각형을 분리하여 개별적으로 판단해야 된다는 견해,[1] 가장 중한 형으로 판단해야 한다는 견해,[2] 수개의 형을 합산하여 판단해야 된다는 견해[3] 등이 있는데, 합산해서 판단하는 것이 타당하다고 본다.

가석방 대상자 선정에 있어서도 형기의 70~90% 수감생활을 해야만 대상자로 선정되어 가석방이 이루어지고 있으므로 규정취지가 퇴색되고 있다. 또한 살인, 강도, 강간, 조직폭력사범, 가정파괴범, 마약류사범, 범죄단체조직사범 등 죄질이 나쁜 수형자들에 대해서는 가석방 대상자에서 제외되고 있다.[4] 이를 해결하기 위한 방안으로 선시제도(Good time system)를 도입하여 사고나 규율위반을 하지 않을 경우 형기에서 일정기간 공제해 주는 것이다.[5]

가석방이 불가능한 이른바 '절대적 종신형'이 아니라 가석방이 가능한 이른바 '상대적 종신형'만을 규정한 현행 무기징역형제도가 평등원칙이나 책임원칙에 위반되는지 여부에 대하여 사회로부터의 영구적 격리가 가능한 절대적 종신형과 상대적 종신형의 각 취지를 살릴 수 있다는 점 등을 고려하면, 현행 무기징역형제도가 상대적 종신형 외에 절대적 종신형을 따로 두고 있지 않은 것이 형벌체계상 정당성과 균형을 상실하여 헌법 제11조의 평등원칙에 반한다거나 형벌이 죄질과 책임에 상응하도록 비례성을 갖추어야 한다는 책임원칙에 반한다고 단정하기 어렵다.[6]

---

1) 헌재 1995. 3. 23, 93헌마12 결정.
2) 정영일, 형법강의[총론], 학림출판사, 2017, 398면.
3) 강동범 · 이강민, "가석방 활성화를 위한 체계적 정비방안" 교정연구 제27권 제2호, 한국교정학회, 2017, 10면.
4) 김선태, "가석방제도의 문제점과 효율적 운영방안 연구", 교정연구 제27권 제2호, 한국교정학회, 2017, 47면.
5) 김선태, 위의 논문, 49면.
6) 헌재 2010. 2. 25, 2008헌가23 결정.

소장은 「형법」 제72조 제1항의 기간(무기는 20년, 유기는 형기의 1/3경과)을 경과한 수형자로서 교정성적이 우수하고 뉘우치는 빛이 뚜렷하여 재범의 위험성이 없다고 인정하는 경우에는 분류처우위원회의 의결을 거쳐 가석방 적격심사신청 대상자를 선정하며, 소장은 가석방 적격심사신청에 필요하다고 인정하면 분류처우위원회에 담당교도관을 출석하게 하여 수형자의 가석방 적격심사사항에 관한 의견을 들을 수 있다(시행규칙 제245조 제1항~2항).

2) 가석방 기간

가석방의 기간은 무기형에 있어서는 10년으로 하고, 유기형에 있어서는 남은 형기로 하되, 그 기간은 10년을 초과할 수 없다(형법 제73조의2 제1항). 가석방된 자는 가석방기간 중 보호관찰을 받는다. 다만, 가석방을 허가한 행정관청이 필요가 없다고 인정한 때에는 그러하지 아니하다(동법 제2항).

2. 가석방 대상자 선정을 위한 사전조사

1) 사전조사 사항

소장은 수형자의 가석방 적격심사신청을 위하여 다음 각 호[7]의 사항을

7) 1. 신원에 관한 사항
가. 건강상태
나. 정신 및 심리 상태
다. 책임감 및 협동심
라. 경력 및 교육 정도
마. 노동 능력 및 의욕
바. 교정성적
사. 작업장려금 및 작업상태
아. 그 밖의 참고사항
2. 범죄에 관한 사항

사전에 조사하여야 한다. 이 경우 특히 필요하다고 인정할 때에는 수형자, 가족, 그 밖의 사람과 면담 등을 할 수 있다(법 246조). 사전조사결과에 대해 소장은 조사한 사항을 매월 분류처우위원회의 회의 개최일 전날까지 분류처우심사표에 기록하여야 하며, 분류처우심사표는 법무부장관이 정한다(시행규칙 제248조 제1항~2항).

사전조사 중 가석방 적격심사신청과 관련하여 특히 피해자의 감정 및 합의여부, 출소 시 피해자에 대한 보복성 범죄 가능성 등에 유의하여야 한다(시행규칙 제247조).

2) 사전조사 시기

사전조사시기에 대하여 신원에 관한 사항에 대한 조사는 수형자를 수용한 날부터 1개월 이내에 하고, 그 후 변경할 필요가 있는 사항이 발견되거나 가석방 적격심사신청을 위하여 필요한 경우에 하고, 범죄에 관한 사항에 대한 조사는 수형자를 수용한 날부터 2개월 이내에 하고, 조사에 필요하다고 인정하는 경우에는 소송기록을 열람할 수 있으며, 보호에 관한

가. 범행 시의 나이
나. 형기
다. 범죄횟수
라. 범죄의 성질 · 동기 · 수단 및 내용
마. 범죄 후의 정황
바. 공범관계
사. 피해 회복 여부
아. 범죄에 대한 사회의 감정
자. 그 밖의 참고사항

3. 보호에 관한 사항
가. 동거할 친족 · 보호자 및 고용할 자의 성명 · 직장명 · 나이 · 직업 · 주소 · 생활 정도 및 수형자와의 관계
나. 가정환경
다. 접견 및 서신의 수신 · 발신 내역
라. 가족의 수형자에 대한 태도 · 감정
마. 석방 후 돌아갈 곳
바. 석방 후의 생활계획
사. 그 밖의 참고사항

사항에 대한 조사는 형기의 3분의 1이 지나기 전에 하여야 하고, 그 후 변경된 사항이 있는 경우에는 지체 없이 그 내용을 변경하여야 한다(시행규칙 제249조 제1항~3항).

3) 사전조사 결과

소장은 제246조에 따라 조사한 사항을 매월 분류처우위원회의 회의 개최일 전날까지 분류처우심사표에 기록하여야 하며, 분류처우심사표는 법무부장관이 정한다(시행규칙 제248조 제1~2항).

3. 수형자 가석방 현황

과밀수용 해소를 위해 2016년부터 가석방 인원을 대폭 늘리고 있는 추이에 있다. 이는 과밀수용을 해소하기 위한 정책적 방향에 따른 것이다. 현재 거론되고 있는 과밀수용 해소 방안은 가택구금 조건으로 가석방을 늘이려고 하고 있다.

〈표 31〉 가석방 현황 단위 : 명

연 도	2013년	2014년	2015년	2016년	2017년
인 원	6,201	5,393	5,507	7,157	8,275

출처 : 2018 법무연감

Ⅲ. 가석방심사위원회

「형법」 제72조에 따른 가석방의 적격 여부를 심사하기 위하여 법무부장관 소속으로 가석방심사위원회(이하 이 장에서 '위원회'라 한다)를 둔다(법 제119조).

1. 위원회의 구성

위원회는 위원장을 포함한 5인 이상 9인 이하의 위원으로 구성하며(동법 제120조 제1항), 위원장은 법무부차관이 되고, 위원은 판사, 검사, 변호사, 법무부 소속 공무원, 교정에 관한 학식과 경험이 풍부한 사람 중에서 법무부장관이 임명 또는 위촉한다(동조 제2항).

1) 위원회의 심사과정 및 심사내용의 공개범위와 공개시기는 ① 위원의 명단과 경력사항은 임명 또는 위촉한 즉시, ② 심의서는 해당 가석방 결정 등을 행한 후부터 즉시, ③ 회의록은 해당 가석방 결정 등을 행한 후 5년이 경과한 때부터 한다.

2) 다만, 위 ①과 ②의 내용 중 개인의 신상을 특정할 수 있는 부분은 삭제하고 공개하되, 국민의 알권리를 충족할 필요가 있는 등의 사유가 있는 경우에는 위원회가 달리 의결할 수 있다(동조 제3항).

2. 가석방 적격심사

1) 가석방 적격심사 신청

소장은 「형법」 제72조 제1항의 기간이 지난 수형자에 대하여는 법무부령으로 정하는 바에 따라 위원회에 가석방 적격심사를 신청하여야 한다(법 제121조 제1항). 위원회는 수형자의 나이, 범죄동기, 죄명, 형기, 교정성적, 건강상태, 가석방 후의 생계능력, 생활환경, 재범의 위험성, 그 밖에 필요한 사정을 고려하여 가석방의 적격 여부를 결정한다(동조 제2항). 소장은 법 제121조 제1항에 따라 가석방 적격심사를 신청할 때에는 가석방 적격심사신청서에 가석방 적격심사 및 신상조사표를 첨부하여야 한다(시행규칙 제250조 제1항). 소장은 가석방 적격심사신청 대상자를 선정한 경우 선정된 날부터 5일 이내에 위원회에 가석방 적격심사신청을 하여야 하며, 위원회에 적격심사를 신청한 사실에 대하여 수형자의 동의를 받아 보호자 등에게 알릴 수 있다(시행규칙 제250조 제2항~3항).

2) 관련 판례

형법 제72조 제1항에서 정한 기간이 지난 수형자에 대한 가석방 적격심사 신청주체를 소장으로 규정하고 있는 형집행법 제121조 제1항이 청구인의 평등권 등 기본권을 침해할 가능성이 있는지 여부에 대하여 소장은 교정시설의 장으로서, 법률조항에 따라 일정한 수형자가 가석방 적격심사 대상자로 인정될 수 있는지 여부를 판단하여 가석방심사위원회에 가석방 적격심사를 신청할 의무를 지고 있을 뿐이므로 수형자인 청구인과의 차별 여부가 문제되는 비교대상이 될 수 없고, 수형자에게 가석방 적격심사를 신청할 주관적 권리가 있다고 볼 수도 없으므로 이 사건 법률조항으로 인하여 청구인의 헌법상 평등권 등 기본권이 침해될 가능성은 없다.[8)]

3) 가석방 적격심사 유형

(1) 누범자 심사

위원회가 누범자에 대한 심사를 할 때에는 동일하거나 유사한 죄로 2회 이상 징역형 또는 금고형의 집행을 받은 수형자에 대하여 적격심사를 할 때에는 뉘우치는 정도, 노동 능력 및 의욕, 근면성, 그 밖에 정상적인 업무에 취업할 수 있는 생활계획과 보호관계에 관하여 중점적으로 심사하여야 한다(시행규칙 제252조).[9)]

---

8) 헌재 2010. 12. 28, 2009헌마70 결정.

9) 누범이 성립되기 위해서는 금고 이상의 형을 받고 그 집행이 종료되거나 면제를 받은 후 3년 내에 금고 이상에 해당하는 죄를 범한 자는 누범으로 처벌한다(형법 제35조 제1항). 여기서 집행이 종료되는 경우는 ① 형기만료, ② 가석방, 집행유예, 선고유예 기간 경과 등이다. 형면제는 형의시효 완성(형법 제77조), 외국에서 형을 집행 받음(형법 제7조), 특별사면(사면법 제5조) 등이다. 누범의 형은 그 죄에 정한 형의 장기의 2배까지 가중한다(형법 제35조 제

(2) 범죄동기 심사

위원회가 범죄의 동기에 관하여 심사할 때에는 사회의 통념 및 공익 등에 비추어 정상을 참작할 만한 사유가 있는지를 심사하여야 하고, 범죄의 동기가 군중의 암시 또는 도발, 감독관계에 의한 위협, 그 밖에 이와 유사한 사유로 인한 것일 때에는 특히 수형자의 성격 또는 환경의 변화에 유의하고 가석방 후의 환경이 가석방처분을 받은 사람에게 미칠 영향을 심사하여야 한다(시행규칙 제253조 제1항~2항).

(3) 사회감정 심사

위원회가 사회의 감정에 대한 심사를 할 때에는 ① 범죄의 수단이 참혹 또는 교활하거나 극심한 위해(危害)를 발생시킨 경우, ② 해당 범죄로 무기형에 처해진 경우, ③ 그 밖에 사회적 물의를 일으킨 죄를 지은 경우 등을 고려하여야 한다(시행규칙 제254조).

(4) 재산죄에 대한 심사

위원회가 재산에 관한 죄를 지은 수형자에 대하여 심사할 때에는 특히 그 범행으로 인하여 발생한 손해의 배상 여부 또는 손해를 경감하기 위한 노력 여부를 심사하여야 하고, 수형자 외의 사람이 피해자의 손해를 배상한 경우에는 그 배상이 수형자 본인의 희망에 따른 것인지 여부를 심사하여야 한다(시행규칙 제255조 제1~2항).

(5) 관계기관 사실조회

위원회는 가석방 적격심사에 필요하다고 인정하면 수형자의 주소지 또는 연고지 등을 관할하는 시 · 군 · 구 · 경찰서, 그 밖에 학교 · 직업알선기관 · 보호단체 · 종교단체 등 관계기관에 사실조회를 할 수 있고, 위원회는

2항)._

가석방 적격심사를 위하여 필요하다고 인정하면 위원이 아닌 판사 · 검사 또는 군법무관에게 의견을 묻거나 위원회에 참여시킬 수 있다(시행규칙 제256조).

(6) 전문가에 대한 감정촉탁

위원회는 가석방 적격심사를 위하여 필요하다고 인정하면 심리학 · 정신의학 · 사회학 또는 교육학을 전공한 전문가에게 수형자의 정신상태 등 특정 사항에 대한 감정을 촉탁할 수 있고, 촉탁을 받은 사람은 소장의 허가를 받아 수형자와 접견할 수 있다(257조 제1항~2항).

4) 가석방 의결 및 결정

위원회가 가석방의 적격 여부에 대한 결정을 한 경우에는 결정서를 작성하여야 한다(시행규칙 제258조). 가석방대상자에 대한 회의는 재적위원 과반수의 출석으로 개의하고, 출석위원 과반수의 찬성으로 의결하면 간사는 위원회의 결정에 대하여 결정서를 작성하여야 한다(시행규칙 제242조 제1항~2항). 또한 간사는 가석방심사위원회 회의록을 작성하여 유지하여야 하고, 회의록에는 회의의 내용을 기록하고 위원장 및 간사가 기명날인 또는 서명하여야 한다(시행규칙 제243조 제1항~2항). 위원회의 회의에 출석한 위원에게는 예산의 범위에서 수당과 여비를 지급할 수 있다(시행규칙 제244조).

3. 가석방 허가

위원회는 가석방 적격결정을 하였으면 5일 이내에 법무부장관에게 가석방 허가를 신청하여야 하고, 법무부장관은 위원회의 가석방 허가신청이 적정하다고 인정하면 허가할 수 있다(법 제122조 제1항~제2항). 만약 소장은 가석방이 허가되지 아니한 수형자에 대하여 그 후에 가석방을 허가하는 것이 적당하다고 인정하는 경우에는 다시 가석방 적격심사신청을 할 수 있다(시행규칙 제251조).

소장은 수형자의 가석방이 허가된 경우에는 주거지 관할 경찰서 또는 보호관찰소에 출석할 기한 등을 기록한 가석방증을 가석방자에게 발급하여야 한다(시행규칙 제259조).

4. 가석방의 취소

1) 가석방자 취소사유

가석방자는 가석방 기간 중「가석방자관리규정」제5조부터 제7조까지, 제10조, 제13조 제1항 및 제14조부터 제16조까지[10]의 규정에서 정한 준수사항 및 관할 경찰서장의 명령 또는 조치를 따라야 하며, 이를 위반하는 경우에는「형법」제75조[11]에 따라 가석방을 취소할 수 있다(시행규칙 제260조).

10) ① 제5조 : 가석방자는 제4조제2항에 따른 가석방증에 적힌 기한 내에 관할경찰서에 출석하여 가석방증에 출석확인을 받아야 한다. 다만, 천재지변, 질병, 그 밖의 부득이한 사유로 기한 내에 출석할 수 없거나 출석하지 아니하였을 때에는 지체 없이 그 사유를 가장 가까운 경찰서의 장에게 신고하고 별지 제1호 서식의 확인서를 받아 관할경찰서의 장에게 제출하여야 한다. ② 제6조 : 가석방자는 그의 주거지에 도착하였을 때에는 지체 없이 종사할 직업 등 생활계획을 세우고 이를 관할경찰서의 장에게 서면으로 신고하여야 하며, 가석방자의 보호를 맡은 사람은 신고서에 기명날인(記名捺印) 또는 서명하여야 한다.
③ 제7조 : 관할경찰서의 장은 가석방자가 가석방 기간 중 정상적인 업무에 종사하고 비행(非行)을 저지르지 아니하도록 적절한 지도를 할 수 있고, 관할경찰서의 장은 지도 중 가석방자의 재범방지를 위해 특히 필요하다고 인정하는 경우에는 특정 장소의 출입제한명령 등 필요한 조치를 할 수 있으며, 이러한 조치를 할 경우 그 사실을 관할 지방검찰청의 장 및 가석방자를 수용하였다가 석방한 교정시설의 장에게 통보하여야 한다.
④ 제10조 : 가석방자가 국내에서 주거지를 이전(移轉)하거나 10일 이상 여행하려는 경우에는 그 사유, 새 주거지 또는 여행 목적지, 주거지 이전 예정일 또는 여행 예정기간 등을 적은 허가신청서를 관할경찰서의 장에게 제출하여 허가를 받아야 한다.

11) 가석방의 처분을 받은 자가 감시에 관한 규칙을 위배하거나, 보호관찰의 준수사항을 위반하고 그 정도가 무거운 때에는 가석방처분을 취소할 수 있다. ① 제13조 제1항 : 가석방자가 국외로 이주하거나 여행하려는 경우에는 그 사유, 이주지 또는 여행 목적지, 이주 예정일 또는 여행 예정기간 등을 적은 허가신청서(전자문서로 된 신청서를 포함한다)에 가석방증

2) 가석방자 취소신청

수형자를 가석방한 소장 또는 가석방자를 수용하고 있는 소장은 가석방자가 제260조의 가석방 취소사유에 해당하는 사실이 있음을 알게 되거나 관할 경찰서장으로부터 그 사실을 통보받은 경우에는 지체 없이 별지 제25호서식의 가석방 취소심사신청서에 가석방 취소심사 및 조사표를 첨부하여 위원회에 가석방 취소심사를 신청하여야 한다(시행규칙 제261조 제1항).

위원회가 신청을 받아 심사를 한 결과 가석방을 취소하는 것이 타당하다고 결정한 경우에는 별지 제23호서식의 결정서에 별지 제26호서식의 가석방 취소심사 및 조사표를 첨부하여 지체 없이 법무부장관에게 가석방의 취소를 신청하여야 한다(동조 제2항).

소장은 가석방을 취소하는 것이 타당하다고 인정하는 경우 긴급한 사유가 있을 때에는 위원회의 심사를 거치지 아니하고 전화, 전산망 또는 그 밖의 통신수단으로 법무부장관에게 가석방의 취소를 신청할 수 있다. 이 경우 소장은 지체 없이 가석방 취소심사 및 조사표를 송부하여야 한다(동조 제3항).

3) 취소심사

위원회가 가석방 취소를 심사하는 경우에는 가석방자가 「가석방자관리

사본 또는 수용증명서 1부, 초청장 등 사본 1부, 귀국서약서 1부(국외여행자만 첨부한다), 등의 서류(전자문서를 포함한다)를 첨부하여 법무부장관에게 제출하고 허가를 받아야 한다. 이 경우 법무부장관은 「전자정부법」 제36조제1항에 따른 행정정보의 공동이용을 통하여 가석방자의 주민등록표 등본을 확인하여야 하며, 가석방자가 확인에 동의하지 아니하는 경우에는 이를 첨부하도록 하여야 한다.

② 제14조 : 가석방자는 국외 이주 또는 여행의 허가를 받았을 때에는 그 사실을 관할경찰서의 장에게 신고하여야 하고, 신고를 받은 관할경찰서의 장은 관계기관의 장에게 통보하여야 한다. ③ 제15조 : 국외 이주 또는 여행의 허가를 받은 가석방자는 국외 이주 또는 여행을 중지하였을 때에는 지체 없이 그 사실을 관할경찰서의 장에게 신고하여야 한다.

④ 제16조 : 국외 여행을 한 가석방자는 귀국하여 주거지에 도착하였을 때에는 지체 없이 그 사실을 관할경찰서의 장에게 신고하여야 한다. 국외 이주한 가석방자가 입국하였을 때에도 또한 같다.

규정」 등의 법령을 위반하게 된 경위와 그 위반이 사회에 미치는 영향, 가석방 기간 동안의 생활 태도, 직업의 유무와 종류, 생활환경 및 친족과의 관계, 그 밖의 사정을 고려하여야 한다(시행규칙 제262조 제1항). 위원회는 심사를 위하여 필요하다고 인정하면 가석방자를 위원회에 출석하게 하여 진술을 들을 수 있다(동조 제2항). 이렇게 하는 이유는 규정을 위반한 경위에 대하여 진술할 수 있는 기회를 부여하여 그 당위성을 파악할 필요가 있기 때문이다.

5. 잔형의 집행

1) 잔형집행보고서 송부

소장은 가석방이 취소된 경우에는 지체 없이 잔형 집행에 필요한 조치를 취하고 법무부장관에게 가석방취소자 잔형집행보고서를 송부하여야 한다. 또한 소장은 가석방자가 「형법」 제74조[12]에 따라 가석방이 실효된 것을 알게 된 경우에는 지체 없이 잔형 집행에 필요한 조치를 취하고 법무부장관에게 가석방실효자 잔형집행보고서를 송부하여야 한다(시행규칙 제263조 제1항~2항).

2) 가석방 취소 및 실효자 구인

소장은 가석방이 취소된 사람(이하 '가석방취소자'라 한다) 또는 가석방이 실효된 사람(이하 '가석방실효자'라 한다)이 교정시설에 수용되지 아니한 사실을 알게 된 때에는 관할 지방검찰청 검사 또는 관할 경찰서장에게

12) 가석방중 금고 이상의 형의 선고를 받아 그 판결이 확정된 때에는 가석방처분은 효력을 잃는다. 단 과실로 인한 죄로 형의 선고를 받았을 때에는 예외로 한다. 따라서 과실범 처벌규정이 있는 범죄를 범하여 형의 선고를 받았다고 하더라도 가석방처분의 효력에는 영향을 미치니 아니한다.

구인하도록 의뢰하여야 한다(동조 제3항). 구인의뢰를 받은 검사 또는 경찰서장은 즉시 가석방취소자 또는 가석방실효자를 구인하여 소장에게 인계하여야 한다(동조 제4항).

3) 잔형 기간

가석방취소자 및 가석방실효자의 잔형 기간은 가석방을 실시한 다음 날부터 원래 형기의 종료일까지로 하고, 잔형집행 기산일은 가석방의 취소 또는 실효로 인하여 교정시설에 수용된 날부터 한다(동조 제5항). 즉 교정시설에 수용된 날이 공휴일이라고 하더라도 잔형기간에 포함된다.

가석방 기간 중 형사사건으로 구속되어 교정시설에 미결수용 중인 자의 가석방 취소결정으로 잔형을 집행하게 된 경우에는 가석방된 형의 집행을 지휘하였던 검찰청 검사에게 잔형 집행지휘를 받아 우선 집행하여야 한다(동조 제6항).

제2장 석 방

Ⅰ. 석방의 시기

1. 석방의 집행

수용자의 석방은 사면·형기종료 또는 권한이 있는 자의 명령에 따라 소장이 한다(법 제123조).

2. 유형별 석방의 시기

1) 사면, 가석방, 형의 집행면제, 감형에 따른 석방은 그 서류 도달 후 12시간 이내에 행하여야 한다. 다만, 그 서류에서 석방일시를 지정하고 있으면 그 일시에 행한다(법 제124조 제1항).

2) 형기종료에 따른 석방은 형기종료일에 행하여야 한다(동조 제2항).

3) 권한이 있는 자의 명령에 따른 석방은 서류 도달 후 5시간 이내에 행하여야 한다(동조 제3항).

Ⅱ. 석방예정자 상담 및 조사

1. 석방예정자 상담

소장은 수형자의 건전한 사회복귀를 위하여 필요하다고 인정하면 석방 전 3일 이내의 범위에서 석방예정자를 별도의 거실에 수용하여 장래에 관한 상담과 지도를 할 수 있다(시행령 제141조).

2. 석방예정자 조사

소장은 형기종료로 석방될 수형자에 대하여는 석방 10일 전까지 석방 후의 보호에 관한 사항을 조사하여야 한다(시행령 제142조).

Ⅲ. 석방자 보호요청

소장은 수형자를 석방하는 경우 특히 필요하다고 인정하면 한국법무보호복지공단에 그에 대한 보호를 요청할 수 있다(시행령 제144조). 소장은 석방될 수형자의 보호 및 재범 방지 등을 위하여 필요하다고 인정하면 그의 성격·교정성적 또는 보호에 관한 의견을 그의 거주지를 관할하는 경찰관서 또는 그를 인수하여 보호할 법인 또는 개인에게 통보할 수 있다. 다만, 법인 또는 개인에게 통보하는 경우에는 해당 수형자의 동의를 받아야 한다(시행령 제143조).

Ⅳ. 피석방자의 일시수용

소장은 피석방자가 질병이나 그 밖에 피할 수 없는 사정으로 귀가하기 곤란한 경우에 본인의 신청이 있으면 일시적으로 교정시설에 수용할 수 있다(법 제125조). 예컨대 작업도중 부상으로 인해 거동이 불편할 경우에는 그 부상이 완치될 때까지 일시적으로 수용하는 것을 말한다.

Ⅴ. 귀가여비의 지급

소장은 피석방자에게 귀가에 필요한 여비 또는 의류가 없으면 법무부장관이 정하는 범위에서 이를 지급하거나 빌려줄 수 있다(법 제126조). 소장은 피석방자에게 귀가 여비 또는 의류를 빌려준 경우에는 특별한 사유가 없으면 이를 회수한다(시행령 제145조). 이 경우 출소 후 직장을 갖지 못하거나 일정한 소득이 없는 경우에는 소송을 통해 승소판결을 받는다고 하더라도 받을 수 없는 한계가 있다.

제3장 사 망

Ⅰ. 사망의 통지

소장은 수용자가 사망한 경우에는 그 사실을 즉시 그 가족(가족이 없는 경우에는 다른 친족)에게 통지하여야 한다(동법 제127조). 소장은 수용자의 사망 사실을 알리는 경우에는 사망 일시 · 장소 및 사유도 같이 알려야 한다(시행령 제146조).

Ⅱ. 사망자 검시

소장은 수용자가 사망한 경우에는 그 시신을 검시하여야 하고, 의무관은 수용자가 질병으로 사망한 경우에는 사망장에 그 병명 · 병력(病歷) · 사인 및 사망일시를 기록하고 서명하여야 한다(시행령 제147조, 제148조 제1항). 소장은 수용자가 자살이나 그 밖에 변사한 경우에는 그 사실을 검사에게 통보하고, 기소된 상태인 경우에는 법원에도 통보하여야 하며, 검시가 끝난 후에는 검시자 · 참여자의 신분 · 성명과 검시 결과를 사망장에 기록하여야 한다(시행령 제148조 제2항). 소장은 시신을 인도(引渡), 화장, 임시 매장 또는 합장한 경우에는 그 사실을 사망장에 기록하여야 한다(시행령 제148조 제3항).

Ⅲ. 시신의 처리

1. 시신의 인도 청구

소장은 사망한 수용자의 친족 또는 특별한 연고가 있는 사람이 그 시신 또는 유골의 인도를 청구하는 경우에는 인도하여야 한다. 다만, 합장을 한 후에는 그러하지 아니하다(법 제128조 제1항). 소장은 병원이나 그 밖의 연구기관이 학술연구상의 필요에 따라 수용자의 시신인도를 신청하면 본인의 유언 또는 상속인의 승낙이 있는 경우에 한하여 인도할 수 있다(동조 제4항).

2. 임시매장

소장은 사망의 통지를 받은 사람이 통지를 받은 날부터 3일 이내에 그 시신을 인수하지 아니하거나 인수할 사람이 없으면 임시로 매장하여야 한다. 다만, 감염병 예방 등을 위하여 필요하면 즉시 화장을 하는 등 필요한 조치를 할 수 있다(법 제128조 제2항).

3. 시신의 합장 및 화장

소장은 시신을 임시로 매장한 후 2년이 지나도 인도를 청구하는 사람이 없으면 합장하거나 화장할 수 있다(법 제128조 제3항). 소장은 시신을 임시 매장한 경우에는 그 장소에 사망자의 가족관계 등록기준지, 성명, 사망일시를 적은 표지를 세워야 하고, 시신 또는 유골을 합장한 경우에는 합장된 사람의 가족관계 등록기준지, 성명, 사망일시를 합장부에 기록하고 그 장소에 묘비를 세워야 한다(시행령 제150조 제1항~2항).

4. 시신의 인도에 따른 비용

소장은 수용자가 사망하면 법무부장관이 정하는 범위에서 화장·시신인도 등에 필요한 비용을 인수자에게 지급할 수 있다(동조 제5항).

제 4 장 미결수용자 석방

Ⅰ. 미결수용자 무죄판결

1. 석방의 시기

미결수용자가 무죄판결을 선고받으면 즉시 석방하여야 한다. 사면, 가석방, 형의 집행면제, 감형에 따른 석방은 그 서류 도달 후 12시간 이내에 행하여야 하며(법 제124조 제1항), 권한이 있는 자의 명령에 따른 석방은 서류 도달 후 5시간 이내에 행하여야 한다(동조 제3항).

2. 관련 판례

무죄판결에 따른 석방지휘서가 없이는 석방할 수 없을 뿐만 아니라 석방지휘서가 도달한 후 5시간 이내에 석방하면 무죄판결 후 석방까지의 구금은 불법구금이 되지 아니한다. 또한 무죄 등 판결 선고 후 석방대상 피고인을 의사에 반하여 교도소로 연행할 수 있는지 여부에 대해 무죄 등 판결 선고 후 석방대상 피고인이 교도소에서 지급한 각종 지급품의 회수, 수용시의 휴대금품 또는 수용 중 영치된 금품의 반환 내지 환급문제 때문에 임의로 교도관과 교도소에 동행하는 것은 무방하나 피고인의 동의를 얻지 않고, 의사에 반하여 교도소로 연행하는 것은 헌법 제12조의 규정에 비추어 도저히 허용될 수 없다.[13)]

13) 헌재 1997. 12. 24. 95헌마247.

Chap. 7

수용의 종료

제1장 교정자문위원회 및 교정위원

제 7 편

교정자문위원회

제1장 교정자문위원회 및 교정위원

Ⅰ. 교정자문위원회

1. 교정자문위원회의 기능

1) 교정시설의 운영에 관한 자문에 대한 응답 및 조언

2) 수용자의 급양(給養) · 의료 · 교육 등 처우에 관한 자문에 대한 응답 및 조언

3) 노인 · 장애인수용자 등의 보호, 성차별 및 성폭력 예방정책에 관한 자문에 대한 응답 및 조언

4) 그 밖에 소장이 자문하는 사항에 대한 응답 및 조언 등을 한다(시행규칙 제264조).

2. 교정자문위원회의 구성

교정시설의 운영과 수용자 처우 등에 관한 소장의 자문에 응하기 위하여 교정시설에 교정자문위원회(이하 이 조에서 "위원회"라 한다)를 둔다(법 제129조 제1항). 위원회는 5인 이상 7인 이하의 위원으로 구성하고, 위

원장은 위원 중에서 호선하며, 위원은 교정에 관한 학식과 경험이 풍부한 외부인사 중에서 소장의 추천을 받아 법무부장관이 위촉한다(동조 제2항). 위원 중 2명 이상은 여성으로 한다(시행규칙 제265조 제2항). 소장이 위원을 추천하는 경우에는 교정자문위원회 위원 추천서를 법무부장관에게 제출하여야 한다. 다만, 재위촉의 경우에는 소장의 의견서로 추천서를 갈음한다(시행규칙 제265조 제3항). 위원의 임기는 2년으로 하며, 연임할 수 있다(시행규칙 제266조 제1항). 그러므로 특별한 하자가 없는 한 계속할 수 있다.

소장은 위원의 결원이 생긴 경우에는 결원이 생긴 날부터 30일 이내에 후임자를 법무부장관에게 추천하여야 하고, 결원이 된 위원의 후임으로 위촉된 위원의 임기는 전임자 임기의 남은 기간으로 한다(동조 제2항~3항).

위원장은 위원회를 소집하고 위원회의 업무를 총괄하고, 위원장이 부득이한 사유로 직무를 수행할 수 없을 때에는 부위원장이 그 직무를 대행하고, 부위원장도 부득이한 사유로 직무를 수행할 수 없을 때에는 위원장이 미리 지명한 위원이 그 직무를 대행한다(시행규칙 제267조 제1항~2항).

3. 위원회의 회의

위원회의 회의는 위원 과반수의 요청이 있거나 소장이 필요하다고 인정하는 경우에 개최하고, 위원회는 재적위원 과반수의 출석으로 개의하고 출석위원 과반수의 찬성으로 의결하며, 위원회의 회의는 공개하지 아니한다. 다만, 위원회의 의결을 거친 경우에는 공개할 수 있다(시행규칙 제268조 제1항~3항). 위원회의 사무를 처리하기 위하여 위원회에 간사 1명을 둔다. 간사는 해당 교정시설의 총무과장 또는 6급 이상의 교도관으로 한다(시행규칙 제271조 제1항). 간사는 회의에 참석하여 위원회의 심의사항에 대한 설명을 하거나 필요한 발언을 할 수 있으며, 교정자문위원회 회의록을 작성하여 유지하여야 한다(동조 제2항). 소장은 위원회의 회의에 참석한 위원에게는 예산의 범위에서 수당을 지급할 수 있다(시행규칙 제272조).

4. 위원의 준수사항

위원회의 위원은 다음 사항을 준수하여야 한다(시행규칙 제269조).

1) 직위를 이용하여 영리 행위를 하거나 업무와 관련하여 금품·접대를 주고받지 아니할 것

2) 자신의 권한을 특정인이나 특정 단체의 이익을 위하여 행사하지 아니할 것

3) 업무 수행 중 알게 된 사실이나 개인 신상에 관한 정보를 누설하거나 개인의 이익을 위하여 이용하지 아니할 것 등이다.

5. 위원에 대한 위촉해제

소장은 위원이 ① 건강상의 이유 등으로 직무를 수행할 수 없거나 직무수행이 현저히 곤란하다고 판단될 때, ② 범죄행위로 금고 이상의 형을 선고 받았을 때, ③ 예고 없이 정기회의에 연속 2회 이상 불참하였을 때, ④ 위원의 준수사항을 위반하였을 때, ⑤ 그 밖에 소장이 필요하다고 인정할 때에 해당하는 경우에는 법무부장관에게 위촉 해제를 건의할 수 있다(시행규칙 제270조).

Ⅱ. 교정위원

1. 교정위원의 기능

수용자의 교육 · 교화 · 의료, 그 밖에 수용자의 처우를 후원하기 위하여 교정시설에 교정위원을 둘 수 있다(법 제130조 제1항). 교정위원은 명예직으로 하며 소장의 추천을 받아 법무부장관이 위촉한다(동조 제2항).

소장은 교정위원을 두는 경우 수용자의 개선을 촉구하고 안정된 수용생활을 하게 하기 위하여 교정위원에게 수용자를 교화상담하게 할 수 있고, 교정위원은 수용자의 고충 해소 및 교정 · 교화를 위하여 필요한 의견을 소장에게 건의할 수 있다(시행령 제151조 제1항~2항). 교정위원의 임기, 위촉 및 해촉, 준수사항 등에 관하여 필요한 사항은 법무부장관이 정한다(동조 제3항).

2. 외부인사 준수사항

교정위원, 교정자문위원, 그 밖에 교정시설에서 활동하는 외부인사는 활동 중에 알게 된 교정시설의 안전과 질서 및 수용자의 신상에 관한 사항을 외부에 누설하거나 공개해서는 아니 된다(시행령 제152조).

Ⅲ. 기부금품의 접수

소장은 기관 · 단체 또는 개인이 수용자의 교화 등을 위하여 교정시설에 자발적으로 기탁하는 금품을 받을 수 있다(법 제131조). 소장은 기부금품을 접수하는 경우에는 기부한 기관 · 단체 또는 개인에게 영수증을 발급하여야 한다. 다만, 익명으로 기부하거나 기부자를 알 수 없는 경우에는 그러하지 아니하다(시행령 제153조 제1항). 소장은 기부자가 용도를 지정하여 금품을 기부한 경우에는 기부금품을 그 용도에 사용하여야 한다. 다만, 지정한 용도로 사용하기 어려운 특별한 사유가 있는 경우에는 기부자의 동의를 받아 다른 용도로 사용할 수 있다(동조 제2항). 교정시설의 기부금품 접수·사용 등에 관하여 필요한 사항은 법무부장관이 정한다(동조 제3항).

Ⅳ. 교정자문위원과 교정위원의 비교

구 분	교정자문위원	교정위원
목 적	교정시설의 운영과 수용자 처우 등에 관한 소장의 자문에 응하기 위함이다.	수용자의 교육, 교화, 의료, 그 밖에 수용자의 처우를 후원하기 위함이다.
구 성	5인 이상 7인 이하의 외부위원(여성 2명 이상)으로 구성하고, 임기는 2년이며, 연임이 가능하다.	명예직이다.
위촉절차	소장의 추천으로 법무부장관이 위촉한다.	
준수사항	활동 중 알게 된 교정시설의 안전과 질서 및 수용자의 신상에 관한 사항을 외부에 누설하거나 공개해서는 안 된다.	

Chap. 8

벌 칙

제1장 주류의 반입

제2장 출석의무 위반

제 8 편

벌 칙

제1장 주류의 반입

Ⅰ. 주류의 반입

① 주류·담배·현금·수표를 교정시설에 반입하거나 소지·사용·수수·교환 또는 은닉하는 행위, ② 수용자에게 전달할 목적으로 주류·담배·현금·수표를 허가 없이 교정시설에 반입하거나 수용자와 수수 또는 교환하는 행위에 해당하는 행위를 한 사람은 6개월 이하의 징역 또는 200만 원 이하의 벌금에 처한다(동법 제132조 제1항). ③ 전항의 미수범은 처벌하며(동조 제2항), 금지물품은 몰수한다(동조 제3항).

제2장 출석의무 위반

Ⅰ. 출석의무 위반

① 정당한 사유 없이 일시석방 후 24시간 이내에 교정시설 또는 경찰관서에 출석하지 아니하는 행위, ② 귀휴·외부통근, 그 밖의 사유로 소장의 허가를 받아 교도관의 계호 없이 교정시설 밖으로 나간 후에 정당한 사유 없이 기한 내에 돌아오지 아니하는 행위를 한 수용자는 1년 이하의 징역에 처한다(동법 제133조).

Chap. 9

현대 교정학의 쟁점들

Ⅰ. 과밀수용의 문제

Ⅱ. 과밀수용에 따른 토론할 문제

Ⅲ. 상징폭력과 교정이론

Ⅳ. 수형자의 성생활권과 흡연권에 관한 논쟁점

제 9 편

현대 교정학의 쟁점들

현대 교정학은 여러 쟁점들이 있는데, 여기에서는 학문적 토론의 바탕을 위하여 다양한 쟁점들을 학문적으로 나열하여 보기로 한다.

Ⅰ. 과밀수용의 문제

국내·외적으로 현대 교정학이 가장 크게 대두되는 문제는 교도소의 과밀수용이라고 할 수가 있다. 이러한 과밀수용은 외부비경제와 수확체감의 교정공공재의 법칙이 적용하는 교정경제로 인하여 효율적인 교정공공재의 생산이 저해되어 있다.

동시에 교정공공재의 적시적인 생산과 사회적 형평성의 이념도 달성되기 어려운 다양한 딜레마에 놓여 있으며, 교정의료나 교정보건 및 교정급식 등 다양한 시설 내 처우에서 다양한 문제를 드러내고 있다. 따라서 국내·외적으로 현대 교도소들이 직면하는 다양한 교도소 과밀수용에 대하여서는 다양한 구금제도나 경로혁신적인 새로운 구금제도가 논의될 필요가 있다.

Ⅱ. 과밀수용에 따른 토론할 문제

1) 이러한 과밀수용의 대안으로서 주말구금제나 주간구금제 등이 필요하다면 어떠한 방안이 필요하고 그 정책적 한계는 무엇인가?

2) 과실범에 대하여는 고의범과 달리 반드시 시설화로 가야 하는 이유와 과실범에 대한 탈교도소화의 방안과 한계는?

3) 노인범죄자와 노인수용자에 대해서는 교정공공재의 생산의 의미와 생산방식의 한계는?

4) 가장 많은 비율을 차지하는 40대와 50대의 수용자에 대한 교정공공재의 생산방식을 현재의 교도관의 연령과 임파워먼트에 대하여 토론하고 그 한계는?

5) 과밀수용이 이렇게 심하다면 이런 과밀수용이 수용자의 인권과 교도관의 인권에는 어떤 영향을 미치는가?

6) 과밀수용에 대한 대안으로서 과거에 실시한 바가 있는 선시제도의 활용에 대한 방안은?

7) 외국에서는 이러한 과밀수용에 대하여 정책적으로나 실무적으로 어떤 대안을 가지고 있는가?

8) 과밀수용에 대한 실무적 해결안으로 교도소의 신축이 거론되고 있는데 이러한 물적·시설적인 접근에 대한 효용과 이러한 물적 접근의 정치경제학적인 함의는 무엇이며, 이것이 사회에 전가해주는 외부효과와 외부비효과에 대한 의미는 무엇인가?

Ⅲ. 상징폭력과 교정이론

부르디와의 상징폭력이론에 의하면 기존의 사회질서는 물리적 강제의 결과가 아니라 상징폭력_지배층은 신분, 지위, 위신, 관습 같은 상징을 통하여 그들의 문화적 양식이 자연스러운 질서처럼 보이게 하는 것의 결과로 아비투스적 문화자본을 중시하여 교육체계는 지배층의 세계관을 반영하는 문화자본을 전수함으로써 사회질서를 재생산한다고 한다.

아비투스는 개인이 어떠한 음식을 선호하는 취향은 개인적인 영역이 아니라 사실상 계급질서를 반영하는 지표라는 것으로 무의식적으로 전수된다는 것이다.

결국은 부르디와의 상징폭력이론은 의도적인 상징폭력이론을 의미하며

정치적 사회적 지배이념인 문화적 헤게모니를 통해서 지배집단의 이념을 교육체계를 통해서 전달하는 개념이라고 규정지울 수가 있다. 이러한 상징폭력이 실현되는 교정교육체계가 될 수 있는 구조적 장치가 교정교육이 될 수 있는데, 그것은 교화라는 지배집단의 이념이 바로 주류사회의 이념이므로 이러한 이념을 은밀히 그리고 공공연히 세뇌시키는 메카니즘적 장치가 교정교육이 될 수가 있다. 즉, 외국인 수형자에 대한 한국의 문화적 이념과 가치를 강요하는 것과 종교범이나 정치범에 대한 확신범에 대해 이러한 상징폭력이 더욱 극화될 수가 있다. 예컨대 전두환 군부시절에서 군사독재의 가치에 반항한 지식인들을 구금하거나 박정희 유신시대의 공포정치시절에 구금된 정치범에 대한 '한국적 민주주의'와 '정의사회의 이념'의 강요가 바로 대표적인 상징폭력이라고 할 수가 있다.

문제는 그러한 종교범이나 정치법이 아닌 일반사범에 대해서도 상징폭력이 일어날 수 있는 분야가 있느냐의 문제이다. 그리고 교도소 내의 다양한 교도관, 교정자문위원, 수형자, 교정청, 외부인사 등이 가지는 문화적 아비투스가 업무 수행과정에서 어떻게 영향을 미치는가를 알아야 하며, 여기서 은밀한 상징폭력이 생긴다면 그러한 것에 대한 저항적 읽기가 필요하다는 것이며, 이는 교정의 주체성과도 관련된다.

상징권력을 물리적 영역이 아닌 권력으로 파악한다면 권력의 비대칭성이 필수적으로 작용되는 교도소 수감시설 내에서의 다양한 행위자들 간의

상징권력이 어떻게 행사되고 상징자본은 어떤 방식으로 축적이 되는지를 알아야 올바른 업무수행의 방향성을 알 수가 있다. 그리고 교도소 내의 수용자들이 가지는 상징자본인 입소순서, 신뢰도, 명예, 수용자의 내적인 지위(가령 봉사원의 지위나 비공식집단에서의 리더), 기타 다양한 지위 등을 통해서 상징권력이 어떻게 재생산되고 확산되는가를 살펴보는 것은 교정사회학의 영역이라고 할 수가 있다.

Ⅳ. 수형자의 성생활권과 흡연권에 관한 논쟁점

천정환 교수는 수형자의 성생활권의 중요성을 그전부터 주장해왔다. 이에 반해 현행 교정관련법령과 대다수의 학자들은 수형자의 성생활권이나 흡연권에 대하여 반대하고 있다. 또한 국민들의 대다수도 이에 대하여 강력히 반대하고 있으며, 이에 관한 논쟁도 거의 없을 만큼 수형자의 성생활권의 박탈과 흡연권의 박탈은 당연시 되고 있는 실정이다. 이와 관련하여 수형자의 성생활권과 흡연권의 문제를 다음과 같이 접근하여 토론할 수가 있다.

1) 수형자의 성생활권의 박탈은 헌법정신에 부합하는가?

2) 수형자의 흡연권의 박탈은 국가질서유지와 교도소내의 질서유지에 부합하고 헌법의 행복추구권이념에 부합하는가?

3) 형벌의 목적이 자유권의 최소한의 제한이라는 것이 현대 교정학의 이론이라고 할 때, 수형자의 성생활권의 개념은 자유권인가? 아니면 생존권의 영역인가?

4) 수형자에 대한 성생활권의 박탈은 자유권의 박탈에 그치는가? 아니면 신체형의 성격도 지니는가?

5) 수형자의 성생활권과 가족복지의 관계는?

6) 수형자의 사회속의 배우자의 권리는?

7) 흡연권의 부정의 근거는 무엇인가?

8) 수용자의 흡연과 간접흡연과의 관계는?

9) 이에 관한 외국의 입법례는 어떻게 되고 우리나라와의 문화적 차이에 대하여 접근하는 방안에 대하여 구별할 필요가 있는가?

참고문헌

1. 국내문헌

강동범 · 이강민, “가석방 활성화를 위한 체계적 정비방안” 교정연구 제27권 제2호, 한국교정학회, 2017.

곽병선, “형집행법상 수용자 징벌현황과 진단”, 법학연구 제36집, 한국법학회, 2009.

김병수, “가족접견제도의 개별화 : 가족만남의 집을 중심으로”, 형사정책연구 제90호, 한국형사정책연구원, 2012.

김선태, “가석방제도의 문제점과 효율적 운영방안 연구”, 교정연구 제27권 제2호, 한국교정학회, 2017.

박영숙, “노인 수용자의 교정복지적 처우 방안” 교정복지연구 제22호, 한국교정복지학회, 2011.

윤태현, “캐나다의 교정 및 조건부 석방법 분석을 통한 우리나라의 가석방 제도 개선방안 연구”, 교정담론 제11권 제2호, 아시아교정포럼, 2017.

이동임, “수형자의 교정 · 교화를 위한 접견교통권 활성화 방안”, 교정복지연구 제24호, 한국교정복지학회, 2012.

--------, “교정시설 내 스마트 폰을 이용한 화상의료 및 화상상담에 관한 연구”, 교정복지연구 제42호, 2016.

---------, “GPS를 이용한 귀휴제도 활성화 방안”, 형사정책연구, 형사정책연구원, 2015.

---------, “GPS를 이용한 귀휴제도 실천가능성 검토”, 교정복지연구 제50호, 한국교정복지학회, 2017.

------, "소외된 수형자를 위한 감성로봇 도입에 관한 연구", 교정복지연구 제48호, 한국교정복지학회, 2017.

이동임 · 김태계, "민영여자교도소 설립의 필요성에 관한 연구", 교정복지연구 제46호, 한국교정복지학회, 2017.

이동임 · 천정환, "노인범죄자를 위한 사법적 처우방안", 교정연구 제75호, 한국교정학회, 2017.

이호중, "수형자의 권리 제한 : 보안조치와 징벌", 형사정책 제18권 제1호, 한국형사정책학회, 2006.

조은미, "독일의 PPP(Public Private Partnership) 민영교도소에 관한 연구" 교정담론 제6권 제1호, 아시아교정포럼, 2012.

천정환 · 이동임, "징벌제도와 천정환의 회복적 징벌론", 교정연구 제61호, 한국교정학회, 2013.

천정환, "외국인수용자에 대한 교정복지정책의 문제점" 교정복지연구 제29호, 한국교정복지학회, 2013.

---------, "여성수용자의 처우에 대한 개선방안", 교정복지연구 제46호, 한국교정복지학회, 2017.

최준, "민영교정시설의 활용조건과 방안에 관한 연구", 교정복지연구 제26호, 한국교정복지학회, 2012.

2. 외국문헌

Aday, Ronald H., Aging in prison: A case study of new elderly offenders. International Journal of Offender Therapy and Comparative Criminology, 38(1), 1994a.

Calliess, R. P./Müller Diets, H., Strafovllzugsgesetz. 11. Aufl., München 2008, §102 Rn. 4.

Flynn, C., "Getting there and being there: Visits to prisons in Victoria the experiences of women prisoners and their children", *Probation Journal* Vol.61, No.2, 2014.

Kathryn S., "Children's experiences of contact with imprisoned parents: A comparison between four European countries", *European Journal of Criminology* Vol.11, No.6, 2014.

末廣 哲, "刑確定後の弁護活動(3)監獄内の違法な懲罰を争う-適正手続の保障を求めて", 刑事弁護 32巻, 現代人文社, 2002.

저자소개

李東任

국립 경상대학교 법과대학 법학과 졸업

국립 경상대학교 대학원 석·박사 졸업

한국교정복지학회 이사

전) 창원대학교 연구교수

전) 창신대학교 경찰행정학과 교수

현) 선거연수원 초빙교수

千定煥

성균관대학교 경제학과 졸업

국립 경상대학교 대학원 법학 석사·박사 졸업

고려대학교 대학원 사회복지학 박사 졸업

현) 한국교정복지학회 부회장

동서대학교 경찰행정학과 교수